# ŒUVRES
## COMPLÈTES
### DE
# J. J. ROUSSEAU

AVEC LES NOTES DE TOUS LES COMMENTATEURS.

## NOUVELLE ÉDITION
ORNÉE DE QUARANTE-DEUX VIGNETTES,
GRAVÉES PAR NOS PLUS HABILES ARTISTES,

D'APRÈS LES DESSINS DE DEVÉRIA.

---

## CORRESPONDANCE.
### TOME III.

## A PARIS,
CHEZ DALIBON, LIBRAIRE
DE S. A. R. MONSEIGNEUR LE DUC DE NEMOURS,
RUE SAINT-ANDRÉ-DES-ARCS, N° 41.

M DCCC XXVI.

# ŒUVRES

## COMPLÈTES

### DE

# J. J. ROUSSEAU.

TOME XXII.

PARIS. — IMPRIMERIE DE G. DOYEN,
RUE SAINT-JACQUES, N. 38.

# CORRESPONDANCE.

# CORRESPONDANCE.

## TROISIÈME PARTIE.

DEPUIS LE 1<sup>er</sup> SEPTEMBRE 1762 JUSQU'AU 6 JANVIER 1765.

---

### LETTRE CCCXLV.

A M. MOULTOU.

Motiers-Travers, 1<sup>er</sup> septembre 1762.

J'ai reçu dans son temps, mon ami, votre lettre du 21 août. J'étois alarmé de n'avoir rien reçu l'ordinaire précédent, parce que l'ami avec qui vous aviez conféré me marquoit que vous m'écriviez par ce même ordinaire; ce qui me faisoit craindre que votre lettre n'eût été interceptée. Il me paroît maintenant qu'il n'en étoit rien. Cependant je persiste à croire que si nous avions à nous marquer des choses importantes, il faudroit prendre quelques précautions.

J'ai eu le plaisir de passer, vendredi dernier, la journée avec M. le professeur Hess, lequel m'a appris bien des choses plus nouvelles pour moi que surprenantes, entre autres l'histoire de deux lettres que vous a écrites le jongleur à mon sujet, et votre réponse. Je suis pénétré de reconnoissance de vous voir rendre de jour en jour plus estimable et plus respectable un ami qui m'est si cher. Pour moi, je suis persuadé que le poète et le jongleur méditent quelque profonde noirceur, pour l'exécution de laquelle votre vertu leur est incommode : je comprends qu'ils travailleroient plus à leur aise si je n'avois plus d'amis là-bas. Il me vient journellement de Genève des affluences d'espions qui font ici de moi les perquisitions les plus exactes. Ils viennent ensuite se renommer à moi de vous et de l'autre ami avec une affectation qui m'avertit assez de me tenir sur la réserve. J'ai résolu de ne m'ouvrir qu'à ceux qui m'apporteront des lettres. Ainsi n'écoutez point ce que tous les autres vous diront de moi.

Il me pleut aussi journellement des lettres anonymes, dans lesquelles je reconnois presque partout les fades plaisanteries et le goût corrompu du poète. On a soin de les faire beaucoup voyager, afin de me mieux dépayser et de m'en rendre les ports plus onéreux. Il m'en est venu cette semaine une dans laquelle on cherché, fort grossièrement à la vérité, à me rendre suspect l'homme de poids que vous me marquez avoir entrepris de me réfuter, et dont vous m'avez envoyé un passage qui commence par ce mot, *testimonium*. J'ai déchiré cette lettre, dans un premier mouvement de mépris pour l'auteur; mais ensuite j'ai pris le parti d'envoyer les pièces à M. Vernet. Il est clair qu'on cherche à me brouiller avec notre clergé : très-certainement on ne réussira pas de mon côté; mais il est bon qu'on soit averti de l'autre.

Je dois vous dire qu'ensuite d'une lettre que j'avois écrite à M. de Montmollin, pasteur de Motiers, j'ai été admis sans difficulté, et même avec empressement, à la sainte table dimanche dernier, sans qu'il ait même été question d'explication ni de rétractation. Si ma lettre ne vous parvient pas, et que vous en désiriez copie, vous n'avez qu'à parler.

Je crois qu'il n'est pas prudent que ni vous ni Roustan veniez me voir cette année, car très-certainement il est impossible que ce voyage demeure caché. Mais si je puis supporter ici la rigueur de l'hiver, et marcher encore l'année prochaine, mon projet est d'aller faire une tournée dans la Suisse, et surtout à Zurich. Cher ami, si vous pouviez vous arranger pour faire cette promenade avec moi, cela seroit charmant. Je verserois à loisir mon ame tout entière dans la vôtre, et puis je mourrois sans regret.

Vous m'écrivez ces mots dans votre dernière lettre, *Avec les notes que vous avez transcrit.* Il faut *transcrites.* C'est une faute que tout le monde fait à Genève. Cherchez ou rappelez-vous les règles de la langue sur les participes déclinables et indéclinables. Il est bon d'y penser quand on imprime, surtout pour la première fois, car on y regarde en France : c'est, pour ainsi dire, la pierre de touche du grammairien. Pardon, cher ami; l'intérêt que vous prenez à ma gloire doit me rendre excusable, si ma tendre sollicitude pour la vôtre va quelquefois jusqu'à la puérilité.

Je ne vous parle point de la réponse du roi de Prusse; je suppose que vous avez appris que sa majesté consent qu'on ne me refuse pas le feu et l'eau.

## LETTRE CCCXLVI.

### A M. THÉODORE ROUSSEAU.

A Motiers, le 11 septembre 1762.

Quelque plaisir, mon très-cher cousin, que me fassent vos lettres, il m'est impossible de m'engager à vous répondre exactement, car il me faudroit plus de vingt-quatre heures dans la journée pour répondre à toutes les lettres qui me pleuvent, et mon état ne me permet pas d'écrire sans cesse. Ne me reprochez donc pas, je vous prie, que je vous dédaigne, et que je vous refuse des réponses; ce langage est hors de propos entre des parents qui s'estiment et qui s'aiment, et vous devez bien plutôt me plaindre d'être condamné à passer ma vie entière à faire toute autre chose que ma volonté. J'ai reçu votre première lettre, recommandée à M. le colonel Roguin, et la seconde auroit fait le même tour, par Yverdun, si les commis de la poste n'eussent eux-mêmes rectifié votre adresse. Il faut m'écrire directement à Motiers-Travers; de cette manière, vos lettres me parviendront aussi sûrement, beaucoup plus tôt, et coûteront moins.

Je ne suis point étonné qu'on commence à changer de manière de penser sur mon compte à Genève; le travers qu'on y avoit pris étoit trop violent pour pouvoir durer. Il ne faut, pour en revenir, qu'ouvrir les yeux, lire soi-même, et ne pas me juger sur l'intérêt de certaines gens. Pour moi, j'ai déjà vu changer cinq ou six fois le public à mon égard; mais je suis toujours resté le même, et le serai, j'espère, jusqu'à la fin de mes jours. De quelque manière que tout ceci se termine, il me restera toujours un souvenir plein de reconnoissance de la démarche que vous et mon cousin, votre père, avez faite en cette occasion; démarche sage, vertueuse, faite très à propos, et qui, quoiqu'en apparence infructueuse, ne peut, dans la suite des temps, qu'être honorable à moi et à ma famille : soyez persuadé que je ne l'oublierai jamais.

J'ai ici mademoiselle Le Vasseur, à laquelle vous

avez la bonté de vous intéresser. Elle parle souvent de vous, et de tous les bons traitements qu'elle et moi avons reçus de vos obligeants père et mère, durant mon séjour à Genève. Présentez-leur, je vous prie, mes plus tendres amitiés, et soyez persuadé, mon très-cher cousin, que je vous suis attaché pour la vie.

## LETTRE CCCXLVII.

### A M. PICTET.

Motiers, le 23 septembre 1762.

Je suis touché, monsieur, de votre lettre; les sentiments que vous m'y montrez sont de ceux qui vont à mon cœur. Je sais d'ailleurs que l'intérêt que vous avez pris à mon sort vous en a fait sentir l'influence; et, persuadé de la sincérité de cet intérêt, je ne balancerois pas à vous confier mes résolutions si j'en avois pris quelqu'une. Mais, monsieur, il s'en faut bien que je ne mérite la bonne opinion que vous avez prise de ma philosophie. J'ai été très-ému du traitement si peu mérité qu'on m'a fait dans ma patrie; je le suis encore; et quoique jusqu'à présent cette émotion ne m'ait pas empêché de faire ce que j'ai cru être de mon devoir, elle ne me permettroit pas, tant qu'elle dure, de prendre pour l'avenir un parti que je fusse assuré m'être uniquement dicté par la raison. D'ailleurs, monsieur, cette persécution, bien que plus couverte, n'a pas cessé. On s'est aperçu que les voies publiques étoient trop odieuses; on en emploie maintenant d'autres qui pourront avoir un effet plus sûr sans attirer aux persécuteurs le blâme public; et il faut attendre cet effet avant de prendre une résolution que la rigueur de mon sort peut rendre superflue. Tout ce que je puis faire de plus sage dans ma situation présente est de ne point écouter la passion, et de plier les voiles jusqu'à ce qu'exempt du trouble qui m'agite je puisse mieux discerner et comparer les objets. Durant la tempête, je cède, sans mot dire, aux coups de la nécessité. Si quelque jour elle se calme, je tâcherai de reprendre le gouvernail. Au reste, je ne vous dissimulerai pas que le parti d'aller vivre dans la patrie me paroît très-périlleux pour moi sans être utile à personne. On a beau se dédire en public, on ne sauroit se dissimuler les outrages qu'on m'a faits; et je connois trop les hommes pour ignorer que souvent l'offensé pardonne, mais que l'offenseur ne pardonne jamais. Ainsi, aller vivre à Genève n'est autre chose que m'aller livrer à des malveillants puissants et habiles, qui ne manqueront ni de moyens ni de volonté de me nuire. Le mal qu'on m'a fait est un trop grand motif pour m'en vouloir toujours faire :

le seul bien après lequel je soupire est le repos. Peut-être ne le trouverai-je plus nulle part; mais sûrement je ne le trouverai jamais à Genève, surtout tant que le poète y régnera, et que le jongleur y sera son premier ministre.

Quant à ce que vous me dites du bien que pourroit opérer mon séjour dans la patrie, c'est un motif désormais trop élevé pour moi, et que même je ne crois pas fort solide; car, où le ressort public est usé, les abus sont sans remède. L'état et les mœurs ont péri chez nous; rien ne les peut faire renaître. Je crois qu'il nous reste quelques bons citoyens; mais leur génération s'éteint, et celle qui suit n'en fournira plus. Et puis, monsieur, vous me faites encore trop d'honneur en ceci. J'ai dit tout ce que j'avois à dire, je me tais pour jamais; ou, si je suis enfin forcé de reprendre la plume, ce ne sera que pour ma propre défense, et à la dernière extrémité. Au surplus, ma carrière est finie; j'ai vécu: il ne me reste qu'à mourir en paix. Si je me retirois à Genève, j'y voudrois être nul, n'embrasser aucun parti, ne me mêler de rien, rester ignoré du public s'il étoit possible, et passer le peu de jours que peut durer encore ma pauvre machine délabrée entre quelques amis, dont il ne tiendroit qu'à vous d'augmenter le nombre. Voilà, monsieur, mes sentiments les plus secrets et mon cœur à découvert devant vous. Je souhaite qu'en cet état il ne vous paroisse pas indigne de quelque affection. Vous avez tant de droits à mon estime que je me tiendrois heureux d'en avoir à votre amitié.

## LETTRE CCCXLVIII.

### A MADAME LATOUR.

Motiers, le 26 septembre 1762.

Je suis encore prêt à me fâcher, madame, de la crainte que vous marquez de me tourmenter par vos lettres. Croyez, je vous supplie, que quand vous ne m'y gronderez pas, elles ne me tourmenteront que par le désir d'en voir l'auteur, de lui rendre mes hommages; et je vous avoue que, de cette manière, vous me tourmentez plus de jour en jour. Vous m'avez plus d'obligation que vous ne pensez de la douceur que je vous force d'avoir avec moi, car elle vous donne à mon imagination toutes les grâces que vous pourriez avoir à mes yeux; et moins vous me reprochez ma négligence, plus vous me forcez à me la reprocher.

La femme qui me dit le *tais-toi, Jean-Jacques*[1], n'étoit point madame de Luxembourg, que je ne connoissois pas même dans ce temps-là; c'est une personne que je n'ai jamais revue, mais qui dit

[1] * *Émile*, liv. II.

avoir pour moi une estime dont je me tiens très-honoré. Vous dites que je ne suis indifférent à personne ; tant mieux : je ne puis souffrir les tièdes, et j'aime mieux être haï de mille à outrance et aimé de même d'un seul. Quiconque ne se passionne pas pour moi n'est pas digne de moi. Comme je ne sais point haïr, je paie en mépris la haine des autres, et cela ne me tourmente point : ils sont pour moi comme n'existant pas. A l'égard de mon livre, vous le jugerez comme il vous plaira ; vous savez que j'ai toujours séparé l'auteur de l'homme : on peut ne pas aimer mes livres, et je ne trouve point cela mauvais ; mais quiconque ne m'aime pas à cause de mes livres est un fripon, jamais on ne m'ôtera cela de l'esprit.

C'est en effet M. de Gisors dont j'ai voulu parler [1], je n'ai pas cru qu'on s'y pût tromper. Nous n'avons pas le bonheur de vivre dans un siècle où le même éloge se puisse appliquer à plusieurs jeunes gens.

Je crois que vous connoissez M. du Terreaux ; il faut que je vous dise une chose que je souhaite qu'il sache. J'avois demandé, par une lettre qui a passé dans ses mains, un exemplaire du mandement que M. l'archevêque de Paris a donné contre moi. M. du Terreaux, voulant m'obliger, a prévenu celui à qui je m'adressois, et m'a envoyé un exemplaire de ce mandement par monsieur son

---

[1] * *Émile*, liv. v ( des Voyages ).

frère, qui, avant de me le donner, a pris le soin de le faire promener par tout Motiers; ce qui ne peut faire qu'un fort mauvais effet dans un pays où les jugements de Paris servent de règle, et où il m'importe d'être bien voulu. Entre nous, il y a bien de la différence entre les deux frères pour le mérite. Engagez M. du Terreaux, si jamais il m'honore de quelque envoi, de ne le point faire passer par les mains de son frère, et prenez, s'il vous plaît, la même requête pour vous.

Bonjour, madame : si vous ressemblez à vos lettres, vous êtes mon ange; si j'étois des vôtres, je vous ferois ma prière tous les matins.

## LETTRE CCCXLIX.

### A LA MÊME.

Motiers, le 5 octobre 1762.

J'ai reçu dans leur temps, madame, la lettre que vous m'avez envoyée par M. du Terreaux et l'épître qui y étoit jointe. J'ai oublié de vous en remercier; j'ai eu grand tort; mais enfin je ne saurois faire que je ne l'aie pas oublié. Au reste, je ne sais point louer les louanges qu'on me donne, ni critiquer les vers que l'on fait pour moi; et comme je n'aime pas qu'on me fasse plus de bien

que je n'en demande, je n'aime pas non plus à
remercier. Je suis excédé de lettres, de mémoires,
de vers, de louanges, de critiques, de dissertations ; tout veut des réponses ; il me faudroit dix
mains et dix secrétaires ; je n'y puis plus tenir.
Ainsi, madame, puisque, comme que je m'y
prenne, vous avez l'obstination d'exiger toujours
une prompte réponse, et l'art de la rendre toujours nécessaire, je vous demande en grâce de
finir notre commerce, comme je vous demanderois de le cultiver dans un autre temps.

## LETTRE CCCL.

### A MADAME LA COMTESSE DE BOUFFLERS.

Motiers-Travers, le 7 octobre 1762.

J'espère, madame, avoir gardé, sur les obligeantes offres de madame de La M. (La Mare), le
secret que vous me recommandez dans votre lettre
du 10 septembre. Cependant, comme je n'ai pas
un souvenir exact de ce que j'ai pu écrire, je
pourrois y avoir manqué par inadvertance, ayant
d'abord cru que ce secret exigé n'étoit que la délicatesse d'un cœur noble qui ne veut point publier
ses bienfaits. Il faut de plus vous dire qu'avant
l'arrivée de votre pénultième lettre j'en avois

reçu une de madame la M. de L. (la maréchale de Luxembourg), dans laquelle, après m'avoir parlé de vos propositions pour l'Angleterre, elle ajoute que vous m'en avez fait d'autres, qu'elle aimeroit bien mieux que j'acceptasse. Or, n'ayant point encore reçu la lettre où vous me parlez de l'offre de M. le P. de C. (le prince de Conti), pouvois-je croire autre chose, sinon que l'offre de madame de La M. (La Mare) étoit connue et approuvée de madame de Luxembourg ? J'étois dans cette idée quand je lui répondis. Cependant je suis persuadé que je ne lui en parlai point; mais je ne me souviens pas assez de ma lettre pour en être sûr.

Voici la lettre que vous m'ordonnez de vous renvoyer. Milord Maréchal, qui m'honore de ses bontés, pense comme vous sur le voyage d'Angleterre, que vous me proposez. Je ne sais même s'il n'a pas aussi écrit à M. Hume sur mon compte. Je me rends donc; et si, après le voyage que vous vous proposez de faire dans cette île le printemps prochain, vous persistez à croire qu'il me convienne d'y aller, j'irai, sous vos auspices, y chercher la paix, que je ne puis trouver nulle part. Il n'y a que mon état qui puisse nuire à ce projet. Les hivers ici sont si rudes, et les approches de celui-ci me sont déjà si contraires, que c'est une espèce de folie d'étendre mes vues au-delà. Nous parlerons de tout cela dans le temps; mais en attendant, je ne puis vous cacher que je suis très-déterminé à ne point passer par la France. Il faut qu'un étranger soit fou pour mettre le pied dans un pays où l'on ne connoît d'autre justice que la force, et où l'on ne sait pas même ce que c'est que le droit des gens.

Vous aurez su, madame, que le roi de Prusse a fait sur mon compte une réponse très-obligeante à milord Maréchal. On a fait courir dans le public un extrait de cette lettre qui m'est honorable aussi, mais qui n'est pas vrai; car milord ne l'a montrée à personne, pas même à moi. Il m'a dit seulement que le roi se feroit un plaisir de me faire bâtir un ermitage à ma fantaisie, et que j'en pourrois choisir moi-même l'emplacement. Je vous avoue qu'une offre si bien assortie à mon goût m'a changé le cœur. Je ne sais point résister aux caresses, et je suis bien heureux que jamais ministre ne m'ait voulu tenter par là. J'ai répondu à milord que j'étois touché des bontés du roi, mais qu'il me seroit impossible de dormir dans une maison bâtie, pour moi, d'une main royale; et il n'en a plus été question. Madame, j'ai trop mal pensé et parlé du roi de Prusse pour recevoir jamais ses bienfaits; mais je l'aimerai toute ma vie.

Il faut que je vous supplie, madame, de vouloir bien vous faire informer de M. Duclos. Je crains qu'il ne soit malade. Il m'a écrit avec intérêt. Je lui ai répondu. Il m'a récrit, en me demandant qui étoient mes ennemis et quels, et d'autres détails sur ma situation. Je l'ai satisfait pleinement dans une seconde réponse, dans laquelle je lui ai développé toutes les menées du poète, du jongleur, et de leurs amis. Dans la même lettre, je lui demande, à mon tour, des nouvelles de ce qui se passe à Paris par rapport à moi, selon l'offre qu'il m'en avoit faite lui-même. Il y a de cela plus de six semaines, et je n'entends plus parler de lui.. M. Duclos n'est certainement ni un faux ami ni un négligent : il faut absolument qu'il soit malade. Je vous supplie de vouloir bien me tirer de peine sur son compte. Je n'ai point encore écrit au chevalier de Lorenzy, et j'ai grand tort, car je n'ai pas cessé un moment de compter sur toute son amitié, quoique je le sache très-lié avec des gens qui ne m'aiment pas, mais qui feignent de m'aimer avec ceux qui m'aiment, et qui ne manqueront pas d'avoir cette feinte avec lui.

Puisque vous daignez vous ressouvenir de mademoiselle Le Vasseur, permettez, madame, qu'elle vous témoigne sa reconnoissance, et qu'elle vous assure de son profond respect. Le froid augmente ici de jour en jour, et le pays est tout couvert de neige.

Si vous aviez la bonté, madame, de m'écrire directement, vos lettres me parviendroient beaucoup plus tôt; car il faut qu'elles passent ici pour aller à Neuchâtel.

## LETTRE CCCLI.

### A M. MOULTOU.

Motiers-Travers, le 8 octobre 1762.

J'ai eu le plaisir, cher Moultou, d'avoir ici durant huit jours l'ami Roustan et ses deux amis; et tout ce qu'ils m'ont dit de votre amitié pour moi m'a plus touché que surpris. Ils ne m'ont pas beaucoup parlé des jongleurs, et tant mieux : c'est grand dommage de perdre, à parler des malveillants, un temps consacré à l'amitié. Roustan m'a dit que vous n'aviez pas encore pu travailler beaucoup à votre ouvrage, mais que vous profiteriez du loisir de la campagne pour vous y mettre tout de bon. Ne vous pressez point, cher ami; travaillez à loisir, mais réfléchissez beaucoup; car vous avez fait une entreprise aussi difficile que grande et honorable. Je persiste à croire qu'en l'exécutant comme je pense, et comme vous le pouvez faire, vous êtes un homme immortalisé et perdu. Pensez-y bien, vous y êtes à temps encore. Mais si vous persévérez dans votre projet, gardez mieux votre secret que vous n'avez fait. Il n'est plus temps de cacher absolument ce qui a transpiré, mais parlez-en avec négligence comme d'une

entreprise de longue haleine et qui n'est pas prête
à mettre à fin, ni près de là, et cependant allez
votre train. Tout cela se peut faire sans altérer la
vérité; et il n'est pas toujours défendu de la taire
quand c'est pour la mieux honorer.

M. Vernet m'a enfin répondu, et je suis tombé
des nues à la lecture de sa lettre. Il ne me demande qu'une rétractation authentique, aussi publique, prétend-il, que l'a été la doctrine qu'il
veut que je rétracte. Nous sommes loin de compte
assurément. Mon Dieu! que les ministres se conduisent étourdiment dans cette affaire! Le décret
du parlement de Paris leur a fait à tous tourner la
tête. Ils avoient si beau jeu pour pousser toujours
les prêtres en avant et se tirer de côté! mais ils
veulent absolument faire cause commune avec
eux. Qu'ils fassent donc, ils me mettront fort à mon
aise: *Tros Rutulusve fuat*, j'aurai moins à discerner où portent mes coups; et je vous réponds que
tout rogues qu'ils sont, je suis fort trompé s'ils ne
les sentent. Quand on veut s'ériger en juge du
christianisme il faut le connoître mieux que ne
font ces messieurs; et je suis étonné qu'on ne se
soit pas encore avisé de leur apprendre que leur
tribunal n'est pas si suprême qu'un chrétien n'en
puisse appeler. Il me semble que je vois J. J.
Rousseau élevant une statue à son pasteur Montmollin sur la tête des autres ministres, et le vertueux Moultou couronnant cette statue de ses

propres lauriers. Toutefois je n'ai point encore pris la plume ; je veux même voir un peu mieux la suite de tout ceci avant de la prendre. Peut-être l'effet de cet écrit m'en dispensera-t-il. Si la chaleur que l'indignation commence à me rendre s'exhale sur le papier, je ne laisserai du moins rien paroître avant que d'en conférer avec vous.

J'avois encore je ne sais combien de choses à vous dire ; mais voilà mes chers hôtes prêts à partir : ils ont une longue traite à faire, ils vont à pied, il ne faut pas les retenir. Adieu, je vous embrasse tendrement.

## LETTRE CCCLII.

### AU MÊME.

Motiers-Travers, le 21 octobre 1762.

J'ai eu l'ami Deluc, comme vous me l'aviez annoncé. Il m'est arrivé malade ; je l'ai soigné de mon mieux, et il est reparti bien rétabli. C'est un excellent ami, un homme plein de sens, de droiture et de vertu ; c'est le plus honnête et le plus ennuyeux des hommes. J'ai de l'amitié, de l'estime, et même du respect pour lui, mais je redouterai toujours de le voir. Cependant je ne l'ai pas trouvé tout-à-fait si assommant qu'à Genève : en revanche, il m'a laissé ses deux livres[1]; j'ai même eu la foiblesse de promettre de les lire, et, de plus, j'ai commencé. Bon Dieu! quelle tâche! moi qui ne dors point, j'ai de l'opium au moins pour deux ans. Il voudroit bien me rapprocher de vos messieurs, et moi aussi je le voudrois de tout mon cœur : mais je vois clairement que ces gens-là, malintentionnés comme ils sont, voudront me remettre sous la férule, et s'ils n'ont pas tout-à-fait le front de demander des rétractations, de peur que je ne les envoie promener, ils voudront des éclaircissements qui cassent les vitres, et qu'assurément je ne donnerai qu'autant que je le pourrai dans mes principes; car très-certainement ils ne me feront point dire ce que je ne pense pas. D'ailleurs n'est-il pas plaisant que ce soit à moi de faire les frais de la réparation des affronts que j'ai reçus? On commence par brûler le livre, et l'on demande des éclaircissements après. En un mot, ces messieurs, que je croyois raisonnables, sont cafards comme les autres, et, comme eux, soutiennent par la force une doctrine qu'ils ne croient pas. Je prévois que tôt ou tard il faudra rompre : ce n'est pas la peine de renouer. Quand je vous verrai, nous causerons à fond de tout cela.

[1] * François Déluc, mort en 1780, est père des deux célèbres géologues de ce nom. Les deux seuls ouvrages qu'on connoisse de lui sont : *Lettre contre la Fable des Abeilles*, in-12, et *Observations sur les écrits de quelques savants incrédules*. Genève, 1762, in-8°.

Vous avez très-bien vu l'état de la question sur le dernier chapitre du *Contrat social*, et la critique de Roustan porte à faux à cet égard ; mais comme cela n'empêche pas d'ailleurs que son ouvrage ne soit bon, je n'ai pas dû l'engager à jeter au feu un écrit dans lequel il me réfute ; et c'est pourtant ce qu'il auroit dû faire si je lui avois fait voir combien il s'est trompé. Je trouve, dans cet écrit un zèle pour la liberté qui me le fait aimer. Si les coups portés aux tyrans doivent passer par ma poitrine, qu'on la perce sans scrupule, je la livrerai volontiers.

Mettez-moi, je vous prie, aux pieds de l'aimable dame qui daigne s'intéresser pour moi. Pour les lacets, l'usage en est consacré, et je n'en suis plus le maître. Il faut, pour en obtenir un, qu'elle ait la bonté de redevenir fille, de se remarier de nouveau, et de s'engager à nourrir de son lait son premier enfant. Pour vous, vous avez des filles : je déposerai dans vos mains ceux qui leur sont destinés. Adieu, cher ami.

## LETTRE CCCLIII.

A M. DE MALESHERBES.

Motiers-Travers, le 26 octobre 1762.

Permettez, monsieur, qu'un homme tant de fois honoré de vos grâces, mais qui ne vous en demanda jamais que de justes et d'honnêtes, vous en demande encore une aujourd'hui. L'hiver dernier, je vous écrivis quatre lettres consécutives sur mon caractère et l'histoire de mon ame, dont j'espérois le que calme ne finiroit plus; je souhaiterois extrêmement d'avoir une copie de ces quatre lettres, et je crois que le sentiment qui les a dictées mérite cette complaisance de votre part. Je prends donc la liberté de vous demander cette copie; ou si vous aimez mieux m'envoyer les originaux, je ne prendrai que le temps de les transcrire, et vous les renverrai, si vous le désirez, dans peu de jours. Je serai, monsieur, d'autant plus sensible à cette grâce, qu'elle m'apprendra que mes malheurs n'ont point altéré votre estime et vos bontés pour moi, et que vous ne jugez point les hommes sur leur destinée.

Recevez, monsieur, les assurances de mon profond respect.

Mon adresse est à Motiers-Travers, comté de

Neuchâtel, par Pontarlier; et les lettres qui ne sont pas contre-signées doivent être affranchies jusqu'à Portarlier.

~~~~~~~~~~~~~~~~~~~~~~~

## LETTRE CCCLIV.

A M. MOUCHON,

MINISTRE DU SAINT ÉVANGILE, A GENÈVE.

A Motiers, le 29 octobre 1762.

Bien obligé, très-cher cousin, de votre bonne visite, de votre bon envoi, de votre bonne lettre, et sur-tout de votre bonne amitié, qui donne du prix à tout le reste. Je vous assure que si vous avez emporté d'ici quelque souvenir agréable, vous y avez laissé bien des consolations. Vous me faites bénir les malheurs qui m'ont attiré de tels amis. Et quel cas ne dois-je pas faire d'un attachement formé par l'épreuve qui en brise tant d'autres? Vous me devez maintenant tous les sentiments que vous m'avez inspirés, et vous ne pourrez, sans ingratitude, oublier de votre vie que les deux larmes que vous avez versées à notre premier abord sont tombées dans mon cœur.

C'est un petit mal que la qualité de citoyen ne soit pas énoncée dans le baptistaire; j'ai toujours été plus jaloux des devoirs que des droits de ce titre honorable. Je me suis toujours fait un devoir de peu exiger des hommes : en échange du bien que j'ai tâché de leur faire, je ne leur ai demandé que de ne me point faire de mal. Vous voyez comment je l'ai obtenu. Mais n'importe, ils auront beau faire, je serai libre partout, malgré eux.

Si je vous ai tenu quelques mauvais propos, au sujet de l'atlas, ce dont je ne me souviens point, j'ai eu tort, et je vous prie de l'oublier. Il est bon qu'une amitié aussi généreuse que la vôtre commence par avoir quelque chose à pardonner. Je n'approuve pas, de mon côté, que vous en ayez payé le port. Je vous prie d'en ajouter le déboursé à celui du baptistaire et au prix de l'atlas, qu'un ami sera chargé de vous rembourser.

Mille choses, je vous supplie, à l'honnête anonyme[1] dont je vous ai montré la lettre; vous savez combien elle m'a touché; vous n'avez là-dessus à lui dire que ce que vous avez vu vous-même.

Adieu, cher cousin, je vous embrasse et vous aime de tout mon cœur.

Je dois une lettre[2] au bon et aimable Beauchâteau; mais je ne sais comment lui écrire, n'ayant pas son adresse[3].

---

[1] Cet anonyme étoit M. Philippe Robin, citoyen distingué par son mérite et ses talents. (*Note de M. Mouchon.*)

[2] Cette lettre, que Rousseau écrivit le 25 avril 1763, se trouve dans sa *Correspondance*.

[3] Cette lettre de J. J. Rousseau fut écrite à la suite d'un voyage

## LETTRE CCCLV.

A MADAME LA COMTESSE DE BOUFFLERS.

Le 30 octobre 1762.

En m'anonçant, madame, dans votre lettre du 22 septembre ( c'est, je crois, le 22 octobre ), un changement avantageux dans mon sort, vous m'avez d'abord fait croire que les hommes qui me persécutent s'étoient lassés de leurs méchancetés, que le parlement de Paris avoit levé son inique décret, que le magistrat de Genève avoit reconnu son tort, et que le public me rendoit enfin justice. Mais loin de là, je vois, par votre lettre même, qu'on m'intente encore de nouvelles accusations : le changement de sort que vous m'annoncez se réduit à des offres de subsistances dont je n'ai pas besoin quant à présent ; et comme j'ai toujours compté pour rien, même en santé, un avenir aussi incertain que la vie humaine, c'est pour moi, je vous jure, la chose la plus indifférente que d'avoir à dîner dans trois ans d'ici.

que firent, en octobre 1762, à Motiers-Travers, trois jeunes Génevois, pour y visiter leur célèbre compatriote, après s'être assurés de sa disposition à les recevoir. Ces Génevois étoient MM. les ministres Mouchon et Roustan, et M. Beauchâteau, horloger. (*Note de M. Musset-Pathay.*)

Il s'en feut beaucoup, cependant, que je sois insensible aux bontés du roi de Prusse ; au contraire, elles augmentent un sentiment très-doux, savoir l'attachement que j'ai conçu pour ce grand prince. Quant à l'usage que j'en dois faire, rien ne presse pour me résoudre, et j'ai du temps pour y penser.

A l'égard des offres de M. Stanlay, comme elles sont toutes pour votre compte, madame, c'est à vous de lui en avoir obligation. Je n'ai point ouï parler de la lettre qu'il vous a dit m'avoir écrite.

Je viens maintenant au dernier article de votre lettre, auquel j'ai peine à comprendre quelque chose, et qui me surprend à tel point, surtout après les entretiens que nous avons eus sur cette matière, et que j'ai regardé plus d'une fois à l'écriture pour voir si elle étoit bien de votre main. Je ne sais ce que vous devez désapprouver dans la lettre que j'ai écrite à mon pasteur dans une occasion nécessaire. A vous entendre avec votre ange, on diroit qu'il s'agissoit d'embrasser une religion nouvelle, tandis qu'il ne s'agissoit que de rester comme auparavant dans la communion de mes pères et de mon pays, dont on cherchoit à m'exclure : il ne falloit point pour cela d'autre ange que le vicaire savoyard. S'il consacroit en simplicité de conscience dans un culte plein de mystères inconcevables, je ne vois pas pourquoi J. J. Rousseau ne communieroit pas de même dans un culte où rien ne choque la raison; et je vois encore moins pourquoi, après avoir jusqu'ici professé ma religion chez les catholiques sans que personne m'en fît un crime, on s'avise tout d'un coup de m'en faire un fort étrange de ce que je ne la quitte pas en pays protestant.

Mais pourquoi cet appareil d'écrire une lettre? Ah! pourquoi? Le voici. M. de Voltaire me voyant opprimé par le parlement de Paris, avec la générosité naturelle à lui et à son parti, saisit ce moment de me faire opprimer de même à Genève, et d'opposer une barrière insurmontable à mon retour dans ma patrie. Un des plus sûrs moyens qu'il employa pour cela fut de me faire regarder comme déserteur de ma religion : car là-dessus nos lois sont formelles, et tout citoyen ou bourgeois qui ne professe pas la religion qu'elles autorisent perd par-là même son droit de cité. Il travailla donc de toutes ses forces à soulever les ministres: il ne réussit pas avec ceux de Genève, qui le connoissent; mais il ameuta tellement ceux du pays de Vaud, que, malgré la protection et l'amitié de M. le bailli d'Yverdun et de plusieurs magistrats, il fallut sortir du canton de Berne. On tenta de faire la même chose en ce pays; le magistrat municipal de Neuchâtel défendit mon livre; la classe des ministres le déféra; le conseil d'état alloit le défendre dans tout l'état, et peut-être procéder contre ma personne : mais les ordres de milord

Maréchal et la protection déclarée du roi, l'arrêtèrent tout court; il fallut me laisser tranquille. Cependant le temps de la communion approchoit; et cette époque alloit décider si j'étois séparé de l'Église protestante ou si je ne l'étois pas. Dans cette circonstance, ne voulant pas m'exposer à un affront public, ni non plus constater tacitement, en ne me présentant pas, la désertion qu'on me reprochoit, je pris le parti d'écrire à M. de Montmollin, pasteur de la paroisse, une lettre qu'il a fait courir, mais dont les voltairiens ont pris soin de falsifier beaucoup de copies. J'étois bien éloigné d'attendre de cette lettre l'effet qu'elle produisit : je la regardois comme une protestation nécessaire, et qui auroit son usage en temps et lieu. Quelle fut ma surprise et ma joie de voir dès le lendemain chez moi M. de Montmollin me déclarer que non seulement il approuvoit que j'approchasse de la sainte table, mais qu'il m'en prioit, et qu'il m'en prioit de l'aveu unanime de tout le consistoire, pour l'édification de sa paroisse, dont j'avois l'approbation et l'estime! Nous eûmes ensuite quelques conférences, dans lesquelles je lui développai franchement mes sentiments tels à peu près qu'ils sont exposés dans la Profession de foi du vicaire, appuyant avec vérité sur mon attachement constant à l'évangile et au christianisme, et ne lui déguisant pas non plus mes difficultés et mes doutes. Lui, de son côté, connoissant assez mes sentiments par mes livres, évita prudemment les points de doctrine qui auroient pu m'arrêter ou le compromettre; il ne prononça pas même le mot de rétractation, n'insista sur aucune explication, et nous nous séparâmes contents l'un de l'autre. Depuis lors j'ai la consolation d'être reconnu membre de son Église. Il faut être opprimé, malade, et croire en Dieu, pour sentir combien il est doux de vivre parmi ses frères.

M. de Montmollin ayant à justifier sa conduite devant ses confrères, fit courir ma lettre. Elle a fait à Genève un effet qui a mis les voltairiens au désespoir, et qui a redoublé leur rage. Des foules de Génevois sont accourus à Motiers, m'embrassant avec des larmes de joie, et appelant hautement M. de Montmollin leur bienfaiteur et leur père. Il est même sûr que cette affaire auroit des suites, pour peu que je fusse d'humeur à m'y prêter. Cependant il est vrai que bien des ministres sont mécontents. Voilà, pour ainsi dire, la Profession de foi du vicaire approuvée en tous ses points par un de leurs confrères : ils ne peuvent digérer cela. Les uns murmurent, les autres menacent d'écrire; d'autres écrivent en effet; tous veulent absolument des rétractations et des explications qu'ils n'auront jamais. Que dois-je faire à présent, madame, à votre avis? Irai-je laisser mon digne pasteur dans les lacs où il s'est mis pour l'amour de moi? l'abandonnerai-je à la censure de ses confrères? autoriserai-je cette censure par ma conduite et par mes écrits? et, démentant la démarche que j'ai faite, lui laisserai-je toute la honte et tout le repentir de s'y être prêté? Non, non, madame; on me traitera d'hypocrite tant qu'on voudra, mais je ne serai ni un perfide ni un lâche. Je ne renoncerai point à la religion de mes pères, à cette religion si raisonnable, si pure, si conforme à la simplicité de l'Évangile, où je suis rentré de bonne foi depuis nombre d'années, et que j'ai depuis toujours hautement professée. Je n'y renoncerai point au moment où elle fait toute la consolation de ma vie, et où il importe à l'honnête homme qui m'y a maintenu que j'y demeure sincèrement attaché. Je n'en conserverai pas non plus les liens extérieurs, tout chers qu'ils me sont, aux dépens de la vérité ou de ce que je prends pour elle; et l'on pourroit m'excommunier et me décréter bien des fois avant de me faire dire ce que je ne pense pas. Du reste, je me consolerai d'une imputation d'hypocrisie sans vraisemblance et sans preuves. Un auteur qu'on bannit, qu'on décrète, qu'on brûle, pour avoir dit hardiment ses sentiments, pour s'être nommé, pour ne vouloir pas se dédire; un citoyen chérissant sa patrie, qui aime mieux renoncer à son pays qu'à sa franchise, et s'expatrier que se démentir, est un hypocrite d'une espèce assez nouvelle. Je ne connois, dans cet état, qu'un moyen de prouver qu'on n'est pas un hypocrite; mais cet expédient auquel mes ennemis veulent me réduire ne me conviendra jamais, quoi qu'il arrive; c'est d'être un impie ouvertement. De grâce, expliquez-moi donc, madame, ce que vous voulez dire avec votre ange, et ce que vous trouvez à reprendre à tout cela.

Vous ajoutez, madame, qu'il falloit que j'attendisse d'autres circonstances pour professer ma religion; vous avez voulu dire pour continuer de la professer. Je n'ai peut-être que trop attendu, par une fierté dont je ne saurois me défaire. Je n'ai fait aucune démarche tant que les ministres m'ont persécuté; mais quand une fois j'ai été sous la protection du roi, et qu'ils n'ont plus pu me rien faire, alors j'ai fait mon devoir, ou ce que j'ai cru l'être. J'attends que vous m'appreniez en quoi je me suis trompé.

Je vous envoie l'extrait d'un dialogue de M. de Voltaire avec un ouvrier de ce pays-ci qui est à son service. J'ai écrit ce dialogue de mémoire, d'après le récit de M. de Montmollin, qui ne me l'a rapporté lui-même que sur le récit de l'ouvrier, il y a plus de deux mois. Ainsi, le tout peut n'être pas absolument exact, mais les traits principaux sont fidèles, car ils ont frappé M. de Montmollin; il les a retenus, et vous croyez bien que je ne les ai pas oubliés. Vous y verrez que M. de Voltaire n'avoit pas attendu la démarche dont vous vous plaignez pour me taxer d'hypocrisie.

*Conversation de M. de Voltaire avec un de ses ouvriers du comté de Neuchâtel.*

M. DE VOLTAIRE.

Est-il vrai que vous êtes du comté de Neuchâtel ?

L'OUVRIER.

Oui, monsieur.

M. DE VOLTAIRE.

Êtes-vous de Neuchâtel même ?

L'OUVRIER.

Non, monsieur ; je suis du village de Butte, dans la vallée de Travers.

M. DE VOLTAIRE.

Butte ! cela est-il loin de Motiers ?

L'OUVRIER.

A une petite lieue.

M. DE VOLTAIRE.

Vous avez dans votre pays un certain personnage de celui-ci qui a bien fait des siennes.

L'OUVRIER.

Qui donc, monsieur ?

M. DE VOLTAIRE.

Un certain Jean-Jacques Rousseau. Le connoissez-vous ?

L'OUVRIER.

Oui, monsieur ; je l'ai vu un jour à Butte, dans le carrosse de M. de Montmollin, qui se promenoit avec lui.

M. DE VOLTAIRE.

Comment! ce pied-plat va en carrosse! le voilà donc bien fier!

L'OUVRIER.

Oh! monsieur, il se promène aussi à pied. Il court comme un chat maigre, et grimpe sur toutes nos montagnes.

M. DE VOLTAIRE.

Il pourroit bien grimper quelque jour sur une échelle. Il eût été pendu à Paris s'il ne se fût sauvé; et il le sera ici s'il y vient.

L'OUVRIER.

Pendu, monsieur! Il a l'air d'un si bon homme! eh mon Dieu! qu'a-t-il donc fait?

M. DE VOLTAIRE.

Il a fait des livres abominables. C'est un impie, un athée.

L'OUVRIER.

Vous me surprenez. Il va tous les dimanches à l'église.

M. DE VOLTAIRE.

Ah! l'hypocrite! Et que dit-on de lui dans le pays? Y a-t-il quelqu'un qui veuille le voir?

L'OUVRIER.

Tout le monde, monsieur; tout le monde l'aime. Il est recherché partout; et on dit que milord lui fait aussi bien des caresses.

M. DE VOLTAIRE.

C'est que milord ne le connoît pas, ni vous non

plus. Attendez seulement deux ou trois mois, et vous connoîtrez l'homme. Les gens de Montmorency, où il demeuroit, ont fait des feux de joie quand il s'est sauvé pour n'être pas pendu. C'est un homme sans foi, sans honneur, sans religion.

L'OUVRIER.

Sans religion, monsieur! mais on dit que vous n'en avez pas beaucoup vous-même.

M. DE VOLTAIRE.

Qui? moi, grand Dieu! et qui est-ce qui dit cela?

L'OUVRIER.

Tout le monde, monsieur.

M. DE VOLTAIRE.

Ah! quelle horrible calomnie! Moi qui ai étudié chez les jésuites, moi qui ai parlé de Dieu mieux que tous les théologiens!

L'OUVRIER.

Mais, monsieur, on dit que vous avez fait bien des mauvais livres.

M. DE VOLTAIRE.

On ment. Qu'on m'en montre un seul qui porte mon nom, comme ceux de ce croquant portent le sien, etc.

## LETTRE CCCLVI.

AU ROI DE PRUSSE.

Du 30 octobre 1762.

Sire,

Vous êtes mon protecteur et mon bienfaiteur; et je porte un cœur fait pour la reconnoissance : je viens m'acquitter avec vous, si je puis.

Vous voulez me donner du pain; n'y a-t-il aucun de vos sujets qui en manque? Otez de devant mes yeux cette épée qui m'éblouit et me blesse; elle n'a que trop fait son devoir, et le sceptre est abandonné. La carrière est grande pour les rois de votre étoffe, et vous êtes encore loin du terme : cependant le temps presse, et il ne vous reste pas un moment à perdre pour aller au bout.

Puissé-je voir Frédéric le juste et le redouté couvrir ses états d'un peuple nombreux dont il soit le père! et J.-J. Rousseau, l'ennemi des rois, ira mourir au pied de son trône [1].

[1] Voilà le texte de cette lettre, tel qu'il existe dans l'édition de Genève (1782, troisième volume du supplément). Après ces mots : *pas un moment à perdre pour aller au bout*, on trouve cette note des éditeurs :

« Dans le brouillard de cette lettre, il y avoit, au lieu de cette
« phrase : *Sondez bien votre cœur, ô Frédéric! vous convient-il*

## LETTRE CCCLVII.

### A MILORD MARÉCHAL,

En lui envoyant la lettre précédente.

A Motiers, le 1ᵉʳ novembre 1762.

Je sens bien, milord, le prix de votre lettre à madame de Boufflers; mais elle ne m'apprend rien de nouveau, et vos soins généreux ne peuvent

« de mourir sans avoir été le plus grand des hommes? Et à la fin
« de la lettre, cette autre phrase : *Voilà, sire, ce que j'avois à vous
« dire; il est donné à peu de rois de l'entendre, et il n'est donné à
« aucun de l'entendre deux fois.* »

Du Peyrou, dans un Recueil publié en 1790, présente un texte qui diffère en plusieurs points de celui de l'édition de Genève. En voici les variantes :

| *Texte de l'édition de 1790.* | *Texte de l'édition de Genève.* |
|---|---|
| ...Je veux m'acquitter... | ...Je viens m'acquitter... |
| ... cette épée... elle n'a que trop bien fait son service, et... | ... cette épée... elle n'a que trop fait son devoir, et... |
| La carrière des rois de votre étoffe est grande, et... | La carrière est grande pour les rois de votre étoffe, et... |
| ... pas un moment à perdre pour y arriver. Sondez bien votre cœur, ô Frédéric! Pourrez-vous vous résoudre à mourir sans avoir été le plus grand des hommes? | ... pas un moment à perdre pour aller au bout. |
| Puissé-je voir... couvrir enfin ses états, etc. | Puissé-je voir... couvrir ses états, etc. |
| Que votre majesté, sire, daigne agréer mon profond respect. | |

Note de du Peyrou. « Je donne ici cette lettre telle qu'elle se désormais pas plus me surprendre qu'ajouter à mes sentiments. Je crois n'avoir pas besoin de vous dire combien je suis touché des bontés du roi : mais, pour vous faire mieux sentir l'effet de vos bontés et des siennes, je dois vous avouer que je ne l'aimois point auparavant, ou plutôt on m'avoit trompé ; j'en haïssois un autre sous son nom. Vous m'avez fait un cœur tout nouveau, mais un cœur à l'épreuve, qui ne changera pas plus pour lui que pour vous.

J'ai de quoi vivre deux ou trois ans, et jamais je n'ai poussé si loin la prévoyance : mais fussé-je prêt à mourir de faim, j'aimerois mieux, dans l'état actuel de ce bon prince, et ne lui étant bon à rien, aller brouter l'herbe et ronger des racines que d'accepter de lui un morceau de pain. Que ne puis-je bien plutôt, à l'insu de lui-même et de tout le monde, aller jeter la pite dans un trésor qui lui est nécessaire, et dont il sait si bien user ! je n'aurois rien fait de ma vie avec plus de plaisir. Laissons-lui faire une paix glorieuse, rétablir ses finances, et revivifier ses états épuisés ; alors, si je vis encore et qu'il conserve pour moi les mêmes bontés, vous verrez si je crains ses bienfaits.

« trouve dans un brouillon de l'auteur, par lui corrigé et resté entre
« mes mains. Mais il faut aussi la donner telle qu'elle a paru dans
« l'édition de Genève, d'après un autre brouillon, lequel, passé de
« mes mains en celles de M. Moultou, n'y est plus rentré. La voici
« donc. » Puis il présente le texte tel que nous l'avons imprimé
ci-dessus.

Voici, milord, une lettre que je vous prie de lui envoyer. Je sais quelle est sa confiance en vous, et j'espère que vous ne doutez pas de la mienne ; mais ce qui est convenable marche avant tout : la lettre ne doit être vue que du roi seul, à moins qu'il ne le permette.

J'envoie à votre excellence un paquet dont je la supplie d'agréer le contenu ; ce sont des fruits de mon jardin. Ils ne sont pas si doux que les vôtres : aussi n'ont-ils été arrosés que de larmes.

Milord, il n'y a pas de jour que mon cœur ne s'épanouisse en songeant à notre château en Espagne. Ah ! que ne peut-il faire le quatrième avec nous, ce digne homme que le ciel a condamné à payer si cher la gloire, et à ne connoître jamais le bonheur de la vie ! Recevez tout mon respect.

## LETTRE CCCLVIII.

### A M. DE MALESHERBES.

Motiers, 11 novembre 1762.

Je serois, monsieur, bien mortifié que vous me privassiez du plaisir dont vous m'aviez flatté de m'occuper d'un soin qui pût vous être agréable, et de préparer des plantes pour compléter vos herbiers. Ne pouvant subsister sans l'aide de mon travail, je n'ai jamais pensé, malgré le plaisir que celui-là pouvoit me faire, à vous offrir gratuitement l'emploi de mon temps. Je vous avoue même que j'aurois fort désiré d'entremêler le travail sédentaire et ennuyeux de ma copie d'une occupation plus de mon goût, et meilleure à ma santé, en travaillant à des herbiers pour tant de cabinets d'histoire naturelle qu'on fait à Paris, et où, selon moi, ce troisième règne, qu'on y compte pour rien, n'est pas moins nécessaire que les autres. Plusieurs herbiers à faire à la fois m'auroient été plus lucratifs, et m'auroient mieux dédommagé des menus frais qu'exigent quelquefois des courses éloignées et l'entrée des jardins curieux. Mais les François, en général, ont de si fausses idées de la botanique, et si peu de goût pour l'étude de la nature, qu'il ne faut pas espérer que cette charmante partie leur donne jamais la tentation de faire des collections en ce genre : ainsi je renonce à cette ressource. Pour vous, monsieur, qui joignez aux connoissances de tous les genres la passion de les augmenter sans cesse, ne m'ôtez pas le plaisir de contribuer à vos amusements. Envoyez-moi la note de ce que vous désirez ; j'en rassemblerai tout ce qui me sera possible, et je recevrai sans aucune difficulté le paiement de ce que je vous aurai fourni. A l'égard du petit échantillon que je vous ai envoyé, c'est tout autre chose ; c'étoient des plantes qui vous appartenoient. Ce que j'ai substitué à celles qui se sont gâtées n'a point été ramassé pour vous ; je n'ai eu d'autre peine que de le tirer de ce que j'avois rassemblé pour moi-même ; et comme je n'ai point offert d'entrer dans la dépense que vous a coûté l'herborisation que j'ai faite à votre suite, il me semble, monsieur, que vous ne devez pas non plus m'offrir le paiement de ce que nous avons ramassé ensemble, ni du petit arrangement que je me suis amusé à y mettre pour vous l'envoyer.

Malgré le bien que vous m'avez dit de votre santé actuelle, on m'assure qu'elle n'est pas encore parfaitement rétablie ; et malheureusement la saison où nous entrons n'est pas favorable à l'exercice pédestre, que je crois aussi bon pour vous que pour moi. L'hiver a aussi, comme vous savez, monsieur, ses herborisations qui lui sont propres ; savoir, les *mousses* et les *lichens*. Il doit y avoir dans vos parcs des choses curieuses en ce genre, et je vous exhorte fort, quand le temps vous le permettra, d'aller examiner cette partie sur les lieux et dans la saison.

Vos résolutions, monsieur, étant telles que vous me les marquez, je ne suis assurément pas homme à les désapprouver ; c'est s'être procuré bien honorablement des loisirs bien agréables. Remplir de grands devoirs dans de grandes places, c'est la tâche des hommes de votre état et doués de vos talents ; mais, quand, après avoir offert à son pays le tribut de son zèle, on le voit inutile, il est bien permis alors de vivre pour soi-même, et de se contenter d'être heureux.

## LETTRE CCCLIX.

### A MILORD MARÉCHAL.

Novembre 1762.

Non, milord, je ne suis ni en santé ni content; mais quand je reçois de vous quelque marque de bonté et de souvenir, je m'attendris, j'oublie mes peines : au surplus, j'ai le cœur abattu, et je tire bien moins de courage de ma philosophie que de votre vin d'Espagne.

Madame la comtesse de Boufflers demeure rue Notre-Dame-de-Nazareth, proche le Temple; mais je ne comprends pas comment vous n'avez pas son adresse, puisqu'elle me marque que vous lui avez encore écrit pour l'engager à me faire accepter les offres du roi. De grâce, milord, ne vous servez plus de médiateur avec moi, et daignez être bien persuadé, je vous supplie, que ce que vous n'obtiendrez pas directement ne sera obtenu par nul autre. Madame de Boufflers semble oublier, dans cette occasion, le respect qu'on doit aux malheureux. Je lui réponds plus durement que je ne devrois, peut-être, et je crains que cette affaire ne me brouille avec elle, si même cela n'est déjà fait.

Je ne sais, milord, si vous songez encore à notre château en Espagne; mais je sens que cette idée, si elle ne s'exécute pas, fera le malheur de ma vie. Tout me déplaît, tout me gêne, tout m'importune : je n'ai plus de confiance et de liberté qu'avec vous, et, séparé par d'insurmontables obstacles du peu d'amis qui me restent, je ne puis vivre en paix que loin de toute autre société. C'est, j'espère, un avantage que j'aurai dans votre terre, n'étant connu là-bas de personne, et ne sachant pas la langue du pays. Mais je crains que le désir d'y venir vous-même n'ait été plutôt une fantaisie qu'un vrai projet; et je suis mortifié aussi que vous n'ayez aucune réponse de M. Hume. Quoi qu'il en soit, si je ne puis vivre avec vous, je veux vivre seul. Mais il y a bien loin d'ici en Écosse, et je suis bien peu en état d'entreprendre un si long trajet. Pour Colombier, il n'y faut pas penser; j'aimerois autant habiter une ville : c'est assez d'y faire de temps en temps des voyages lorsque je saurai ne vous pas importuner.

J'attends pourtant avec impatience le retour de la belle saison pour vous y aller voir, et décider avec vous quel parti je dois prendre, si j'ai encore long-temps à traîner mes chagrins et mes maux : car cela commence à devenir long, et n'ayant rien prévu de ce qui m'arrive, j'ai peine à savoir comment je dois m'en tirer. J'ai demandé à M. de Malesherbes la copie de quatre lettres que je lui écrivis l'hiver dernier, croyant avoir peu de temps encore à vivre, et n'imaginant pas que j'aurois tant à souffrir. Ces lettres contiennent la peinture exacte de mon caractère, et la clef de toute ma conduite, autant que j'ai pu lire dans mon propre cœur. L'intérêt que vous daignez prendre à moi me fait croire que vous ne serez pas fâché de les lire, et je les prendrai en allant à Colombier.

On m'écrit de Pétersbourg que l'impératrice fait proposer à M. d'Alembert d'aller élever son fils. J'ai répondu là-dessus que M. d'Alembert avoit de la philosophie, du savoir, et beaucoup d'esprit, mais que s'il élevoit ce petit garçon, il n'en feroit ni un conquérant ni un sage, qu'il en feroit un arlequin.

Je vous demande pardon, milord, de mon ton familier; je n'en saurois prendre un autre quand mon cœur s'épanche; et quand un homme a de l'étoffe en lui-même, je ne regarde plus à ses habits. Je n'adopte nulle formule, n'y voyant aucun terme fixe pour s'arrêter sans être faux; j'en pourrois cependant adopter une auprès de vous, milord, sans courir ce risque; ce seroit celle du bon Ibrahim [1].

[1] * Ibrahim, esclave turc de milord Maréchal, finissoit les lettres qu'il lui adressoit par cette formule : « Je suis plus votre ami que « jamais. IBRAHIM. »

## LETTRE CCCLX.

A M. MOULTOU.

13 novembre 1762.

Vous ne saurez jamais ce que votre silence m'a fait souffrir; mais votre lettre m'a rendu la vie, et l'assurance que vous me donnez me tranquillise pour le reste de mes jours. Ainsi écrivez désormais à votre aise; votre silence ne m'alarmera plus. Mais, cher ami, pardonnez les inquiétudes d'un pauvre solitaire qui ne sait rien de ce qui se passe, dont tant de cruels souvenirs attristent l'imagination, qui ne connoît dans la vie d'autre bonheur que l'amitié, et qui n'aima jamais personne autant que vous. *Felix se nescit amari,* dit le poète; mais moi je dis : *Felix nescit amare.* Des deux côtés, les circonstances qui ont serré notre attachement l'ont mis à l'épreuve, et lui ont donné la solidité d'une amitié de vingt ans.

Je ne dirai pas un mot à M. de Montmollin pour la communication de la lettre dont vous me parlez ; il fera ce qu'il jugera convenable pour son avantage : pour moi, je ne veux pas faire un pas ni dire un mot de plus dans toute cette affaire, et je laisserai vos gens se démener comme ils voudront, s'en m'en mêler, ni répondre à leurs chicanes. Ils prétendent me traiter comme un enfant, à qui l'on commence par donner le fouet, et puis on lui fait demander pardon. Ce n'est pas tout-à-fait mon avis. Ce n'est pas moi qui veux donner des éclaircissements ; c'est le bon homme Deluc qui veut que j'en donne, et je suis très-fâché de ne pouvoir en cela lui complaire; car il m'a tout-à-fait gagné le cœur ce voyage, et j'ai été bien plus content de lui que je n'espérois. Puisqu'on n'a pas été content de ma lettre, on ne le seroit pas non plus de mes éclaircissements. Quoi qu'on fasse, je n'en veux pas dire plus qu'il n'y en a; et quand on me presseroit sur le reste, je craindrois que M. de Montmollin ne fût compromis : ainsi je ne dirai plus rien; c'est un parti pris.

Je trouve, en revenant sur tout ceci, que nous avons donné trop d'importance à cette affaire : c'est un jeu de sots enfants dont on se fâche pour un moment, mais dont on ne fait que rire sitôt qu'on est de sang-froid. Je veux, pour m'égayer, battre ces gens-là par leurs propres armes; puisqu'ils aiment tant à chicaner, nous chicanerons, et je ferai en sorte que, voulant toujours attaquer, ils seront forcés de se tenir sur la défensive. Il est impossible de cette manière que je me compromette, parce que je ne défendrai point mon ouvrage; je ne ferai qu'éplucher les leurs; et il est impossible qu'ils ne me donnent point toutes les prises imaginables pour me moquer d'eux : car mes objections étant insolubles, ils ne les résoudront jamais sans dire force bêtises, dont je me réjouis d'avance de tirer parti. Gardez-vous bien d'empêcher l'ouvrage de M. Vernes de paroître. Si je le prends en gaieté, comme je l'espère, il me fera faire un peu de bon sang, dont j'ai grand besoin.

Vous voyez que ce projet ne rend point votre travail inutile ; tant s'en faut. La besogne entre nous sera très-bien partagée ; vous aurez défendu l'honneur de votre ami, et moi j'aurai désarmé mes censeurs. Vous ferez mon apologie, et moi la critique de ceux qui m'auront attaqué. Vous aurez paré les coups qu'on me porte, et moi j'en aurai porté quelques-uns. Il faut que je sois devenu tout d'un coup fort malin, car je vous jure que les mains me démangent ; le genre polémique n'est que trop de mon goût : j'y avois renoncé pourtant. Que n'ai-je seulement un peu de santé ! Ceux qui me forcent à le reprendre ne s'en trouveroient pas long-temps aussi bien qu'ils l'ont espéré.

Je ne me remets point l'écriture des deux lignes qui terminent votre lettre : mais si l'on croit que la lettre de M. de Montmollin à M. Sarazin nous soit bonne à quelque chose, il faut la lui demander à lui-même ; car je ne veux pas faire cette démarche-là. Adieu, cher Moultou.

Je vous prie de rembourser à M. Mouchon le

prix d'un atlas qu'il m'a envoyé, le port dudit atlas qu'il a affranchi, et les frais de mon extrait baptistaire, qu'il a pris la peine de m'envoyer aussi. Je vous dois déjà quelques ports de lettres; ayez la bonté de tenir une note de tout cela jusqu'au printemps.

J'oubliois de vous marquer que le roi de Prusse m'a fait faire, par milord Maréchal, des offres très-obligeantes, et d'une manière dont je suis pénétré.

## LETTRE CCCLXI.

#### AU MÊME.

Motiers-Travers, le 15 novembre 1762.

Je reçois à l'instant, cher ami, une lettre de M. Deluc, que je viens d'envoyer à M. de Montmollin, sans le solliciter de rien, mais le priant seulement de me faire dire ce qu'il a résolu de faire quant à la copie qu'on lui demande, afin que je m'arrange aussi de mon côté en conséquence de ce qu'il aura fait. S'il prend le parti d'envoyer cette copie, moi, de mon côté, je lui écrirai en peu de lignes la lettre d'éclaircissement que M. Deluc souhaite, laquelle pourtant ne dira rien de plus que la précédente, parce qu'il n'est pas possible de dire plus. S'il ne veut pas envoyer cette copie, moi, de mon côté, je ne dirai plus rien ; j'en resterai là, et continuerai de vivre en bon chrétien réformé, comme j'ai fait jusqu'ici de tout mon pouvoir.

Le moment critique approche où je saurai si Genève m'est encore quelque chose. Si les Génevois se conduisent comme ils le doivent, je me reconnoîtrai toujours leur concitoyen, et les aimerai comme ci-devant. S'ils me manquent dans cette occasion, s'ils oublient quels affronts et quelles insultes ils ont à réparer envers moi, je ne cesserai point de les aimer; mais, du reste, mon parti est pris.

Je ne puis répondre à M. Deluc cet ordinaire, parce que ma réponse dépend de celle de M. de Montmollin, qui m'a fait dire simplement qu'il viendroit me voir; car, depuis plusieurs semaines, l'état où je suis ne me permet pas de sortir. Or, comme la poste part dans peu d'heures, il n'est pas vraisemblable que j'aie le temps d'écrire : ainsi je n'écrirai à M. Deluc que jeudi au soir. Je vous prie de le lui dire, afin qu'il ne soit pas inquiet de mon silence.

Il est certain que, quoi qu'il arrive, je ne demeurerai jamais à Genève, cela est bien décidé. Cependant je vous avoue que les approches du moment qui décidera si je suis encore Génevois, ou si je ne le suis plus, me donnent une vive agitation de cœur. Je donnerois tout au monde pour être à la fin du mois prochain. Adieu, cher ami.

~~~~~~~~~~~~~~~~~~~~~~~~~~~~~~~~~~~~~~~~~~~

## LETTRE CCCLXII.

### A MADAME LATOUR.

Motiers, 21 novembre 1762.

*Tu m'aduli, ma tu mi piaci.* Il faut se rendre, madame ; je sens tous les jours mieux qu'il est impossible à mon cœur de vous résister. Plus je gronde, plus je m'enlace ; et, à la manière dont vous me permettez de ne vous plus écrire, vous êtes bien sûre de n'être pas prise au mot. Oui, vous êtes femme ; je le sens à votre ascendant sur moi ; je le sens à votre adresse, et il y a long-temps que je ne m'avise plus d'en douter. Je ne tenterai donc plus de briser ces chaînes si pesantes que vous me donnez si légèrement ; mais, de grâce, allégez-en le poids vous-même ; soyez aussi bonne que charmante ; acceptez mes hommages en compensation de ma négligence, et ne comptez pas si rigoureusement avec votre serviteur.

Il est certain, madame, que j'ai eu tort de parler encore à M. de Rougemont de ce que je vous avois dit au sujet de M. du Terreaux ; mais la manière dont vous m'aviez répondu me faisoit douter que vous en parlassiez à M. son frère, et il convenoit cependant qu'il le sût. Voilà non l'excuse, mais la raison de mon tort.

Je vous prie, madame, d'être bien persuadée de deux choses; l'une, que si vous eussiez gardé avec moi le silence que j'avois mérité, je n'aurois eu garde de vous laisser faire, du moins jusqu'à m'oublier : pour peu que vous eussiez encore différé à m'écrire, je vous aurois sûrement prévenue; et, quelque touché que je sois de votre lettre, je suis presque fâché que vous ne m'ayez pas donné cette occasion de vous marquer mon empressement et mon repentir. L'autre vérité que je vous supplie de croire est que, bien que l'on ne se corrige point à mon âge, et que je ne puisse, sans vous tromper, vous promettre plus d'exactitude que par le passé, j'ai pourtant le cœur pénétré de vos bontés, et très-zélé pour m'en rendre digne. Voilà, madame, que j'écrive ou non, sur quoi vous devez toujours compter.

## LETTRE CCCLXIII.

### A M. MOULTOU.

Motiers, 25 novembre 1762.

Je m'étois attendu, cher ami, à ce qui vient de se passer; ainsi j'en suis peu ému. Peut-être n'a-t-il tenu qu'à moi que cela ne se passât autrement. Mais une maxime dont je ne me départirai jamais est de ne faire du mal à personne. Je suis charmé de ne m'en être pas départi en cette occasion; car je vous avoue que la tentation étoit vive. Savez-vous à quel jeu j'ai perdu M. Marcet? Il me paroît certain que je l'ai perdu. J'aurois cru pouvoir compter sur un ancien ami de mon père. Je soupçonne que l'amitié de M. Deluc m'a ôté la sienne.

Je suis charmé que vous voyiez enfin que je n'en ai déja que trop fait. Ces messieurs les Génevois le prennent, en vérité, sur un singulier ton. On diroit qu'il faut que j'aille encore demander pardon des affronts qu'on m'a faits. Et puis, quelle extravagante inquisition! L'on n'en feroit pas tant chez les catholiques. En vérité ces gens-là sont bien bêtement rogues. Comment ne voient-ils pas qu'il s'agit bien plus de leur intérêt que du mien?

Le bon-homme dispose de moi comme de ses

vieux souliers; il veut que j'aille courir à Genève dans une saison et dans un état où je ne puis sortir, je ne dis pas de Motiers, mais de ma chambre. Il n'y a pas de sens à cela. Je souhaite de tout mon cœur de revoir Genève, et je me sens un cœur fait pour oublier leurs outrages; mais on ne m'y verra sûrement jamais en homme qui demande grâce ou qui la reçoit.

Vous voulez m'envoyer votre ouvrage, supposant que je suis en état de le rendre meilleur. Il n'en est rien, cher ami; je n'ai jamais pu corriger une seule phrase ni pour moi ni pour les autres. J'ai l'esprit prime-sautier, comme disait Montaigne; passé cela, je ne suis rien. Dans un ouvrage fait, je ne vois que ce qu'il y a; je ne vois rien de ce qu'on y peut mettre. Si je veux toucher à votre ouvrage, je me tourmenterai beaucoup, et je le gâterai infailliblement, ne fût-ce que parce qu'il s'agit de moi : on ne sait jamais parler de soi comme il faut. Je vois que vous vous défiez de vous; mais vous devriez vous fier un peu à moi, qui peux mieux que vous vous mettre à votre taux. En ceci seulement je jugerai mieux que vous. Faites de vous-même, vous serez moins correct, mais plus un. Au reste, revenez plusieurs fois sur votre ouvrage avant que de le donner. Je crains seulement les fautes de langue; mais si vous êtes bien attentif, elles ne vous échapperont pas. Je crains aussi un peu les boutades du feu de la jeunesse. Attachez-vous à ôter tout ce qui peut être exclamation ou déclamation. Simplifiez votre style, surtout dans les endroits où les choses ont de la chaleur. J'ai une lecture à vous conseiller avant que de revoir pour la dernière fois votre écrit, c'est celle des *Lettres persanes.* Cette lecture est excellente à tout jeune homme qui écrit pour la première fois. Vous y trouverez pourtant quelques fautes de langue. En voici une dans la quarante-deuxième lettre : *Tel que l'on devroit mépriser parce qu'il est un sot, ne l'est souvent que parce qu'il est un homme de robe.* La faute est de prendre pour le participe passif *méprisé,* qui n'est pas dans la phrase, l'infinitif *mépriser* qui y est. Les Génevois sont encore fort sujets à faire cette faute-là. Toutefois, si vous voulez absolument m'envoyer votre écrit, faites. Je ne sais lequel de vous ou de moi me donnera le plus d'intérêt à sa lecture, mais je vous répète que je ne vous y *puis être* d'aucune utilité.

Je vous ai parlé des offres du roi de Prusse et de ma reconnoissance. Mais voudriez-vous que je les eusse acceptées? est-il nécessaire de vous dire ce que j'ai fait? ces choses-là devroient se deviner entre nous.

Je dois vous prévenir d'une chose. Vous avez dû voir beaucoup d'inégalités dans mes lettres ; c'est qu'il y en a beaucoup dans mon humeur, et je ne la cache point à mes amis. Mais ma conduite ne se règle point sur mon humeur; elle a une règle plus constante; à mon âge, on ne change plus. Je serai ce que j'ai été. Je ne suis différent qu'en une chose, c'est que jusqu'ici j'ai eu des amis, mais à présent je sens que j'ai un ami.

Vous apprendrez avec plaisir qu'*Émile* a le plus grand succès en Angleterre. On en est à la seconde édition angloise. Il n'y a pas d'exemple à Londres d'un succès si rapide pour aucun livre étranger, et, *nota*, malgré le mal que j'y dis des Anglois.

## LETTRE CCCLXIV.

### A M. DE MONTMOLLIN.

Novembre 1762.

Quand je me suis réuni, monsieur, il y a neuf ans, à l'Église, je n'ai pas manqué de censeurs qui ont blâmé ma démarche, et je n'en manque pas aujourd'hui que j'y reste uni sous vos auspices, contre l'espoir de tant de gens qui voudroient m'en voir séparé. Il n'y a rien là de bien étonnant; tout ce qui m'honore et me console déplaît à mes ennemis; et ceux qui voudroient rendre la religion méprisable sont fâchés qu'un ami de la vérité la professe ouvertement. Nous connoissons trop, vous et moi, les hommes pour ignorer à combien de passions humaines le feint zèle de la foi sert de manteau; et l'on ne doit pas s'attendre à voir l'athéisme et l'impiété plus charitables que n'est l'hypocrisie ou la superstition. J'espère, monsieur, ayant maintenant le bonheur d'être plus connu de vous, que vous ne voyez rien en moi qui, démentant la déclaration que je vous ai faite, puisse vous rendre suspecte ma démarche, ni vous donner du regret à la vôtre. S'il y a des gens qui m'accusent d'être un hypocrite, c'est parce que je ne suis pas un impie : ils se sont arrangés pour m'accuser de l'un ou de l'autre, sans doute parce qu'ils n'imaginent pas qu'on puisse sincèrement croire en Dieu. Vous voyez que, de quelque manière que je me conduise, il m'est impossible d'échapper à l'une des deux imputations. Mais vous voyez aussi que si toutes deux sont également destituées de preuves, celle d'hypocrisie est pourtant la plus inepte; car un peu d'hypocrisie m'eût sauvé bien des disgrâces; et ma bonne foi me coûte assez cher, ce me semble, pour devoir être audessus de tout soupçon.

Quand nous avons eu, monsieur, des entretiens sur mon ouvrage, je vous ai dit dans quelles vues il avoit été publié, et je vous réitère la même chose en sincérité de cœur. Ces vues n'ont rien que de louable, vous en êtes convenu vous-même; et quand vous m'apprenez qu'on me prête celle d'avoir voulu jeter du ridicule sur le christianisme, vous sentez en même temps combien cette imputation est ridicule elle-même, puisqu'elle porte uniquement sur un dialogue dans un langage improuvé des deux côtés dans l'ouvrage même, et où l'on ne trouve assurément rien d'applicable au vrai chrétien. Pourquoi les réformés prennent-ils ainsi fait et cause pour l'Église romaine? pourquoi s'échauffent-ils si fort quand on relève les vices de son argumentation, qui n'a point été la leur jusqu'ici? Veulent-ils donc se rapprocher peu à peu de ses manières de penser comme ils se rapprochent déjà de son intolérance, contre les principes fondamentaux de leur propre communion?

Je suis bien persuadé, monsieur, que si j'eusse toujours vécu en pays protestant, alors ou la Profession du vicaire savoyard n'eût point été faite, ce qui certainement eût été un mal à bien des égards, ou, selon toute apparence, elle eût eu dans sa seconde partie un tour fort différent de celui qu'elle a.

Je ne pense pas cependant qu'il faille supprimer les objections qu'on ne peut résoudre; car cette adresse subreptice a un air de mauvaise foi qui me révolte, et me fait craindre qu'il n'y ait au fond peu de vrais croyants. Toutes les connoissances humaines ont leurs obscurités, leurs difficultés, leurs objections, que l'esprit humain trop borné ne peut résoudre. La géométrie elle-même en a de telles que les géomètres ne s'avisent point de supprimer, et qui ne rendent pas pour cela leur science incertaine. Les objections n'empêchent pas qu'une vérité démontrée ne soit démontrée ; et il faut savoir se tenir à ce qu'on sait, et ne pas vouloir tout savoir, même en matière de religion. Nous n'en servirons pas Dieu de moins bon cœur ; nous n'en serons pas moins vrais croyants, et nous en serons plus humains, plus doux, plus tolérants pour ceux qui ne pensent pas comme nous en toute chose. A considérer en ce sens la Profession de foi du vicaire, elle peut avoir son utilité même dans ce qu'on y a le plus improuvé. En tout cas, il n'y avoit qu'à résoudre les objections aussi convenablement, aussi honnêtement qu'elles étoient proposées, sans se fâcher comme si l'on avoit tort, et sans croire qu'une objection est suffisamment résolue lorsqu'on a brûlé le papier qui la contient.

Je n'épiloguerai point sur les chicanes sans nombre et sans fondement qu'on m'a faites et qu'on me fait tous les jours. Je sais supporter dans les autres des manières de penser qui ne sont pas les miennes ; pourvu que nous soyons tous unis en Jésus-Christ, c'est là l'essentiel. Je veux seulement vous renouveler, monsieur, la déclaration de la résolution ferme et sincère où je suis de vivre et mourir dans la communion de l'Église chrétienne réformée. Rien ne m'a plus consolé dans mes disgrâces que d'en faire la sincère profession auprès de vous, de trouver en vous mon pasteur, et mes frères dans vos paroissiens. Je vous demande à vous et à eux la continuation des mêmes bontés; et comme je ne crains pas que ma conduite vous fasse changer de sentiment sur mon compte, j'espère que les méchancetés de mes ennemis ne le feront pas non plus.

## LETTRE CCCLXV.

### A M. ***.

1762.

En parlant, monsieur, dans votre gazette du 23 juin, d'un papier appelé *réquisitoire*, publié en France contre le meilleur et le plus utile de mes écrits, vous avez rempli votre office, et je ne vous en sais pas mauvais gré; je ne me plains pas même que vous ayez transcrit les imputations dont ce papier est rempli, et auxquelles je m'abstiens de donner celle qui leur est due.

Mais lorsque vous ajoutez de votre chef que je suis condamnable au-delà de ce qu'on peut dire pour avoir composé le livre dont il s'agit, et surtout pour y avoir mis mon nom, comme s'il étoit permis et honnête de se cacher en parlant au public; alors, monsieur, j'ai droit de me plaindre de ce que vous jugez sans connoître; car il n'est pas possible qu'un homme éclairé et un homme de bien porte avec connoissance un jugement si peu équitable sur un livre où l'auteur soutient la cause de Dieu, des mœurs, de la vertu, contre la nouvelle philosophie, avec toute la force dont il est capable. Vous avez donné trop d'autorité à des procédures irrégulières, et dictées par des motifs particuliers que tout le monde connoît.

Mon livre, monsieur, est entre les mains du public; il sera lu tôt ou tard par des hommes raisonnables, peut-être enfin par des chrétiens, qui verront avec surprise et sans doute avec indignation qu'un disciple de leur divin maître soit traité parmi eux comme un scélérat.

Je vous prie donc, monsieur, et c'est une réparation que vous me devez, de lire vous-même le livre dont vous avez si légèrement et si mal parlé; et quand vous l'aurez lu, de vouloir alors rendre compte au public, sans faveur et sans grâce, du jugement que vous en aurez porté. Je vous salue, monsieur, de tout mon cœur.

## LETTRE CCCLXVI.

### A M. LOISEAU DE MAULÉON.

Pour lui recommander l'affaire de M. Le Bœuf de Valdahon.

Voici, mon cher Mauléon, du travail pour vous, qui savez braver le puissant injuste, et défendre l'innocent opprimé. Il s'agit de protéger par vos talents un jeune homme de mérite qu'on ose poursuivre criminellement pour une faute que tout homme voudroit commettre, et qui ne blesse d'autres lois que celles de l'avarice et de l'opinion. Armez votre éloquence de traits plus doux et non moins pénétrants, en faveur de deux amants persécutés par un père vindicatif et dénaturé. Ils ont la voix publique; et ils l'auront partout où vous parlerez pour eux. Il me semble que ce nouveau sujet vous offre d'aussi grands principes à développer, d'aussi grandes vues à approfondir que les précédents; et vous aurez de plus à faire valoir des sentiments naturels à tous les cœurs sensibles, et qui ne sont pas étrangers au vôtre. J'espère encore que vous compterez pour quelque chose la recommandation d'un homme que vous avez honoré de votre amitié. *Macte virtute,* cher Mauléon. C'est dans une route que vous vous êtes frayée [1]

---

[1] * Ce membre de phrase n'est pas complet. Il y avoit sans doute

qu'on trouve le noble prix que je vous ai depuis si long-temps annoncé, et qui est seul digne de vous.

## LETTRE CCCLXVII.

### A MADEMOISELLE D'IVERNOIS,

Fille de M. le procureur-général de Neuchâtel, en lui envoyant le premier lacet de ma façon, qu'elle m'avoit demandé pour présent de noces.

Le voilà, mademoiselle, ce beau présent de noces que vous avez désiré : s'il s'y trouve du superflu, faites, en bonne ménagère, qu'il ait bientôt son emploi. Portez sous d'heureux auspices cet emblème des liens de douceur et d'amour dont vous tiendrez enlacé votre heureux époux, et songez qu'en portant un lacet tissu par la main qui traça les devoirs des mères, c'est s'engager à les remplir.

dans le manuscrit : *C'est dans une route* comme celle *que vous vous êtes frayée*, ou plutôt dans la *route*. Mais nous ne devions rien changer au texte de l'édition originale (celle de Genève, 1782, t. xxiv, in-8°, et t. xii, in-4°) où cette lettre, ne portant aucune énonciation de date, a été imprimée pour la première fois. Elle ne se trouve point dans le recueil publié par du Peyrou.—Indépendamment de la collection des Mémoires et Plaidoyers de Loiseau de Mauléon, mentionnée précédemment (*Confessions*, liv. x), il en existe une édition en trois volumes in-8°, Londres, 1780. La défense du comte de Portès, dont Rousseau parle au même endroit, a eu particulièrement trois éditions ; la troisième est de 1769, in-8°. (*Note de M. Petitain.*)

## LETTRE CCCLXVIII.

A MADAME LA COMTESSE DE BOUFFLERS.

Motiers, le 26 novembre 1762.

Je reçois à l'instant, madame, la lettre dont vous m'avez honoré le 10 de ce mois sous le couvert de milord Maréchal, et je vous avoue qu'elle me surprend plus encore que la précédente. J'ai tant d'estime et de respect pour vous, que, dussiez-vous continuer à m'en écrire de semblables, elles me suprendroient toujours.

Je suis pénétré de reconnoissance et de respect pour le roi de Prusse ; mais ses bienfaits, souvent répandus avec plus de générosité que de choix, ne sont pas une preuve bien sûre qu'on les mérite. Si je les acceptois, je croirois lui rendre autant d'honneur que j'en recevrois de lui ; et je ne suis point persuadé que, par cette démarche, je fisse un si grand déplaisir à mes ennemis.

Je crois, madame, que si j'étois dans le besoin, et que j'eusse recours à vous, vous consulteriez plus votre cœur que votre fortune ; mais ce que vous ne feriez pas à cet égard, peut-être devrois-je le faire. Comme je ne suis pas dans ce cas-là, et que jusqu'ici mes amis ne se sont point aperçus que j'y aie été, cette délibération me paroît, quant à présent, fort inutile. Il me semble que je n'ai jamais donné à personne occasion de prendre un si grand souci de mes besoins.

Vous persistez, dites-vous, à croire que ma lettre à M. de Montmollin étoit peu nécessaire. Je ne vois pas bien comment vous pouvez juger de cela. Je vous ai dit les raisons qui m'ont fait croire qu'elle l'étoit; vous auriez dû me dire celles qui vous font penser autrement.

Vous dites qu'elle a fait un mauvais effet; mais sur qui? Si c'est sur MM. d'Alembert et Voltaire, je m'en félicite. J'espère n'être jamais assez malheureux pour obtenir leur approbation.

Il étoit inutile que cette lettre courût; et je ne l'ai jamais montrée à personne. Vous dites l'avoir vue à Paris. Je sais qu'elle a été falsifiée, et je vous l'ai dit; cela n'emportoit pas la nécessité de vous la transcrire, puisque cette pièce, ayant fait ici son effet, n'importe, au surplus, ni à vous, ni à moi, ni à personne. Cependant, puisqu'elle vous fait plaisir, la voilà telle que je l'ai écrite, et que je l'écrirois tout-à-l'heure si c'étoit à recommencer.

J'ai toujours approuvé que mes amis me donnassent des avis, mais non pas des lois. Je veux bien qu'ils me conseillent, mais non pas qu'ils me gouvernent. Vous avez daigné, madame, remplir avec moi le soin de l'amitié; je vous en remercie.

Vous vous en tenez là; je vous en remercie encore : car je n'aimerois pas être obligé de marquer moi-même la borne de votre pouvoir sur moi.

Ne parlerons-nous jamais de vous, madame? Il me semble pourtant que les droits et les devoirs de l'amitié devroient être réciproques. Verrez-vous toujours mes malheurs, et ne verrai-je jamais vos plaisirs, ou ceux des personnes qui vous approchent? Vous n'avez pas besoin de mes conseils, je le sais; mais j'aurois le plaisir de me réjouir de tout ce que vous faites de bien; j'approuverois, je m'attendrirois, je m'égaierois de votre joie, et tous mes maux seroient oubliés.

Je n'ai jamais songé à vous demander, madame, si l'on avoit rendu à M. le prince de Conti la musique que j'avois copiée pour lui. Daignez agréer les humbles remerciements et respects de mademoiselle Le Vasseur.

## LETTRE CCCLXIX.

A M......, CURÉ D'AMBÉRIER EN BUGEY [1].

Motiers-Travers, le 30 novembre 1762.

Je n'aurois pas tardé si long-temps, monsieur, à vous témoigner ma reconnoissance des soins et

[1] * Thérèse Le Vasseur, partie en juillet 1762, par le carrosse de

des bontés que vous n'avez cessé d'avoir pour ma gouvernante, durant son voyage de Paris à Besançon, si je n'avois égaré votre adresse qu'elle me remit en arrivant, et en me rendant compte de toutes les obligations que nous avions, elle et moi, à votre humanité et à votre charité. J'ai retrouvé cette adresse hier au soir, et je me hâte de remplir un devoir qui m'est cher, en vous faisant d'un cœur vraiment touché les remerciements de cette pauvre fille et les miens. Je voudrois être en état de rendre ces remerciements moins stériles, en vous marquant, par quelque retour, que vous n'avez pas obligé un ingrat. Si jamais l'occasion s'en présente, je vous demande en grâce de ne pas oublier le citoyen de Genève, et d'être persuadé qu'il vous est acquis. Recevez, monsieur, les respects de mademoiselle Le Vasseur et ceux d'un homme qui vous honore.

Paris à Dijon, pour se rendre auprès de Rousseau, fut insultée par deux jeunes étourdis, que le curé d'Ambérier ne parvint à contenir qu'en portant ses plaintes à l'un des commis du bureau. Sensible à ce service, l'obligée se fit connoître à son protecteur, et lui demanda avec instance et son nom et son adresse. C'est à cette occasion qu'ont été écrites ces trois lettres adressées à M......, curé d'Ambérier. ( *Note de M. Pétitain.* )

## LETTRE CCCLXX.

A MADAME LATOUR.

Motiers, le 18 décembre 1762.

Pour le coup, madame, vous auriez été contente de mon exactitude, si j'avois pu suivre, en recevant votre dernière lettre, la résolution que je pris d'y répondre dès le lendemain; mais il est dit que je voudrai toujours vous plaire, et que je n'y parviendrai jamais. Une maudite fièvre est venue traverser mes bonnes résolutions; elle m'a abattu, au point d'en garder le lit, ce qui ne m'étoit jamais arrivé dans mes plus grands maux: sans doute le bon usage que je voulois faire de mes forces m'a aidé à les recouvrer, et je me suis dépêché de guérir pour vous offrir les prémices de ma convalescence, si tant est pourtant qu'on puisse appeler convalescence l'état où je suis resté.

Je voudrois, madame, pouvoir vous donner l'éclaircissement que vous désirez sur l'homme au gros poireau, et je voudrois, pour moi-même, connoître un homme qui m'ose louer publiquement à Paris, car, quoique je doive peut-être bien plus à vous qu'à lui la chaleur de son zèle, ce qu'il a dit pour vous complaire me le fait autant aimer que s'il l'avoit dit pour moi. Mais ma mémoire ne me fournit rien d'applicable en tout au signalement que vous m'avez donné. J'ai fréquenté dix ans Épinay et la Chevrette ; pendant ce temps-là, on a représenté beaucoup de pièces, et exécuté beaucoup de divertissements où j'ai quelquefois fait de la musique, et où divers auteurs ont fait des paroles ; mais depuis lors tant de choses me sont arrivées, que je ne me rappelle tout cela que fort confusément. Le poireau surtout me désoriente ; je ne me rappelle pas d'avoir vécu dans une certaine intimité avec quelqu'un qui en eût un ; si ce n'est, ce me semble, M. le marquis de Croix-Mard, qui, à la vérité, a beaucoup d'esprit, mais qui n'est plus ni jeune ni d'une assez jolie figure, et auquel je ne me suis sûrement jamais mêlé de donner des conseils.

Il est vrai, madame, que je ne doute plus que vous ne soyez femme ; vous me l'avez trop bien fait sentir par l'empire que vous avez pris sur moi, et par le plaisir que je prends à m'y soumettre ; mais vous n'avez pas à vous plaindre d'un échange qui vous donne tant de nouveaux droits, en vous laissant tous ceux que je voulois revendiquer pour mon sexe. Toutefois, puisque vous deviez être femme, vous deviez bien aussi vous montrer. Je crois que votre figure me tourmente encore plus que si je l'avois vue. Si vous ne voulez pas me dire comment vous êtes faite, dites-moi donc du moins comment vous vous habillez, afin que mon imagination se fixe sur quelque chose que je sois sûr vous appartenir, et que je puisse rendre hommage à la personne qui porte votre robe, sans crainte de vous faire une infidélité.

## LETTRE CCCLXXI.

### A M. MOULTOU.

Motiers-Travers, 19 décembre 1762.

Mon cher ami, j'ai été assez mal, et je ne suis pas bien. Les effets d'une fièvre causée par un grand rhume se sont fait sentir sur la partie foible, et il semble que ma vessie veuille se boucher tout-à-fait. Je me lève pourtant; et je sors quand le temps le permet; mais je n'ai ni la tête libre ni la machine en bon état. La rigueur de l'hiver peut causer tout cela : je suis persuadé qu'aux approches du temps doux je serai mieux.

Je me détache tous les jours plus de Genève : il faut être fou pour s'affecter des torts de gens qui se conduisent si mal. Je pourrai y aller parce que vous y êtes; mais j'irai voir mon ami chez des étrangers. Du reste, ces messieurs me recevront comme il leur plaira. L'Europe a déjà prononcé entre eux et moi : que m'importe le reste? Nous verrons au surplus ce qu'ils ont à me dire : pour moi, je n'ai rien à leur dire du tout.

Je vous envoie ce billet par le messager plutôt que par la poste, afin que si vous avez quelque chose à m'envoyer, vous en ayez la commodité. Du reste, il importe de vous communiquer une réflexion que j'ai faite. Vous m'avez marqué ci-devant que vous n'aimiez pas votre corps, et que votre intention étoit de le quitter un jour : nous causerons de cela quand nous nous verrons. Mais si cette résolution pouvoit transpirer chez quelqu'un de ces messieurs, peut-être ne chercheroient-ils qu'une occasion de vous prévenir; et il est bien difficile qu'ils ne trouvassent pas cette occasion dans l'écrit en question, s'ils l'y vouloient chercher. Tout est raison pour qui ne cherche que des prétextes. Pensez à cela. Il faut quitter, et non pas se faire renvoyer.

Je crois que milord Maréchal pourroit aller dans quelque temps à Genève voir milord Stanhope. S'il y va, allez le voir et nommez-vous. C'est un homme froid, qui ne peut souffrir les complimens, et qui n'en fait à personne; mais c'est un homme, et je crois que vous serez content de l'avoir vu. Du reste, ne parlez à personne de ce voyage. Il ne m'en a pas demandé le secret, mais il n'en a parlé qu'à moi; ce qui me fait croire ou qu'il a changé de sentiment, ou qu'il veut aller incognito.

Adieu, cher Moultou : je compte les heures comme des siècles jusqu'à la belle saison.

## LETTRE CCCLXXII.

A M. D. L. C.

Décembre 1762.

Il faut, monsieur, que vous ayez une grande opinion de votre éloquence, et une bien petite du discernement de l'homme dont vous vous dites enthousiaste, pour croire l'intéresser en votre faveur par le petit roman scandaleux qui remplit la moitié de la lettre que vous m'avez écrite, et par l'historiette qui le suit. Ce que j'apprends de plus sûr dans cette lettre, c'est que vous êtes bien jeune, et que vous me croyez bien jeune aussi.

Vous voilà, monsieur, avec votre Zélie comme ces saints de votre église qui, dit-on, couchoient dévotement avec des filles, et attisoient tous les feux des tentations pour se mortifier en combattant le désir de les éteindre. J'ignore ce que vous prétendez par les détails indécents que vous m'osez faire ; mais il est difficile de les lire sans vous croire un menteur ou un impuissant.

L'amour peut épurer les sens, je le sais; il est cent fois plus facile à un véritable amant d'être sage qu'à un autre homme : l'amour qui respecte son objet en chérit la pureté : c'est une perfection de plus qu'il y trouve, et qu'il craint de lui ôter. L'amour-propre dédommage un amant des privations qu'il s'impose en lui montrant l'objet qu'il convoite plus digne des sentiments qu'il a pour lui; mais si sa maîtresse, une fois livrée à ses caresses, a déjà perdu toute modestie; si son corps est en proie à ses attouchements lascifs; si son cœur brûle de tous les feux qu'ils y portent; si sa volonté même, déjà corrompue, la livre à sa discrétion, je voudrois bien savoir ce qui lui reste à respecter en elle.

Supposons qu'après avoir ainsi souillé la personne de votre maîtresse, vous ayez obtenu sur vous-même l'étrange victoire dont vous vous vantez; et que vous en ayez le mérite, l'avez-vous obtenue sur elle, sur ses désirs, sur ses sens même? Vous vous vantez de l'avoir fait pâmer entre vos bras : vous vous êtes donc ménagé le sot plaisir de la voir pâmer seule? Et c'étoit là l'épargner selon vous? Non, c'étoit l'avilir. Elle est plus méprisable que si vous en eussiez joui. Voudriez-vous d'une femme qui seroit sortie ainsi des mains d'un autre? Vous appelez pourtant tout cela des sacrifices à la vertu. Il faut que vous ayez d'étranges idées de cette vertu dont vous parlez, et qui ne vous laisse pas même le moindre scrupule d'avoir déshonoré la fille d'un homme dont vous mangiez le pain. Vous n'adoptez pas les maximes de l'Héloïse, vous vous piquez de les braver; il est faux, selon vous, qu'on ne doit rien accorder aux sens quand on veut leur refuser quelque chose. En accordant aux vôtres tout ce qui peut vous rendre coupable, vous ne leur refusiez que ce qui pouvoit vous excuser. Votre exemple supposé vrai ne fait point contre la maxime, il la confirme.

Ce joli conte est suivi d'un autre plus vraisemblable, mais que le premier me rend bien suspect. Vous voulez avec l'art de votre âge émouvoir mon amour-propre, et me forcer, au moins par bienséance, à m'intéresser pour vous. Voilà, monsieur, de tous les pièges qu'on peut me tendre celui dans lequel on me prend le moins, surtout quand on le tend aussi peu finement. Il y auroit de l'humeur à vous blâmer de la manière dont vous dites avoir soutenu ma cause, et même une sorte d'ingratitude à ne vous en pas savoir gré. Cependant, monsieur, mon livre ayant été condamné par votre parlement, vous ne pouviez mettre trop de modestie et de circonspection à le défendre, et vous ne devez pas me faire une obligation personnelle envers vous d'une justice que vous avez dû rendre à la vérité, ou à ce qui vous a paru l'être. Si j'étois sûr que les choses se fussent passées comme vous me le marquez, je croirois devoir vous dédommager, si je pouvois, d'un préjudice dont je serois en quelque manière la cause ; mais cela ne m'engageroit pas à vous recommander, sans vous connoître, préférablement à beaucoup de gens de mérite que je connois sans pouvoir les servir ; et je me garderois de vous procurer des élèves, surtout s'ils avoient des sœurs, sans autre garant de leur bonne éducation que ce que vous m'avez appris de vous, et la pièce de vers que vous m'avez envoyée. Le libraire à qui vous l'avez présentée a eu tort de vous répondre aussi brutalement qu'il l'a fait, et l'ouvrage, du côté de la composition, n'est pas aussi mauvais qu'il l'a paru croire : les vers sont faits avec facilité ; il y en a de très-bons parmi beaucoup d'autres foibles et peu corrects : du reste, il y règne plutôt un ton de déclamation qu'une certaine chaleur d'ame. Zamon se tue en acteur de tragédie : cette mort ne persuade ni ne touche : tous les sentiments sont tirés de la nouvelle Héloïse ; on en trouve à peine un qui vous appartienne ; ce qui n'est pas un grand signe de la chaleur de votre cœur ni de la vérité de l'histoire. D'ailleurs, si le libraire avoit tort dans un sens, il avoit bien raison dans un autre, auquel vraisemblablement il ne songeoit pas. Comment un homme qui se pique de vertu peut-il vouloir publier une pièce d'où résulte la plus pernicieuse morale, une pièce pleine d'images licencieuses que rien n'épure, une pièce qui tend à persuader aux jeunes personnes que les privautés des amants sont sans conséquence, et qu'on peut toujours s'arrêter où l'on veut; maxime aussi fausse que dangereuse, et propre à détruire toute pudeur, toute honnêteté, toute retenue entre les deux sexes ? Monsieur, si vous n'êtes pas un homme sans mœurs, sans principes, vous ne ferez jamais imprimer vos vers, quoique passables, sans un correctif suffisant pour en empêcher le mauvais effet.

Vous avez des talents, sans doute, mais vous n'en faites pas un usage qui porte à les encourager. Puissiez-vous, monsieur, en faire un meilleur dans la suite, et qui ne vous attire ni regrets à vous-même, ni le blâme des honnêtes gens ! Je vous salue de tout mon cœur.

*P. S.* Si vous aviez un besoin pressant des deux louis que vous demandiez au libraire, je pourrois en disposer sans m'incommoder beaucoup. Parlez-moi naturellement : ce ne seroit pas vous en faire un don, ce seroit seulement payer vos vers au prix que vous y avez mis vous-même.

## LETTRE CCCLXXIII.

A MADAME LATOUR.

A Motiers, le 4 janvier 1763.

Je reçus, madame, le 28 du mois dernier, votre lettre du 23, par laquelle vous me menaciez de ne me pardonner jamais, si vous n'aviez pas de mes nouvelles le jeudi 30. J'ai bien senti tout ce qu'il y avoit d'obligeant dans cette menace; mais cela ne m'en rend pas moins sensible à la peine que vous m'avez fait encourir; car, vous pouvez bien donner le désir de faire l'impossible, mais non pas le moyen d'y réussir; et il étoit de toute impossibilité que vous reçussiez le 30 la réponse à une lettre que j'avois reçue le 28.

Je suis à peu près comme j'étois quand je vous écrivis. L'hiver est si rude ici, qu'il m'est très-difficile de le soutenir dans mon état; ce n'est pas du moins sans souffrir beaucoup, et sans sentir que, ne me permettre le silence que quand je me porterai bien, c'est ne me le permettre que quand je serai mort. J'espère, madame, que cette lettre vous trouvera bien rétablie de votre mal de gorge; c'est un mal auquel il me paroît que vous êtes sujette; c'est pourquoi je prends la liberté de vous donner un des récipés de ma médecine, car j'ai été fort sujet aux esquinancies étant jeune ; mais j'ai appris à m'en délivrer lorsqu'elles commencent, en mettant les pieds dans l'eau chaude, et les y tenant plusieurs heures ; ordinairement cela dégage la gorge, soit en attirant l'humeur en en bas, soit de quelque autre manière que j'ignore ; je sais seulement que la recette a souvent du succès.

J'aimerois, madame, à converser avec vous à mon aise ; votre esprit est net et lumineux, et tout ce qui vient de vous m'attache et m'attire, à quelque petite chose près. Pourquoi faut-il que la nécessité de vous écrire si souvent m'ôte le plaisir de vous écrire à mon aise ? Je voudrois vous écrire moins fréquemment, et j'écrirois de plus grandes lettres ; mais vous exigez toujours de promptes réponses ; cela fait que je ne puis vous écrire que des billets fort mal *digérés* et fort raturés.

## LETTRE CCCLXXIV.

A M. DUMOULIN,

Procureur-fiscal de S. A. S. monseigneur le prince de Condé,
A Montmorency près Paris.

A Motiers-Travers, le 16 janvier 1763.

J'apprends, monsieur, avec d'autant plus de douleur la perte que vous venez de faire de votre digne oncle, qu'ayant négligé trop long-temps de l'assurer de mon souvenir et de ma reconnoissance, je l'ai mis en droit de se croire oublié d'un homme qui lui étoit obligé et qui lui étoit encore plus attaché, et vous aussi. M. Mathas sera regretté et pleuré de tous ses amis et de tout son peuple dont il étoit le père. Il ne suffit pas de lui succéder, monsieur, il faut le remplacer. Songez que vous le suivrez un jour, et qu'alors il ne vous sera pas indifférent d'avoir fait des heureux ou des misérables. Puissiez-vous mériter longtemps et obtenir bien tard l'honneur d'être aussi regretté que lui !

Si le souvenir des moments que nous avons passés ensemble vous est aussi cher qu'à moi, je ne vous recommanderai point un soin qui vous soit à charge, en vous priant d'en conserver les monuments dans votre petite maison de Saint-Louis : entretenez au moins mon petit bosquet, je vous en supplie, surtout les deux arbres plantés de ma main ; ne souffrez pas qu'Augustin ni d'autres se mêlent de les tailler ou de les façonner; laissez-les venir librement sous la direction de la nature, et buvez quelque jour sous leur ombre à la santé de celui qui jadis eut le plaisir d'y boire avec vous. Pardonnez ces petites sollicitudes puériles à l'attendrissement d'un souvenir qui ne s'effacera jamais de mon cœur. Mes jours de paix se sont passés à Montmorency, et vous avez contribué à me les rendre agréables. Rappelez-vous-en quelquefois la mémoire; pour moi je la conserverai toujours.

*P. S.* Mademoiselle Le Vasseur vous prie d'agréer ses respects et de les faire agréer à madame Dumoulin. Je me suis placé ici à portée d'un village catholique pour pouvoir l'y envoyer, le plus souvent qu'il se peut, remplir son devoir, et notre pasteur lui prête pour cela sa voiture avec grand plaisir. Je vous prie de le dire à M. le curé, qui paroissoit alarmé de ce que deviendroit sa religion parmi nous autres. Nous aimons la nôtre et nous respectons celle d'autrui.

Permettez que je vous prie de remettre l'incluse à son adresse.

LETTRE CCCLXXV.

A MADEMOISELLE DUCHESNE,

Sœur de l'Hôtel-Dieu de Montmorency, à Montmorency.

Motiers, le 16 janvier 1763.

Non, mademoiselle, on n'oublie ici ni votre amitié ni vos services; et si mademoiselle Le Vasseur ne vous a pas remboursé plus tôt les deux louis que vous avez eu la bonté de lui prêter, c'est que sa mère, qui les a reçus, lui avoit promis et lui a encore fait écrire qu'elle vous les rendroit. Elle n'en a rien fait, cela n'est pas étonnant, ils sont passés avec le reste. Assurément si cette femme a mangé tout l'argent qu'elle a tiré de sa fille et de moi, depuis vingt ans, il faut qu'elle ait une terrible avaloire. Si vous pouvez, mademoiselle, attendre sans vous gêner, jusqu'à Pâques, cet argent vous sera remboursé à Montmorency; sinon, prenez la peine, quand vous irez à Paris, de passer à l'hôtel de Luxembourg, et en montrant cette lettre à M. de la Roche, que d'ailleurs j'aurai soin de prévenir, il vous remettra ces deux louis pour lesquels mademoiselle Le Vasseur vous fait ses tendres remerciements, ainsi que pour toutes les bontés dont vous l'avez honorée.

A l'égard de la dame Maingot, il est très-sûr qu'il ne lui est rien dû. J'en ai pour preuves, premièrement la probité de mademoiselle Le Vasseur, bien incapable assurément de nier une dette; la somme qu'elle demande, qui passe ce que j'ai pu acheter de volaille durant tout mon séjour à Montmorency; mon usage constant de tout payer comptant à mesure que j'achetois; le fait particulier de quatre poulettes qu'acheta mademoiselle Le Vasseur, pour avoir des œufs durant le carême, et qu'elle paya comptant au garçon de ladite Maingot, en présence de la mère Nanon, passé laquelle emplette il n'est pas entré une pièce de volaille dans ma maison ; enfin, l'exactitude même de la dame Maingot à se faire payer, puisque ma retraite fit trop de bruit pour être ignorée d'elle, et qu'il n'est pas apparent que, venant tous les mercredis au marché, elle ne se fût pas avisée de venir chez moi demander son dû. C'est pour payer les bagatelles que je pouvois devoir que mademoiselle Le Vasseur est restée après moi. Pourquoi ne s'est-elle pas adressée à elle? Donner à la dame Maingot ce qu'elle demande seroit récompenser la friponnerie : ce n'est assurément pas mon avis.

Je regrette beaucoup le bon M. Mathas, et je crois qu'il sera regretté dans tout le pays. Il faut espérer que M. Dumoulin le remplacera à tous égards, et n'héritera pas moins de sa bonté que de son bien. Je savois que madame de Verdelin avoit fait inoculer ses demoiselles ; mais je suis en peine d'elle-même, n'ayant pas de ses nouvelles depuis long-temps, quoique je lui aie écrit le dernier. Comme il faut nécessairement affranchir les lettres, les domestiques ne sont pas toujours exacts là-dessus, et il s'en perd beaucoup de cette manière. Si elle vient ce printemps à Soisi, je vous prie de lui parler de moi ; c'est une bonne et aimable dame, dont l'amitié m'étoit bien chère, et dont je regretterai toute ma vie le voisinage. Je suis très-sensible, mademoiselle, au souvenir de toute votre famille ; je vous prie de lui en marquer ma reconnoissance et d'y faire à tout le monde mes salutations, de même qu'à tous les honnêtes gens de Montmorency, qui vous paroîtront avoir conservé quelque amitié pour moi. Mes respects en particulier à M. le curé, si vous en trouvez l'occasion. Recevez ceux de mademoiselle Le Vasseur et les assurances de son éternel attachement. Croyez aussi, je vous supplie, que je conserverai toute ma vie les sentiments de respect, d'estime et d'amitié que je vous ai voués.

## LETTRE CCCLXXVI.

### A M. LE MARÉCHAL DE LUXEMBOURG.

Motiers, le 20 février 1763.

Vous voulez, M. le maréchal, que je vous décrive le pays que j'habite. Mais comment faire? je ne sais voir qu'autant que je suis ému ; les objets indifférents sont nuls à mes yeux ; je n'ai de l'attention qu'à proportion de l'intérêt qui l'excite : et quel intérêt puis-je prendre à ce que je retrouve si loin de vous? Des arbres, des rochers, des maisons, des hommes même, sont autant d'objets isolés dont chacun en particulier donne peu d'émotion à celui qui le regarde : mais l'impression commune de tout cela, qui le réunit en un seul tableau, dépend de l'état où nous sommes en le contemplant. Ce tableau, quoique toujours le même, se peint d'autant de manières qu'il y a de dispositions différentes dans les cœurs des spectateurs ; et ces différences, qui font celles de nos jugements, n'ont pas lieu seulement d'un spectateur à l'autre, mais dans le même en différents temps. C'est ce que j'éprouve bien sensiblement en revoyant ce pays que j'ai tant aimé. J'y croyois retrouver ce qui m'avoit charmé dans ma jeunesse : tout est changé ; c'est un autre paysage, un autre air, un autre ciel, d'autres hommes ; et, ne voyant plus mes montagnons avec des yeux de vingt ans, je les trouve beaucoup vieillis. On regrette le bon temps d'autrefois ; je le crois bien : nous attribuons aux choses tout le changement qui s'est fait en nous, et lorsque le plaisir nous quitte, nous croyons qu'il n'est plus nulle part. D'autres voient les choses comme nous les avons vues, et les verront comme nous les voyons aujourd'hui. Mais ce sont des descriptions que vous me demandez, non des réflexions, et les miennes m'entraînent comme un vieux enfant qui regrette encore ses anciens jeux. Les diverses impressions que ce pays a faites sur moi à différents âges me font conclure que nos relations se rapportent toujours plus à nous qu'aux choses, et que, comme nous décrivons bien plus ce que nous sentons que ce qui est, il faudroit savoir comment étoit affecté l'auteur d'un voyage en l'écrivant, pour juger de combien ses peintures sont au-deçà ou au-delà du vrai. Sur ce principe ne vous étonnez pas de voir devenir aride et froid, sous ma plume, un pays jadis si verdoyant, si vivant, si riant, à mon gré : vous sentirez trop aisément dans ma lettre en quel temps de ma vie et en quelle saison de l'année elle a été écrite.

Je sais, M. le maréchal, que, pour vous parler d'un village, il ne faut pas commencer par vous décrire toute la Suisse, comme si le petit coin que j'habite avoit besoin d'être circonscrit d'un si grand espace. Il y a pourtant des choses générales qui ne se devinent point, et qu'il faut savoir pour juger des objets particuliers. Pour connoître Motiers, il faut avoir quelque idée du comté de Neuchâtel ; et pour connoître le comté de Neuchâtel, il faut en avoir de la Suisse entière.

Elle offre à peu près partout les mêmes aspects, des lacs, des prés, des bois, des montagnes ; et les Suisses ont aussi tous à peu près les mêmes mœurs, mêlées de l'imitation des autres peuples et de leur antique simplicité. Ils ont des manières de vivre qui ne changent point, parce qu'elles tiennent pour ainsi dire au sol, au climat, aux besoins divers, et qu'en cela les habitants sont toujours forcés de se conformer à ce que la nature des lieux leur prescrit. Telle est, par exemple, la distribution de leurs habitations, beaucoup moins réunies en villes et en bourgs qu'en France, mais éparses et dispersées çà et là sur le terrain avec beaucoup plus d'égalité. Ainsi, quoique la Suisse soit en général plus peuplée à proportion que la France, elle a de moins grandes villes et de moins gros villages en revanche, on y trouve partout des maisons : le village couvre toute la paroisse, et la ville s'étend sur tout le pays. La Suisse entière est comme une grande ville divisée en treize quartiers, dont les uns sont sur les vallées, d'autres sur les coteaux, d'autres sur les montagnes. Genève, Saint-Gall, Neuchâtel, sont comme les faubourgs : il y a des quartiers plus ou moins peuplés, mais tous le sont assez pour marquer qu'on est toujours dans la ville : seulement les maisons, au lieu d'être alignées, sont dispersées sans symétrie et sans ordre, comme on dit qu'étoient celles de l'ancienne Rome. On ne croit plus parcourir des déserts quand on trouve des clochers parmi les sapins, des troupeaux sur des rochers, des manufactures dans des précipices, des ateliers sur des torrents. Ce mélange bizarre a je ne sais quoi d'animé, de vivant, qui respire la liberté, le bien-être, et qui fera toujours du pays où il se trouve un spectacle unique en son genre, mais fait seulement pour des yeux qui sachent voir.

Cette égale distribution vient du grand nombre de petits états qui divise les capitales, de la rudesse du pays, qui rend les transports difficiles, et de la nature des productions, qui, consistant pour la plupart en pâturages, exige que la consommation s'en fasse sur les lieux mêmes, et tient les hommes aussi dispersés que les bestiaux. Voilà le plus grand avantage de la Suisse, avantage que ses habitants regardent peut-être comme un malheur, mais qu'elle tient d'elle seule, que rien ne peut lui ôter, qui, malgré eux, contient ou retarde le progrès du luxe et des mauvaises mœurs, et qui réparera toujours à la longue l'étonnante déperdition d'hommes qu'elle fait dans les pays étrangers.

Voilà le bien : voici le mal amené par ce bien même. Quand les Suisses, qui jadis vivant renfermés dans leurs montagnes se suffisoient à eux-mêmes, ont commencé à communiquer avec d'autres nations, ils ont pris goût à leur manière de vivre, et ont voulu l'imiter; ils se sont aperçus que l'argent étoit une bonne chose, et ils ont voulu en avoir : sans productions et sans industrie pour l'attirer, ils se sont mis en commerce eux-mêmes, ils se sont vendus en détail aux puissances; ils ont acquis par-là précisément assez d'argent pour sentir qu'ils étoient pauvres; les moyens de le faire circuler étant presque impossibles dans un pays qui ne produit rien et qui n'est pas maritime, cet argent leur a porté de nouveaux besoins sans augmenter leurs ressources. Ainsi leurs premières aliénations de troupes les ont forcés d'en faire de plus grandes et de continuer toujours. La vie étant devenue plus dévorante, le même pays n'a plus pu nourrir la même quantité d'habitants. C'est la raison de la dépopulation qu'on commence à sentir dans toute la Suisse. Elle nourrissoit ses nombreux habitants quand ils ne sortoient pas de chez eux ; à présent qu'il en sort la moitié, à peine peut-elle nourrir l'autre.

Le pis est que de cette moitié qui sort il en rentre assez pour corrompre tout ce qui reste par l'imitation des usages des autres pays, et surtout de la France, qui a plus de troupes suisses qu'aucune autre nation. Je dis *corrompre*, sans entrer dans la question si les mœurs françoises sont bonnes ou mauvaises en France, parce que cette question est hors de doute quant à la Suisse, et qu'il n'est pas possible que les mêmes usages conviennent à des peuples qui, n'ayant pas les mêmes ressources et n'habitant ni le même climat ni le même sol, seront toujours forcés de vivre différemment.

Le concours de ces deux causes, l'une bonne et l'autre mauvaise, se fait sentir en toutes choses : il rend raison de tout ce qu'on remarque de particulier dans les mœurs des Suisses, et surtout de ce contraste bizarre de recherche et de simplicité qu'on sent dans toutes leurs manières. Ils tournent à contre-sens tous les usages qu'ils prennent, non par faute d'esprit, mais par la force des choses. En transportant dans leurs bois les usages des grandes villes, ils les appliquent de la façon la plus comique; ils ne savent ce que c'est qu'habits de campagne; ils sont parés dans leurs rochers comme ils l'étoient à Paris; ils portent sous leurs sapins tous les pompons du Palais-Royal, et j'en ai vu revenir de faire leurs foins en petite veste à falbala de mousseline. Leur délicatesse a toujours quelque chose de grossier, leur luxe a toujours quelque chose de rude. Ils ont des entremets, mais ils mangent du pain noir; ils servent des vins étrangers, et boivent de la piquette; des ragoûts fins accompagnent leur lard rance et leurs choux; ils vous offriront à déjeûner du café, du fromage; à goûter, du thé avec du jambon; les femmes ont de la dentelle et de fort gros linge, des robes de goût avec des bas de couleur : leurs valets, alternativement laquais et bouviers, ont l'habit de livrée en servant à table, et mêlent l'odeur du fumier à celle des mets.

Comme on ne jouit du luxe qu'en le montrant, il a rendu leur société plus familière sans leur ôter pourtant le goût de leurs demeures isolées. Personne ici n'est surpris de me voir passer l'hiver en campagne; mille gens du monde en font tout autant. On demeure donc toujours séparés; mais on se rapproche par de longues et fréquentes visites. Pour étaler sa parure et ses meubles il faut attirer ses voisins et les aller voir; et comme ces voisins sont souvent assez éloignés, ce sont des voyages continuels. Aussi jamais n'ai-je vu de peuple si allant que les Suisses; les François n'en approchent pas. Vous ne rencontrez de toute part que voitures; il n'y a pas une maison qui n'ait la sienne, et les chevaux, dont la Suisse abonde, ne sont rien moins qu'inutiles dans le pays. Mais, comme ces courses ont souvent pour objet des visites de femmes, quand on monte à cheval, ce qui commence à devenir rare, on y monte en jolis bas blancs bien tirés, et l'on fait à peu près, pour courir la poste, la même toilette que pour aller au bal. Aussi rien n'est plus brillant que les chemins de la Suisse; on y rencontre à tout moment de petits messieurs et de belles dames; on n'y voit que bleu, vert, couleur de rose; on se croiroit au jardin du Luxembourg.

Un effet de ce commerce est d'avoir presque ôté aux hommes le goût du vin; et un effet contraire de cette vie ambulante est d'avoir cependant rendu les cabarets fréquents et bons dans toute la Suisse. Je ne sais pas pourquoi l'on vante tant ceux de France; ils n'approchent sûrement pas de ceux-ci. Il est vrai qu'il y fait très-cher vivre; mais cela est vrai aussi de la vie domestique, et cela ne sauroit être autrement dans un pays qui produit peu de denrées, et où l'argent ne laisse pas de circuler.

Les trois seules marchandises qui leur en aient fourni jusqu'ici sont les fromages, les chevaux, et les hommes; mais depuis l'introduction du luxe ce commerce ne leur suffit plus, et ils y ont ajouté celui des manufactures, dont ils sont redevables aux réfugiés françois : ressource qui cependant a plus d'apparence que de réalité ; car, comme la cherté des denrées augmente avec les espèces, et que la culture de la terre se néglige quand on gagne davantage à d'autres travaux, avec plus d'argent ils n'en sont pas plus riches, ce qui se voit par la comparaison avec les Suisses catholiques, qui, n'ayant pas la même ressource, sont plus pauvres d'argent et ne vivent pas moins bien.

Il est fort singulier qu'un pays si rude, et dont les habitants sont si enclins à sortir, leur inspire pourtant un amour si tendre, que le regret de l'avoir quitté les y ramène presque tous à la fin, et que ce regret donne à ceux qui n'y peuvent revenir une maladie quelquefois mortelle, qu'ils appellent, je crois, le *hemvé*. Il y a dans la Suisse un air célèbre appelé le ranz des vaches, que les bergers sonnent sur leurs cornets, et dont ils font retentir tous les coteaux du pays. Cet air, qui est peu de chose en lui-même, mais qui rappelle aux Suisses mille idées relatives au pays natal, leur fait verser des torrents de larmes quand ils l'entendent en terre étrangère. Il en a même fait mourir de douleur un si grand nombre, qu'il a été défendu, par ordonnance du roi, de jouer le ranz des vaches dans les troupes suisses. Mais, M. le maréchal, vous savez peut-être tout cela mieux que moi, et les réflexions que ce fait présente ne vous auront pas échappé. Je ne puis m'empêcher de remarquer seulement que la France est assurément le meilleur pays du monde, où toutes les commodités et tous les agréments de la vie concourent au bien-être des habitants. Cependant il n'y a jamais eu, que je sache, de hemvé ni de ranz des vaches qui fît pleurer et mourir de regret un François en pays étranger; et cette maladie diminue beaucoup chez les Suisses depuis qu'on vit plus agréablement dans leur pays.

Les Suisses en général sont justes, officieux, charitables, amis solides, braves soldats, et bons citoyens, mais intrigants, défiants, jaloux, curieux, avares, et leur avarice contient plus leur luxe que ne fait leur simplicité. Ils sont ordinairement graves et flegmatiques, mais il sont furieux dans la colère, et leur joie est une ivresse. Je n'ai rien vu de si gai que leurs jeux. Il est étonnant que le peuple françois danse tristement, languissamment, de mauvaise grâce, et que les danses suisses soient sautillantes et vives. Les hommes y montrent leur vigueur naturelle, et les filles y ont une légèreté charmante; on diroit que la terre leur brûle les pieds.

Les Suisses sont adroits et rusés dans les affaires: les François qui les jugent grossiers sont bien moins déliés qu'eux; ils jugent de leur esprit par leur accent. La cour de France a toujours voulu leur envoyer des gens fins, et s'est toujours trompée. A ce genre d'escrime, ils battent communément les François : mais envoyez-leur des gens droits et fermes, vous ferez d'eux ce que vous voudrez, car naturellement ils vous aiment. Le marquis de Bonnac, qui avoit tant d'esprit, mais qui passoit pour adroit, n'a rien fait en Suisse; et jadis le maréchal de Bassompierre y faisoit tout ce qu'il vouloit, parce qu'il étoit franc, ou qu'il passoit chez eux pour l'être. Les Suisses négocieront toujours avec avantage, à moins qu'ils ne soient vendus par leurs magistrats, attendu qu'ils peuvent mieux se passer d'argent que les puissances ne peuvent se passer d'hommes; car, pour votre blé, quand ils voudront ils n'en auront pas besoin. Il faut avouer aussi que s'ils font bien leurs traités, ils les exécutent encore mieux : fidélité qu'on ne se pique pas de leur rendre.

Je ne vous dirai rien, M. le maréchal, de leur gouvernement et de leur politique, parce que cela me mèneroit trop loin, et que je ne veux vous parler que de ce que j'ai vu. Quant au comté de Neuchâtel où j'habite, vous savez qu'il appartient au roi de Prusse. Cette petite principauté, après avoir été démembrée du royaume de Bourgogne et passé successivement dans les maisons de Châlons, d'Ochberg et de Longueville, tomba enfin, en 1707, dans celle de Brandebourg par la décision des états du pays, juges naturels des droits des prétendants. Je n'entrerai point dans l'examen des raisons sur lesquelles le roi de Prusse fut préféré au prince de Conti, ni des influences que purent avoir d'autres puissances dans cette affaire ; je me contenterai de remarquer que, dans la concurrence entre ces deux princes, c'étoit un honneur qui ne pouvoit manquer aux Neuchâtelois d'appartenir un jour à un grand capitaine. Au reste, ils ont conservé sous leurs souverains à peu près la même liberté qu'ont les autres Suisses : mais peut-être en sont-ils plus redevables à leur position qu'à leur habileté ; car je les retrouve bien remuants pour des gens sages.

Tout ce que je viens de remarquer des Suisses, en général, caractérise encore plus fortement ce peuple-ci ; et le contraste du naturel et de l'imitation s'y fait encore mieux sentir, avec cette différence pourtant que le naturel a moins d'étoffe, et qu'à quelque petit coin près la dorure couvre tout le fond. Le pays, si l'on excepte la ville et les bords du lac, est aussi rude que le reste de la Suisse : la vie y est aussi rustique ; et les habitants, accoutumés à vivre sous des princes, s'y sont encore plus affectionnés aux grandes manières ; de sorte qu'on trouve ici du jargon, des airs, dans tous les états ; de beaux parleurs labourant les champs, et des courtisans en souquenille. Aussi appelle-t-on les Neuchâtelois les Gascons de la Suisse. Ils ont de l'esprit, et ils se piquent de vivacité ; ils lisent, et la lecture leur profite : les paysans mêmes sont instruits; ils ont presque tous un petit recueil de livres choisis qu'ils appellent leur bibliothèque; ils sont même assez au courant pour les nouveautés; ils font valoir tout cela dans la conversation d'une manière qui n'est point gauche, et ils ont presque le ton du jour comme s'ils vivoient à Paris. Il y a quelque temps qu'en me promenant je m'arrêtai devant une maison où des filles faisoient de la dentelle; la mère berçoit un petit enfant, et je la regardois faire quand je vis sortir de la cabane un gros paysan, qui, m'abordant d'un air aisé, me dit : « Vous voyez « qu'on ne suit pas trop bien vos préceptes; mais « nos femmes tiennent autant aux vieux préjugés « qu'elles aiment les nouvelles modes. » Je tombois des nues. J'ai entendu parmi ces gens-là cent propos du même ton.

Beaucoup d'esprit et encore plus de prétention, mais sans aucun goût, voilà ce qui m'a d'abord frappé chez les Neuchâtelois. Ils parlent très-bien, très-aisément; mais ils écrivent platement et mal, surtout quand ils veulent écrire légèrement, et ils le veulent toujours. Comme ils ne savent pas même en quoi consiste la grâce et le sel du style léger, lorsqu'ils ont enfilé des phrases lourdement sémillantes ils se croient autant de Voltaires et de Crébillons. Ils ont une manière de journal dans lequel ils s'efforcent d'être gentils et badins. Ils y fourrent même de petits vers de leur façon. Madame la maréchale trouveroit sinon de l'amusement, au moins de l'occupation dans ce Mercure, car c'est d'un bout à l'autre un logogriphe qui demande un meilleur OEdipe que moi.

C'est à peu près le même habillement que dans le canton de Berne, mais un peu plus contourné. Les hommes se mettent assez à la françoise; et c'est ce que les femmes voudroient bien faire aussi: mais comme elles ne voyagent guère, ne prenant pas comme eux les modes de la première main, elles les outrent, les défigurent; et, chargées de pretintailles et de falbalas, elles semblent parées de guenilles.

Quant à leur caractère, il est difficile d'en juger, tant il est offusqué de manières: ils se croient polis parce qu'ils sont façonniers, et gais parce qu'ils sont turbulents. Je crois qu'il n'y a que les Chinois au monde qui puissent l'emporter sur eux à faire des compliments. Arrivez-vous fatigué, pressé, n'importe, il faut d'abord prêter le flanc à la longue bordée; tant que la machine est montée elle joue, et elle se remonte toujours à chaque arrivant. La politesse françoise est de mettre les gens à leur aise, et même de s'y mettre aussi: la politesse neuchâteloise est de gêner et soi-même et les autres. Ils ne consultent jamais ce qui vous convient, mais ce qui peut étaler leur prétendu savoir-vivre. Leurs offres exagérées ne tentent point; elles ont toujours je ne sais quel air de formule, je ne sais quoi de sec et d'apprêté, qui vous invite au refus. Ils sont pourtant obligeants, officieux, hospitaliers très-réellement, surtout pour les gens de qualité : on est toujours sûr d'être accueilli d'eux en se donnant pour marquis ou comte : et comme une ressource aussi facile ne manque pas aux aventuriers, ils en ont souvent dans leur ville, qui pour l'ordinaire y sont très-fêtés : un simple honnête homme avec des malheurs et des vertus ne le seroit pas de même; on peut y porter un grand nom sans mérite, mais non pas un grand mérite sans nom. Du reste, ceux qu'ils servent une fois ils les servent bien. Ils sont fidèles à leurs promesses, et n'abandonnent pas aisément leurs protégés. Ils se peut même qu'ils soient aimants et sensibles; mais rien n'est plus éloigné du ton du sentiment que celui qu'ils prennent; tout ce qu'ils font par humanité semble être fait par ostentation, et leur vanité cache leur bon cœur.

Cette vanité est leur vice dominant; elle perce partout, et d'autant plus aisément qu'elle est maladroite. Ils se croient tous gentilshommes, quoique leurs souverains ne fussent que des gentilshommes eux-mêmes. Ils aiment la chasse, moins par goût que parce que c'est un amusement noble. Enfin jamais on ne vit des bourgeois si pleins de leur naissance : ils ne la vantent pourtant pas, mais on voit qu'ils s'en occupent; ils n'en sont pas fiers, ils n'en sont qu'entêtés.

Au défaut de dignités et de titres de noblesse ils ont des titres militaires ou municipaux en telle abondance, qu'il y a plus de gens titrés que de gens qui ne le sont pas. C'est M. le colonel, M. le major, M. le capitaine, M. le lieutenant, M. le conseiller, M. le châtelain, M. le maire, M. le justicier, M. le professeur, M. le docteur, M. l'ancien : si j'avois pu reprendre ici mon ancien métier, je ne doute pas que je n'y fusse M. le copiste. Les femmes portent aussi les titres de leurs maris ; madame la conseillère, madame la ministre : j'ai pour voisine madame la major ; et comme on n'y nomme les gens que par leurs titres, on est embarrassé comment dire aux gens qui n'ont que leur nom ; c'est comme s'ils n'en avoient point.

Le sexe n'y est pas beau ; on dit qu'il a dégénéré. Les filles ont beaucoup de liberté et en font usage. Elles se rassemblent souvent en société, où l'on joue, où l'on goûte, où l'on babille, et où l'on attire tant qu'on peut les jeunes gens ; mais par malheur ils sont rares, et il faut se les arracher. Les femmes vivent assez sagement : il y a dans le pays d'assez bons ménages, et il y en auroit bien davantage si c'étoit un air de bien vivre avec son mari. Du reste, vivant beaucoup en campagne, lisant moins et avec moins de fruit que les hommes, elles n'ont pas l'esprit fort orné ; et, dans le désœuvrement de leur vie, elles n'ont d'autre ressource que de faire de la dentelle, d'épier curieusement les affaires des autres, de médire, et de jouer. Il y en a pourtant de fort aimables, mais en général on ne trouve pas dans leur entretien ce ton que la décence et l'honnêteté même rendent séducteur; ce ton que les Françoises savent si bien prendre quand elles veulent, qui montre du sentiment, de l'ame, et qui promet des héroïnes de roman. La conversation des Neuchâteloises est aride ou badine ; elle tarit sitôt qu'on ne plaisante pas. Les deux sexes ne manquent pas de bon naturel; et je crois que ce n'est pas un peuple sans mœurs, mais c'est un peuple sans principes, et le mot de vertu y est aussi étranger ou aussi ridicule qu'en Italie. La religion dont ils se piquent sert plutôt à les rendre hargneux que bons. Guidés par leur clergé, ils épilogueront sur le dogme ; mais pour la morale, ils ne savent ce que c'est; car quoiqu'ils parlent beaucoup de charité, celle qu'ils ont n'est assurément pas l'amour du prochain, c'est seulement l'affectation de donner l'aumône. Un chrétien pour eux est un homme qui va au prêche tous les dimanches; quoi qu'il fasse dans l'intervalle, il n'importe pas. Leurs ministres, qui se sont acquis un grand crédit sur le peuple, tandis que leurs princes étoient catholiques, voudroient conserver ce crédit en se mêlant de tout, en chicanant sur tout, en étendant à tout la juridiction de l'Église : ils ne voient pas que leur temps est passé. Cependant ils viennent encore d'exciter dans l'état une fermentation qui achèvera de les perdre. L'importante affaire dont il s'agissoit étoit de savoir si les peines des damnés étoient éternelles. Vous auriez peine à croire avec quelle chaleur cette dispute a été agitée; celle du jansénisme en France n'en a pas approché. Tous les corps assemblés, les peuples prêts à prendre les armes, ministres destitués, magistrats interdits, tout marquoit les approches d'une guerre civile; et cette affaire n'est pas tellement finie qu'elle ne puisse laisser de longs souvenirs. Quand ils se seroient tous arrangés pour aller en enfer, ils n'auroient pas plus de souci de ce qui s'y passe.

Voilà les principales remarques que j'ai faites jusqu'ici sur les gens du pays où je suis. Elles vous paroîtroient peut-être un peu dures pour un homme qui parle de ses hôtes, si je vous laissois ignorer que je ne leur suis redevable d'aucune hospitalité. Ce n'est point à messieurs de Neuchâtel que je suis venu demander un asile qu'ils ne m'auroient sûrement pas accordé, c'est à milord Maréchal, et je ne suis ici que chez le roi de Prusse. Au contraire, à mon arrivée sur les terres de la principauté, le magistrat de la ville de Neuchâtel s'est, pour tout accueil, dépêché de défendre mon livre sans le connoître; la classe des ministres l'a déféré de même au conseil d'état : on n'a jamais vu de gens plus pressés d'imiter les sottises de leurs voisins. Sans la protection déclarée de milord Maréchal, on ne m'eût sûrement point laissé en paix dans ce village. Tant de bandits se réfugient dans le pays, que ceux qui le gouvernent ne savent pas distinguer des malfaiteurs poursuivis les innocents opprimés, ou se mettent peu en peine d'en faire la différence. La maison que j'habite appartient à une nièce de mon vieux ami M. Roguin. Ainsi, loin d'avoir nulle obligation à messieurs de Neuchâtel, je n'ai qu'à m'en plaindre. D'ailleurs je n'ai pas mis le pied dans leur ville, ils me sont étrangers à tous égards; je ne leur dois que justice en parlant d'eux, et je la leur rends.

Je la rends de meilleur cœur encore à ceux d'entre eux qui m'ont comblé de caresses, d'offres, de politesses de toute espèce. Flatté de leur estime et touché de leurs bontés, je me ferai toujours un devoir et un plaisir de leur marquer mon attachement et ma reconnoissance; mais l'accueil qu'ils m'ont fait n'a rien de commun avec le gouvernement neuchâtelois, qui m'en eût fait un bien différent s'il en eût été le maître. Je dois dire encore que si la mauvaise volonté du corps des ministres n'est pas douteuse, j'ai beaucoup à me louer en particulier de celui dont j'habite la paroisse. Il me vint voir à mon arrivée, il me fit mille offres de services qui n'étoient point vaines, comme il me l'a prouvé dans une occasion essentielle où il s'est exposé à la mauvaise humeur de plus d'un de ses confrères pour s'être montré vrai pasteur envers moi. Je m'attendois d'autant moins de sa part à cette justice, qu'il avoit joué dans les précédentes brouilleries un rôle qui n'annonçoit pas un ministre tolérant. C'est au surplus un homme assez gai dans la société, qui ne manque pas d'esprit, qui fait quelquefois d'assez bons sermons, et souvent de fort bons contes.

Je m'aperçois que cette lettre est un livre, et je n'en suis encore qu'à la moitié de ma relation. Je vais, M. le maréchal, vous laisser reprendre haleine, et remettre le second tome à une autre fois¹.

## LETTRE CCCLXXVII.

### A MADAME LATOUR.

A Motiers, le 27 janvier 1763.

Je reçois presqu'en même temps, madame, vos étrennes et votre portrait; deux présents qui me sont précieux; l'un parce qu'il vous représente, et l'autre parce qu'il vient de vous. Il semble que vous avez prévu le besoin que j'aurois de l'almanach, pour contenir l'effet que feroit sur moi la description de votre personne, et pour m'avertir

---

¹ * Pour apprécier les divers jugements portés dans cette lettre, le lecteur voudra bien faire attention à l'époque de sa date et au lieu qu'habitoit l'auteur. (*Note des éditeurs de Genève.*)

honnêtement qu'un homme né le 4 juillet 1712 ne doit pas, le 27 janvier 1763, prendre un intérêt si curieux à certains articles, sous peine d'être un vieux fou. Malheureusement le poison me paroît plus fort que le remède, et votre lettre est plus propre à me faire oublier mon âge que votre almanach à m'en faire souvenir. Il n'eût pas fallu d'autre magie à Médée pour rajeunir le vieux Éson; et si l'Aurore étoit faite comme vous, Titon décrépit pouvoit être encore malade, que ses ans et ses maux devoient disparoître en la voyant. Pour moi, si loin de vous, je ne gagne à tout cela que des regrets et du ridicule; un cœur rajeuni n'est qu'un nouveau mal avec tant d'autres, et rien n'est plus sot qu'un barbon de vingt ans. Aussi je ne voudrois pas, pour tout au monde, être exposé désormais à voir ce joli visage d'un ovale parfait, et qui n'est pas la partie la moins blanche de votre personne; j'aurais toujours peur que ces petites mouches couleur de rose ne devinssent pour moi transparentes, et que, pour mieux apprécier le teint du visage, quelque frileuse que vous puissiez être, mon esprit indiscret n'allât, à travers mille voiles, chercher des pièces de comparaison.

> Come per acqua o per cristallo intero
> Trapassa il raggio, e no'l divide o parte;
> Per entro il chiuso manto osa il pensiero
> Si penetrar nella vietata parte.
>                     Tasso, Ger. C. IV, 32.

Mais, madame, laissons un peu votre teint et votre figure, qu'il n'appartient pas à une imagination de cinquante ans de profaner, et parlons plutôt de cette aimable physionomie, faite pour vous donner des amis de tout âge, et qui promet un cœur propre à les conserver. Il ne tiendra pas à moi qu'elle n'achève ce que vos lettres ont si bien commencé, et que je n'aie pas pour vous, le reste de ma vie, un attachement digne d'un caractère aussi charmant. Combien il va m'être agréable de me faire dire par une aussi jolie bouche tout ce que vous m'écrirez d'obligeant, et de lire dans des yeux d'un bleu foncé, armés d'une paupière noire, l'amitié que vous me témoignez! Mais cette même amitié m'impose des devoirs que je veux remplir; et si mon âge rend les fadeurs ridicules, il fait excuser la sincérité. Je vous pardonne bien d'idolâtrer un peu votre chevelure, et je partage même d'ici cette idolâtrie; mais l'approbation que je puis donner à votre manière de vous coiffer dépend d'une question qu'il ne faut jamais faire aux femmes, et que je vous ferai pourtant. Madame, quel âge avez-vous?

Puisque vous avez lu le chiffon qui accompagnoit le lacet dont vous me parlez, vous savez, madame, à quelle occasion il a été envoyé, et sous quelles conditions on en peut obtenir un semblable. Ayez la bonté de redevenir fille, de vous marier tout de nouveau, de vous engager à nourrir vous-même votre premier enfant, et vous aurez le plus beau lacet que je puisse faire. Je me suis engagé à n'en jamais donner qu'à ce prix : je ne puis violer ma promesse.

Je suis fort sensible à l'intérêt que M. du Terreaux veut bien prendre à ma santé, et plus encore au soin de la main qui m'a fait passer sa recette ; mais ayant depuis long-temps abandonné ma vie et mon corps à la seule nature, je ne veux point empiéter sur elle, ni me mêler de ce que je ne sais pas. J'ai appris à souffrir, madame ; cet art dispense d'apprendre à guérir, et n'en a pas les inconvénients. Toutefois, s'il ne tient qu'à quelques verres d'eau pour vous complaire, je veux bien les boire dans la saison, non pour ma santé, mais à la vôtre ; je voudrois faire pour vous des choses plus difficiles, pourvu qu'elles eussent un autre objet.

## LETTRE CCCLXXVIII.

### A M. LE MARÉCHAL DE LUXEMBOURG.

Motiers, le 28 janvier 1763.

Il faut, M. le maréchal, avoir du courage pour décrire en cette saison le lieu que j'habite. Des cascades, des glaces, des rochers nus, des sapins noirs couverts de neige, sont les objets dont je suis entouré ; et à l'image de l'hiver le pays ajoutant l'aspect de l'aridité ne promet, à le voir, qu'une description fort triste. Aussi a-t-il l'air assez nu en toute saison, mais il est presque effrayant dans celle-ci. Il faut donc vous le représenter comme je l'ai trouvé en y arrivant, et non comme je le vois aujourd'hui, sans quoi l'intérêt que vous prenez à moi m'empêcheroit de vous en rien dire.

Figurez-vous donc un vallon d'une bonne demi-lieue de large, et d'environ deux lieues de long, au milieu duquel passe une petite rivière appelée *la Reuss*, dans la direction du nord-ouest au sud-est. Ce vallon, formé par deux chaînes de montagnes qui sont des branches du Mont-Jura et qui se resserrent par les deux bouts, reste pourtant assez ouvert pour laisser voir au loin ses prolongements ; lesquels, divisés en rameaux par les bras des montagnes, offrent plusieurs belles perspectives. Ce vallon, appelé le Val-de-Travers, du nom d'un village qui est à son extrémité orientale, est garni de quatre ou cinq autres villages à peu de distance les uns des autres. Celui de Motiers, qui forme le milieu, est dominé par un vieux château désert, dont le voisinage et la situation solitaire et sauvage m'attirent souvent dans mes promenades du matin, d'autant plus que je puis sortir de ce côté par une porte de derrière sans passer par la rue, ni devant aucune maison. On dit que les bois et les rochers qui environnent ce château sont fort remplis de vipères; cependant, ayant beaucoup parcouru tous les environs, et m'étant assis à toutes sortes de places, je n'en ai point vu jusqu'ici.

Outre ces villages on voit vers le bas des montagnes plusieurs maisons éparses, qu'on appelle des prises, dans lesquelles on tient des bestiaux et dont plusieurs sont habitées par les propriétaires, la plupart paysans. Il y en a une entre autres à mi-côte nord, par conséquent exposée au midi, sur une terrasse naturelle, dans la plus admirable position que j'aie jamais vue, et dont le difficile accès m'eût rendu l'habitation très-commode. J'en fus si tenté, que dès la première fois je m'étois presque arrangé avec le propriétaire pour y loger; mais on m'a depuis tant dit de mal de cet homme, qu'aimant encore mieux la paix et la sûreté qu'une demeure agréable, j'ai pris le parti de rester où je suis. La maison que j'occupe est dans une moins belle position, mais elle est grande, assez commode; elle a une galerie extérieure où je me promène dans les mauvais temps; et, ce qui vaut mieux que tout le reste, c'est un asile offert par l'amitié.

La Reuss a sa source au-dessus d'un village appelé Saint-Sulpice, à l'extrémité occidentale du vallon; elle en sort au village de Travers, à l'autre extrémité, où elle commence à se creuser un lit, qui devient bientôt précipice, et la conduit enfin dans le lac de Neuchâtel. Cette Reuss est une très-jolie rivière, claire et brillante comme de l'argent, où les truites ont bien de la peine à se cacher dans des touffes d'herbes. On la voit sortir tout d'un coup de terre à sa source, non point en petite fontaine ou ruisseau, mais toute grande et déjà rivière, comme la fontaine de Vaucluse, en bouillonnant à travers les rochers. Comme cette source est fort enfoncée dans les rochers escarpés d'une montagne, on y est toujours à l'ombre ; et la fraîcheur continuelle, le bruit, les chutes, le cours de l'eau, m'attirant l'été à travers ces roches brûlantes, me font souvent mettre en nage pour aller chercher le frais près de ce murmure, ou plutôt près de ce fracas, plus flatteur à mon oreille que celui de la rue Saint-Martin.

L'élévation des montagnes qui forment le vallon n'est pas excessive, mais le vallon même est montagne, étant fort élevé au-dessus du lac; et le lac, ainsi que le sol de toute la Suisse, est encore extrêmement élevé sur les pays de plaines, élevés à leur tour au-dessus du niveau de la mer. On peut juger sensiblement de la pente totale par le long et rapide cours des rivières, qui, des montagnes de Suisse, vont se rendre, les unes dans la Méditerranée et les autres dans l'Océan. Ainsi, quoique la Reuss traversant le vallon soit sujette à de fréquents débordements, qui font des bords de son lit une espèce de marais, on n'y sent point le marécage, l'air n'y est point humide et malsain; la vivacité qu'il tire de son élévation l'empêchant de rester long-temps chargé de vapeurs grossières; les brouillards, assez fréquents les matins, cèdent pour l'ordinaire à l'action du soleil à mesure qu'il s'élève.

Comme entre les montagnes et les vallées la vue est toujours réciproque, celle dont je jouis ici dans un fond n'est pas moins vaste que celle que j'avois sur les hauteurs de Montmorency, mais elle est d'un autre genre; elle ne flatte pas, elle frappe, elle est plus sauvage que riante; l'art n'y étale pas ses beautés, mais la majesté de la nature en impose; et quoique le parc de Versailles soit plus grand que ce vallon, il ne paroîtroit qu'un colifichet en sortant d'ici. Au premier coup d'œil, le spectacle, tout grand qu'il est, semble un peu nu; on voit très-peu d'arbres dans la vallée; ils y viennent mal, et ne donnent presque aucun fruit; l'escarpement des montagnes, étant très-rapide, montre en divers endroits le gris des rochers; le noir des sapins coupe ce gris d'une nuance qui n'est pas riante, et ces sapins si grands, si beaux quand on est dessous, ne paroissent au loin que des arbrisseaux, ne promettent ni l'asile ni l'ombre qu'ils donnent : le fond du vallon, presque au niveau de la rivière, semble n'offrir à ses deux bords qu'un large marais où l'on ne sauroit marcher ; la réverbération des rochers n'annonce pas, dans un lieu sans arbres, une promenade bien fraîche quand le soleil luit ; sitôt qu'il se couche, il laisse à peine un crépuscule, et la hauteur des monts, interceptant toute la lumière, fait passer presque à l'instant du jour à la nuit.

Mais, si la première impression de tout cela n'est pas agréable, elle change insensiblement par un examen plus détaillé ; et, dans un pays où l'on croyoit avoir tout vu du premier coup d'œil, on se trouve avec surprise environné d'objets chaque jour plus intéressants. Si la promenade de la vallée est un peu uniforme, elle est en revanche extrêmement commode ; tout y est du niveau le plus parfait, les chemins y sont unis comme des allées de jardin, les bords de la rivière offrent par places de larges pelouses d'un plus beau vert que les gazons du Palais-Royal, et l'on s'y promène avec délices le long de cette belle eau, qui dans le vallon prend un cours paisible en quittant ses cailloux et ses rochers, qu'elle retrouve au sortir du Val-de-Travers. On a proposé de planter ses bords de saules et de peupliers, pour donner, durant la chaleur du jour, de l'ombre au bétail désolé par les mouches. Si jamais ce projet s'exécute, les bords de la Reuss deviendront aussi charmants que ceux du Lignon, et il ne leur manquera plus que des Astrées, des Silvandres, et un d'Urfé.

Comme la direction du vallon coupe obliquement le cours du soleil, la hauteur des monts jette toujours de l'ombre par quelque côté sur la plaine ; de sorte qu'en dirigeant ses promenades, et choisissant ses heures, on peut aisément faire à l'abri du soleil tout le tour du vallon. D'ailleurs, ces mêmes montagnes, interceptant ses rayons, font qu'il se lève tard et se couche de bonne heure, en sorte qu'on n'en est pas long-temps brûlé. Nous avons presque ici la clef de l'énigme du ciel de trois aunes [1], et il est certain que les maisons qui sont près de la source de la Reuss n'ont pas trois heures de soleil, même en été.

Lorsqu'on quitte le bas du vallon pour se promener à mi-côte, comme nous fîmes une fois, M. le maréchal, le long des Champeaux, du côté d'Andilly, on n'a pas une promenade aussi commode ; mais cet agrément est bien compensé par la variété des sites et des points de vue, par les découvertes que l'on fait sans cesse autour de soi, par les jolis réduits qu'on trouve dans les gorges des montagnes, où le cours des torrents qui descendent dans la vallée, les hêtres qui les ombragent, les coteaux qui les entourent, offrent des asiles verdoyants et frais quand on suffoque à

---

[1] * Allusion à ces vers des Bucoliques :

« Dic quibus in terris, et eris mihi magnus Apollo,
« Tres pateat cœli spatium non ampliùs ulnas. »

ÉGL. III, V. 105.

découvert. Ces réduits, ces petits vallons, ne s'aperçoivent pas tant qu'on regarde au loin les montagnes, et cela joint à l'agrément du lieu celui de la surprise lorsqu'on vient tout d'un coup à les découvrir. Combien de fois je me suis figuré, vous suivant à la promenade et tournant autour d'un rocher aride, vous voir surpris et charmé de retrouver des bosquets pour les dryades, où vous n'auriez cru trouver que des antres et des ours!

Tout le pays est plein de curiosités naturelles qu'on ne découvre que peu à peu, et qui, par ces découvertes successives, lui donnent chaque jour l'attrait de la nouveauté. La botanique offre ici ses trésors à qui sauroit les connoître ; et souvent, en voyant autour de moi cette profusion de plantes rares, je les foule à regret sous le pied d'un ignorant. Il est pourtant nécessaire d'en connoître une pour se garantir de ses terribles effets ; c'est le napel. Vous voyez une très-belle plante haute de trois pieds, garnie de jolies fleurs bleues, qui vous donnent envie de la cueillir ; mais à peine l'a-t-on gardée quelques minutes, qu'on se sent saisi de maux de tête, de vertiges, d'évanouissements, et l'on périroit si l'on ne jetoit promptement ce funeste bouquet. Cette plante a souvent causé des accidents à des enfants et à d'autres gens qui ignoroient sa pernicieuse vertu. Pour les bestiaux, ils n'en approchent jamais, et ne broutent pas même l'herbe qui l'entoure. Les faucheurs l'extirpent autant qu'ils peuvent; quoi qu'on fasse, l'espèce en reste, et je ne laisse pas d'en voir beaucoup en me promenant sur les montagnes; mais on l'a détruite à peu près dans le vallon.

A une petite lieue de Motiers, dans la seigneurie de Travers, est une mine d'asphalte, qu'on dit qui s'étend sous tout le pays : les habitants lui attribuent modestement la gaieté dont ils se vantent, et qu'ils prétendent se transmettre même à leurs bestiaux. Voilà sans doute une belle vertu de ce minéral; mais, pour en pouvoir sentir l'efficace, il ne faut pas avoir quitté le château de Montmorency. Quoi qu'il en soit des merveilles qu'ils disent de leur asphalte, j'ai donné au seigneur de Travers un moyen sûr d'en tirer la médecine universelle; c'est de faire une bonne pension à Lorry ou à Bordeu.

Au-dessus de ce même village de Travers, il se fit il y a deux ans une avalanche considérable, et de la façon du monde la plus singulière. Un homme qui habite au pied de la montagne avoit son champ devant sa fenêtre, entre la montagne et sa maison. Un matin, qui suivit une nuit d'orage, il fut bien surpris, en ouvrant sa fenêtre, de trouver un bois à la place de son champ; le terrain, s'éboulant tout d'une pièce, avoit recouvert son champ des arbres d'un bois qui étoit au-dessus; et cela, dit-on, fait entre les deux propriétaires le sujet d'un procès qui pourroit trouver place dans le recueil de Pitaval [1]. L'espace que l'avalanche a mis à nu est fort grand et paroît de loin; mais il faut en approcher pour juger de la force de l'éboulement, de l'étendue du creux, et de la grandeur des rochers qui ont été transportés. Ce fait récent et certain rend croyable ce que dit Pline d'une vigne qui avoit été ainsi transportée d'un côté du chemin à l'autre. Mais rapprochons-nous de mon habitation.

J'ai vis-à-vis de mes fenêtres une superbe cascade, qui, du haut de la montagne, tombe par l'escarpement d'un rocher dans le vallon, avec un bruit qui se fait entendre au loin, surtout quand les eaux sont grandes. Cette cascade est très en vue; mais ce qui ne l'est pas de même est une grotte à côté de son bassin, de laquelle l'entrée est difficile, mais qu'on trouve au-dedans assez espacée, éclairée par une fenêtre naturelle, cintrée en tiers-point, et décorée d'un ordre d'architecture qui n'est ni toscan ni dorique, mais l'ordre de la nature, qui sait mettre des proportions et de l'harmonie dans ses ouvrages les moins réguliers. Instruit de la situation de cette grotte, je m'y rendis seul l'été dernier pour la contempler à mon aise. L'extrême sécheresse me donna la facilité d'y entrer par une ouverture enfoncée et très-surbaissée,

---

[1] * Gayot de Pitaval, mort en 1743, auteur de plusieurs collections et recueils, notamment de celui des *Causes célèbres*, en vingt volumes in-12.

en me traînant sur le ventre, car la fenêtre est trop haute pour qu'on puisse y passer sans échelle. Quand je fus au-dedans, je m'assis sur une pierre, et je me mis à contempler avec ravissement cette superbe salle dont les ornements sont des quartiers de roches diversement situés, et formant la décoration la plus riche que j'aie jamais vue, si du moins on peut appeler ainsi celle qui montre la plus grande puissance, celle qui attache et intéresse, celle qui fait penser, qui élève l'ame, celle qui force l'homme à oublier sa petitesse pour ne penser qu'aux œuvres de la nature. Des divers rochers qui meublent cette caverne, les uns détachés et tombés de la voûte, les autres encore pendants et diversement situés, marquent tous dans cette mine naturelle l'effet de quelque explosion terrible dont la cause paroît difficile à imaginer, car même un tremblement de terre ou un volcan n'expliqueroit pas cela d'une manière satisfaisante. Dans le fond de la grotte, qui va en s'élevant de même que sa voûte, on monte sur une espèce d'estrade, et de là, par une pente assez roide, sur un rocher qui mène de biais à un enfoncement très-obscur par où l'on pénètre sous la montagne. Je n'ai point été jusque-là, ayant trouvé devant moi un trou large et profond qu'on ne sauroit franchir qu'avec une planche. D'ailleurs, vers le haut de cet enfoncement, et presque à l'entrée de la galerie souterraine, est un quartier de rocher très-imposant, car, suspendu presque en l'air, il porte à faux par un de ses angles, et penche tellement en avant, qu'il semble se détacher et partir pour écraser le spectateur. Je ne doute pas cependant qu'il ne soit dans cette situation depuis bien des siècles, et qu'il n'y reste encore plus long temps : mais ces sortes d'équilibres, auxquels les yeux ne sont pas faits, ne laissent pas de causer quelque inquiétude ; et quoiqu'il fallût peut-être des forces immenses pour ébranler ce rocher qui paroît si prêt à tomber, je craindrois d'y toucher du bout du doigt, et ne voudrois pas plus rester dans la direction de sa chute que sous l'épée de Damoclès.

La galerie souterraine, à laquelle cette grotte sert de vestibule, ne continue pas d'aller en montant ; mais elle prend sa pente un peu vers le bas, et suit la même inclinaison dans tout l'espace qu'on a jusqu'ici parcouru. Des curieux s'y sont engagés à diverses fois avec des domestiques, des flambeaux, et tous les secours nécessaires ; mais il faut du courage pour pénétrer loin dans cet effroyable lieu, et de la vigueur pour ne pas s'y trouver mal. On est allé jusqu'à près de demi-lieue, en ouvrant le passage où il est trop étroit, et sondant avec précaution les gouffres et fondrières qui sont à droite et à gauche : mais on prétend, dans le pays, qu'on peut aller par le même souterrain à plus de deux lieues jusqu'à l'autre côté de la montagne, où l'on dit qu'il aboutit du côté

S.

du lac, non loin de l'embouchure de la Reuss.

Au-dessous du bassin de la même cascade est une autre grotte plus petite, dont l'abord est embarrassé de plusieurs grands cailloux et quartiers de roche qui paroissent avoir été entraînés là par les eaux. Cette grotte-ci n'étant pas si praticable que l'autre, n'a pas de même tenté les curieux. Le jour que j'en examinai l'ouverture il faisoit une chaleur insupportable; cependant il en sortoit un vent si vif et si froid, que je n'osai rester long-temps à l'entrée, et toutes les fois que j'y suis retourné j'ai toujours senti le même vent; ce qui me fait juger qu'elle a une communication plus immédiate et moins embarrassée que l'autre.

A l'ouest de la vallée, une montagne la sépare en deux branches; l'une fort étroite, où sont le village de Saint-Sulpice, la source de la Reuss, et le chemin de Pontarlier. Sur ce chemin, l'on voit encore une grosse chaîne, scellée dans le rocher, et mise là jadis par les Suisses pour fermer de ce côté-là le passage aux Bourguignons.

L'autre branche, plus large, et à gauche de la première, mène par le village de Butte à un pays perdu appelé la *Côte aux Fées*, qu'on aperçoit de loin parce qu'il va en montant. Ce pays n'étant sur aucun chemin, passe pour très-sauvage, et en quelque sorte pour le bout du monde. Aussi prétend-on que c'étoit autrefois le séjour des fées, et le nom lui en est resté : on y voit encore leur salle d'assemblée dans une troisième caverne qui porte aussi leur nom, et qui n'est pas moins curieuse que les précédentes. Je n'ai pas vû cette grotte aux Fées, parce qu'elle est assez loin d'ici; mais on dit qu'elle étoit superbement ornée, et l'on y voyoit encore, il n'y a pas long-temps, un trône et des siéges très-bien taillés dans le roc. Tout cela a été gâté et ne paroît presque plus aujourd'hui. D'ailleurs, l'entrée de la grotte est presque entièrement bouchée par les décombres, par les broussailles; et la crainte des serpents et des bêtes venimeuses rebute les curieux d'y vouloir pénétrer. Mais si elle eût été praticable encore et dans sa première beauté, et que madame la maréchale eût passé dans ce pays, je suis sûr qu'elle eût voulu voir cette grotte singulière, n'eût-ce été qu'en faveur de Fleur d'Épine et des Facardins [1].

Plus j'examine en détail l'état et la position de ce vallon, plus je me persuade qu'il a jadis été sous l'eau; que ce qu'on appelle aujourd'hui le Val-de-Travers fut autrefois un lac formé par la Reuss, la cascade, et d'autres ruisseaux, et contenu par les montagnes qui l'environnent, de sorte que je ne doute point que je n'habite l'ancienne demeure des poissons: en effet, le sol du vallon est si parfaitement uni, qu'il n'y a qu'un dépôt formé par les eaux qui puisse l'avoir ainsi nivelé. Le prolongement du vallon, loin de descendre, monte le

[1] * Personnages des contes d'Hamilton.

long du cours de la Reuss; de sorte qu'il a fallu des temps infinis à cette rivière pour se caver, dans les abymes qu'elle forme, un cours en sens contraire à l'inclinaison du terrain. Avant ces temps, contenue de ce côté, de même que de tous les autres, et forcée de refluer sur elle-même, elle dut enfin remplir le vallon jusqu'à la hauteur de la première grotte que j'ai décrite, par laquelle elle trouva ou s'ouvrit un écoulement dans la galerie souterraine qui lui servoit d'aqueduc.

Le petit lac demeura donc constamment à cette hauteur jusqu'à ce que, par quelques ravages, fréquents au pied des montagnes dans les grandes eaux, des pierres ou graviers embarrassèrent tellement le canal, que les eaux n'eurent plus un cours suffisant pour leur écoulement. Alors s'étant extrêmement élevées, et agissant avec une grande force contre les obstacles qui les retenoient, elles s'ouvrirent enfin quelque issue par le côté le plus foible et le plus bas. Les premiers filets échappés ne cessant de creuser et de s'agrandir, et le niveau du lac baissant à proportion, à force de temps le vallon dut enfin se trouver à sec. Cette conjecture, qui m'est venue en examinant la grotte où l'on voit des traces sensibles du cours de l'eau, s'est confirmée premièrement par le rapport de ceux qui ont été dans la galerie souterraine, et qui m'ont dit avoir trouvé des eaux croupissantes dans les creux des fondrières dont j'ai parlé; elle s'est confirmée encore dans les pèlerinages que j'ai faits à quatre lieues d'ici pour aller voir milord Maréchal à sa campagne au bord du lac, et où je suivois, en montant la montagne, la rivière qui descendoit à côté de moi par des profondeurs effrayantes, que, selon toute apparence, elle n'a pas trouvées toutes faites, et qu'elle n'a pas non plus creusées en un jour. Enfin j'ai pensé que l'asphalte, qui n'est qu'un bitume durci, étoit encore un indice d'un pays long-temps imbibé par les eaux. Si j'osois croire que ces folies pussent vous amuser, je tracerois sur le papier une espèce de plan qui pût vous éclaircir tout cela : mais il faut attendre qu'une saison plus favorable et un peu de relâche à mes maux me laissent en état de parcourir le pays.

On peut vivre ici puisqu'il y a des habitants. On y trouve même les principales commodités de la vie, quoique un peu moins facilement qu'en France. Les denrées y sont chères, parce que le pays en produit peu et qu'il est fort peuplé, surtout depuis qu'on y a établi des manufactures de toile peinte, et que les travaux d'horlogerie et de dentelle s'y multiplient. Pour y avoir du pain mangeable, il faut le faire chez soi; et c'est le parti que j'ai pris à l'aide de mademoiselle Le Vassseur ; la viande y est mauvaise, non que le pays n'en produise de bonne, mais tout le bœuf va à Genève ou à Neuchâtel, et l'on ne tue ici que de la vache. La rivière fournit d'excellente truite, mais si délicate, qu'il faut la manger sortant de l'eau. Le vin vient de Neuchâtel, et il est très-bon, surtout le rouge : pour moi, je m'en tiens au blanc, bien moins violent, à meilleur marché, et selon moi beaucoup plus sain. Point de volaille, peu de gibier, point de fruit, pas même des pommes; seulement des fraises bien parfumées, en abondance, et qui durent long-temps. Le laitage y est excellent, moins pourtant que le fromage de Viry, préparé par mademoiselle Rose; les eaux y sont claires et légères : ce n'est pas pour moi une chose indifférente que de bonne eau, et je me sentirai long-temps du mal que m'a fait celle de Montmorency. J'ai sous ma fenêtre une très-belle fontaine dont le bruit fait une de mes délices. Ces fontaines, qui sont élevées et taillées en colonnes ou en obélisques, et coulent par des tuyaux de fer dans de grands bassins, sont un des ornements de la Suisse. Il n'y a si chétif village qui n'en ait au moins deux ou trois; les maisons écartées ont presque chacune la sienne, et l'on en trouve même sur les chemins pour la commodité des passants, hommes et bestiaux. Je ne saurois exprimer combien l'aspect de toutes ces belles eaux coulantes est agréable au milieu des rochers et des bois durant les chaleurs; l'on est déjà rafraîchi par la vue, et l'on est tenté d'en boire sans avoir soif.

Voilà, M. le maréchal, de quoi vous former quelque idée du séjour que j'habite, et auquel vous voulez bien prendre intérêt. Je dois l'aimer comme le seul lieu de la terre où la vérité ne soit pas un crime, ni l'amour du genre humain une impiété. J'y trouve la sûreté sous la protection de milord Maréchal, et l'agrément dans son commerce. Les habitants du lieu m'y montrent de la bienveillance et ne me traitent point en proscrit. Comment pourrois-je n'être pas touché des bontés qu'on m'y témoigne, moi qui dois tenir à bienfait de la part des hommes tout le mal qu'ils ne me font pas? Accoutumé à porter depuis si longtemps les pesantes chaînes de la nécessité, je passerois ici sans regret le reste de ma vie, si j'y pouvois voir quelquefois ceux qui me la font encore aimer.

## LETTRE CCCLXXIX.

### A M. MOULTOU.

Motiers, le 20 janvier 1763.

Je suis en souci, cher ami, de ce que vous m'avez marqué que ma lettre par le messager vous est arrivée mal cachetée. Je cachette cependant avec soin toutes les lettres que je vous écris. Cela m'apprendra à ne plus me servir du messager. Mais ce n'est pas assez, il faut vérifier le fait; coupez le cachet de ma lettre, et me l'envoyez; je verrai bien si l'on y a touché. Si on l'a fait, je crois que c'est ici, le messager ayant différé son départ de plusieurs jours, durant lesquels il avoit ma lettre, dont il aura pu parler, et que les curieux auront été tentés de lire. Quoi qu'il en soit, j'estime que, dans le doute si la lettre a été ouverte, vous ne devez point donner votre écrit, du moins quant à présent.

Comment avez-vous pu imaginer que si j'avois écrit des mémoires de ma vie j'aurois choisi M. de Montmollin pour l'en faire dépositaire? Soyez sûr que la reconnoissance que j'ai pour sa conduite envers moi ne m'aveugle pas à ce point; et quand je me choisirai un confesseur, ce ne sera sûrement pas un homme d'église; car je ne regarde pas mon cher Moultou comme tel. Il est certain que la vie de votre malheureux ami, que je regarde comme finie, est tout ce qui me reste à faire, et que l'histoire d'un homme qui aura le courage de se montrer *intùs et in cute* peut être de quelque instruction à ses semblables; mais cette entreprise a des difficultés presque insurmontables; car, malheureusement n'ayant pas toujours vécu seul, je ne saurois me peindre sans peindre beaucoup d'autres gens; et je n'ai pas le droit d'être aussi sincère pour eux que pour moi, du moins avec le public et de leur vivant. Il y auroit peut-être des arrangements à prendre pour cela qui demanderoient le concours d'un homme sûr et d'un véritable ami : ce n'est pas d'aujourd'hui que je médite sur cette entreprise, qui n'est pas si légère qu'elle peut vous paroître ; et je ne vois qu'un moyen de l'exécuter, duquel je voudrois raisonner avec vous. J'ai une chose à vous proposer. Dites-moi, cher Moultou, si je reprenois assez de force pour être sur pied cet été, pourriez-vous vous ménager deux ou trois mois à me donner pour les passer à peu près tête à tête? Je ne voudrois pour cela choisir ni Motiers, ni Zurich, ni Genève, mais un lieu auquel je pense, et où les importuns ne viendroient pas nous chercher, du moins de sitôt. Nous y trouverions un hôte et un ami, et même des sociétés très-agréables quand nous voudrions un peu quitter notre solitude. Pensez à cela, et dites-m'en votre avis. Il ne s'agit pas d'un long voyage. Plus je pense à ce projet, et plus je le trouve charmant. C'est mon dernier château en Espagne, dont l'exécution ne tient qu'à ma santé et à vos affaires. Pensez-y, et me répondez. Cher ami, que je vive encore deux mois, et je meurs content.

Vous me proposez d'aller près de Genève chercher des secours à mes maux ! Et quels secours donc? Je n'en connois point d'autres, quand je souffre, que la patience et la tranquillité : mes amis même alors me sont insupportables, parce qu'il faut que je me gêne pour ne pas les affliger. Me croyez-vous donc de ceux qui méprisent la médecine quand ils se portent bien, et l'adorent quand ils sont malades? Pour moi, quand je le suis, je me tiens coi, en attendant la mort ou la guérison. Si j'étois malade à Genève, c'est ici que je viendrois chercher les secours qu'il me faut.

J'écris à Roustan pour lui conseiller d'ajouter quelque autre écrit au sien, pour en faire une espèce de volume dont il sera plus aisé de tirer quelque parti que d'une petite brochure. Donnez-lui le même conseil. Si son ouvrage étoit de nature à pouvoir être imprimé à Paris (on paie mieux les manuscrits là qu'en Hollande, où rien ne met à l'abri des contrefaçons), je pourrois le lui négocier bien plus aisément; mais cela n'est pas possible. Tandis qu'il travaillera, le temps du voyage de Rey viendra, et je lui parlerai. Je lui ai pourtant écrit; mais il ne m'a point encore répondu. Si Roustan veut s'en tenir à ce qu'il a fait, il y a un Grasset à Lausanne qui peut-être pourroit s'en charger : cela seroit bien plus commode, et épargneroit des embarras et des frais. Il n'y a pas long-temps que Rey m'a refusé un excellent manuscrit au profit d'une pauvre veuve, et duquel milord Maréchal est dépositaire. Cela me fait craindre qu'il n'en fasse autant de celui-ci.

Adieu; je vous embrasse. Mon état est toujours le même : mais cependant l'hiver tend à sa fin : nous verrons ce que pourra faire une saison moins rude.

Savez-vous qu'on entreprend à Paris une édition générale de mes écrits avec la permission du gouvernement? Que dites-vous de cela? Savez-vous que l'imbécile Néaulme et l'infatigable Formey travaillent à mutiler mon *Émile*, auquel ils auront l'audace de laisser mon nom, après l'avoir rendu aussi plat qu'eux?

## LETTRE CCCLXXX.

A M. PETIT-PIERRE, PROCUREUR A NEUCHATEL.

Motiers..... 1763.

Je n'ai point, monsieur, de satisfaction à faire au christianisme, parce que je ne l'ai point offensé; ainsi je n'ai que faire pour cela du livre de M. Denise[1].

Toutes les preuves de la vérité de la religion chrétienne sont contenues dans la Bible. Ceux qui se mêlent d'écrire ces preuves ne font que les tirer de là et les retourner à leur mode. Il vaut mieux méditer l'original et les en tirer soi-même que de les chercher dans le fatras de ces auteurs. Ainsi, monsieur, je n'ai que faire encore pour cela du livre de M. Denise.

Cependant, puisque vous m'assurez qu'il est

---

[1] * Denise, professeur de philosophie au collège de Montaigu à Paris, a publié *la Vérité de la Religion chrétienne, démontrée par ordre géométrique*. Paris, 1717, in-12.

bon, je veux bien le garder sur votre parole pour le lire quand j'en aurai le loisir, à condition que vous aurez la bonté de me faire dire ce que vous a coûté l'exemplaire que vous m'avez envoyé, et de trouver bon que j'en remette le prix à votre commissionnaire; faute de quoi le livre lui sera rendu sous quinze jours pour vous être renvoyé.

Je passe, monsieur, à la réponse à vos deux questions.

Le vrai christianisme n'est que la religion naturelle mieux expliquée, comme vous le dites vous-même dans la lettre dont vous m'avez honoré. Par conséquent, professer la religion naturelle n'est point se déclarer contre le christianisme.

Toutes les connoissances humaines ont leurs objections et leurs difficultés souvent insolubles. Le christianisme a les siennes, que l'ami de la vérité, l'homme de bonne foi, le vrai chrétien, ne doivent point dissimuler. Rien ne me scandalise davantage que de voir qu'au lieu de résoudre ces difficultés on me reproche de les avoir dites.

Où prenez-vous, monsieur, que j'aie dit que mon motif à professer la religion chrétienne est le pouvoir qu'ont les esprits de ma sorte d'édifier et de scandaliser? Cela n'est assurément pas dans ma lettre à M. de Montmollin, ni rien d'approchant, et je n'ai jamais dit ni écrit pareille sottise.

Je n'aime ni n'estime les lettres anonymes, et je n'y réponds jamais; mais j'ai cru, monsieur, vous devoir une exception par respect pour votre âge et pour votre zèle. Quant à la formule que vous avez voulu m'éviter en ne vous signant pas, c'étoit un soin superflu; car je n'écris rien que je ne veuille avouer hautement, et je n'emploie jamais de formule.

## LETTRE CCCLXXXI.

### A M. MOULTOU.

A Motiers, le 17 février 1763.

Je me suis hâté de brûler votre lettre du 4, comme vous le désiriez; je ferai plus, je tâcherai de l'oublier. Je ne sais ce qui vous est arrivé; mais vous avez bien changé de langage. Il y a six mois que vous étiez indigné contre M. de Voltaire, de ce qu'il me supposoit capable du quart des bassesses que vous me conseillez maintenant. Vos conseils peuvent être bons, mais ils ne me conviennent pas. Je sais bien qu'après avoir donné le fouet aux enfants, très-souvent à tort, on leur fait encore demander pardon ; mais outre que cet usage m'a toujours paru extravagant, il ne va pas à ma barbe grise. Ce n'est point à l'offensé à demander pardon des outrages qu'il a reçus; je m'en tiens là. Ce que j'ai à faire est de pardonner, et c'est ce que je fais de bon cœur, même sans qu'on me le demande ; mais que j'aille, à mon âge, solliciter, comme un écolier, des certificats de consistoire, il me paroît singulier que vous l'ayez imaginé possible. Vos ministres et moi sommes loin de compte : ils ont cru, sur ma lettre à M. de Montmollin, avoir trouvé une occasion favorable de me faire ramper sous eux. Ils auront tout le temps de se désabuser. Puisqu'ils se sont ôté mon estime, ils s'accommoderont, s'il leur plaît, de mon mépris. Je leur ai donné des témoignages publics de cette estime, j'ai eu tort, et voilà le seul tort qu'il me reste à réparer.

Mon cher, je suis, dans ma religion, tolérant par principes, car je suis chrétien : je tolère tout, hors l'intolérance ; mais toute inquisition m'est odieuse. Je regarde tous les inquisiteurs comme autant de satellites du diable. Par cette raison, je ne voudrois pas plus vivre à Genève qu'à Goa. Il n'y a que les athées qui puissent vivre en paix dans ces pays-là, parce que toutes les professions de foi ne coûtent rien à qui n'en a dans le cœur aucune ; et, quelque peu que je sois attaché à la vie, je ne suis point curieux d'aller chercher le sort des Servet. Adieu donc, messieurs les brûleurs. Rousseau n'est point votre homme ; puisque vous ne voulez point de lui parce qu'il est tolérant, il ne veut point de vous par la raison contraire.

Je crois, mon cher Moultou, que si nous nous étions vus et expliqués, nous nous serions épargné bien des malentendus dans nos lettres. Vous ne pouvez pas vous mettre à ma place, ni voir les choses dans mon point de vue. Genève reste toujours sous vos yeux, et s'éloigne des miens tous les jours davantage; j'ai pris mon parti.

J'ai peur que mon état, qui empire sans cesse, ne m'empêche d'exécuter notre projet : en ce cas il faudra que vous me veniez voir; et à tout événement ce seroit toujours un préliminaire qui me feroit grand plaisir. Adieu.

J'approuve très-fort que vous ne songiez point à publier ce que vous avez fait. Tout cela ne serviroit plus à rien, et vous ne feriez que vous compromettre.

## LETTRE CCCLXXXII.

### A M. DAVID HUME.

Motiers-Travers, le 19 février 1763.

Je n'ai reçu qu'ici, monsieur, et depuis peu, la lettre dont vous m'honoriez à Londres le 2 juillet dernier, supposant que j'étois dans cette capitale. C'étoit sans doute dans votre nation et le plus près de vous qu'il m'eût été possible que j'aurois cherché ma retraite, si j'avois prévu l'accueil qui m'attendoit dans ma patrie. Il n'y avoit qu'elle que je pusse préférer à l'Angleterre; et cette prévention, dont j'ai été trop puni, m'étoit alors bien pardonnable; mais, à mon grand étonnement, et même à celui du public, je n'ai trouvé que des affronts et des outrages où j'espérois sinon de la reconnoissance, au moins des consolations. Que de choses m'ont fait regretter l'asile et l'hospitalité philosophique qui m'attendoient près de vous! Toutefois mes malheurs m'en ont toujours rapproché en quelque manière. La protection et les bontés de milord Maréchal, votre illustre et digne compatriote, m'ont fait trouver, pour ainsi dire, l'Écosse au milieu de la Suisse : il vous a rendu présent à nos entretiens; il m'a fait faire avec vos vertus la connoissance que je n'avois faite encore qu'avec vos talents; il m'a inspiré la plus tendre amitié pour vous, et le plus ardent désir d'obtenir la vôtre avant que je susse que vous étiez disposé à me l'accorder. Jugez, quand je trouve ce penchant réciproque, combien j'aurois de plaisir à m'y livrer! Non, monsieur, je ne vous rendois que la moitié de ce qui vous étoit dû quand je n'avois pour vous que de l'admiration. Vos grandes vues, votre étonnante impartialité, votre génie, vous élèveroient trop au-dessus des hommes, si votre bon cœur ne vous en rapprochoit. Milord Maréchal, en m'apprenant à vous voir encore plus aimable que sublime, me rend tous les jours votre commerce plus désirable, et nourrit en moi l'empressement qu'il m'a fait naître de finir mes jours près de vous. Monsieur, qu'une meilleure santé, qu'une situation plus commode, ne me mettent-elles à portée de faire ce voyage comme je le désirerois! Que ne puis-je espérer de nous voir un jour rassemblés avec milord dans votre commune patrie qui deviendroit la mienne! Je bénirois dans une société si douce les malheurs par lesquels j'y fus conduit, et je croirois n'avoir commencé de vivre que du jour qu'elle auroit commencé. Puissé-je voir cet heureux jour plus désiré qu'espéré! Avec quel transport je m'écrierois en touchant l'heureuse terre où sont nés David Hume et le maréchal d'Écosse :

« . . . . . Salve, fatis mihi debita tellus!
« Hic domus, hæc patria est. »

## LETTRE CCCLXXXIII.

### A MADAME LATOUR.

Motiers, le 20 février 1763.

Vous trouverez ci-joint, madame, une preuve que je suis plus négligent à répondre à vos lettres qu'à m'acquitter de vos commissions, surtout de celles qui sont d'espèce à pouvoir me rapprocher de vous. Il s'agit, dans le mémoire ci-joint, d'une terre qui est à quelques lieues de moi, et où je pourrois quelquefois vous aller voir. Ne soyez pas surprise de ma diligence. Le seigneur de ladite terre, qui sans doute ne se soucie pas qu'on sache ici sitôt qu'elle est à vendre, souhaite, en cas qu'elle ne lui convienne pas, que le secret lui en soit gardé. Si elle peut lui convenir, c'est autre chose ; il faut bien alors que vous puissiez consulter et faire examiner. Je vous prie, quand vous me ferez réponse sur le mémoire, de la faire de manière que je la puisse montrer pour preuve que je n'ai pas pris la recherche d'une terre sous mon bonnet.

Quoique j'aie été six mois voisin de M. Baillod, je ne le connois que de vue, et je ne connois point du tout la personne qui est avec lui. Voilà, madame, tout ce que je puis dire de l'un et de l'autre.

Je n'ai jamais entendu, sur la description de votre personne, que le visage en fût la partie la plus blanche : si j'ai dit cela dans ma lettre, il faut que j'aie pris un mot pour l'autre, erreur que le sens de la phrase eût dû vous faire sentir. Je me suis représenté un joli visage, délicat et blanc, à la vérité, mais non pas aux dépens du reste ; et, quelque blancheur que puisse avoir votre teint en général, soyez persuadée que mon imagination ne le noircit pas. Je sais qu'un peu d'incrédulité peut avoir ses avantages, mais je ne saurois mentir, même à ce prix.

A l'effort que vous a coûté l'aveu de votre âge, je croyois que vous m'alliez dire au moins quarante ans. Je me souviens que ma dernière passion, et ç'a été certainement la plus violente, fut pour une femme qui passoit trente ans [1]. Elle avoit pour sa coiffure le même goût que vous, et il est impossible que le vôtre soit mieux fondé : elle étoit charmante toujours, coiffée en cheveux elle étoit adorable. Mais mes yeux se fermèrent devant ma raison; j'osai lui dire qu'il y avoit plus de grâce que de décence dans sa coiffure, et qu'il la falloit laisser aux jeunes personnes à marier. Elle en aimoit un autre, et n'eut jamais pour moi que de la bienveillance ; mais cette franchise ne me l'ôta pas, et dès-lors elle m'en devint plus précieuse encore : je vous dis vrai.

Je suis très-pressé, le courrier va partir ; nous traiterons du *monsieur* dans une autre lettre : aussi bien je crains que la lecture de celle-ci ne vous ôte l'envie de m'honorer d'un meilleur titre, en me le faisant mériter.

[1] * Madame d'Houdetot.

## LETTRE CCCLXXXIV.

### A M. MOULTOU.

Motiers, le 26 février 1763.

Je n'ai point trouvé, cher Moultou, dans la lettre de M. Deluc celle que vous me marquez lui avoir remise ; je comprends que vous vous êtes ravisé. Je puis avoir mis de l'humeur dans la mienne, et j'ai eu tort : je trouve, au contraire, beaucoup de raison dans la vôtre ; mais j'y vois en même temps un certain ton redressé, cent fois pire que l'humeur et les injures. J'aimerois mieux que vous eussiez déraisonné. Quand j'aurai tort, dites-moi mes vérités franchement et durement, mais ne vous redressez pas, je vous en conjure : car cela finiroit mal. Je vous aime tendrement, cher ami, et vous m'êtes d'autant plus précieux que vous serez le dernier, et qu'après vous je n'en aurai plus d'autres ; mais, à mon âge, on a pris son pli ; c'est au vôtre qu'on en prend un. Il faut vous accommoder de moi tel que je suis, ou me laisser là.

J'admire avec reconnoissance et respect les infatigables soins du bon M. Deluc ; mais, en vérité, je suis si excédé de toutes leurs tracasseries genevoises que je ne puis plus les souffrir. Je ne leur dis rien, je ne leur demande rien, je ne veux rien avoir à faire avec eux. Je les ai laissés brûler, décréter, censurer tout à leur aise : que me veulent-ils de plus? Et ces imbéciles bourgeois, qui regardent tout cela du haut de leur gloire, comme si cela ne les intéressoit point, et, au lieu de réclamer hautement contre la violation des lois, s'amusent à vouloir me faire dire mon catéchisme, et à se demander ce que je ferai tandis qu'ils demeurent les bras croisés, que me veulent-ils? je ne saurois le comprendre. Je croyois que les Génevois étoient des hommes, et ce ne sont que des caillettes. Je sens que mon cœur s'intéresse encore un peu à eux, par le souvenir de mon bon père, qui certainement valoit mieux qu'eux tous. Mais l'intérêt devient bien foible quand l'estime ne le soutient plus. Dans l'état où je suis, ennuyé de tout, et surtout de la vie, le repos et la paix sont les seuls biens que je puisse goûter encore. Voulez-vous que j'y renonce pour aller chercher des corrections, des leçons, des réprimandes et de nouveaux affronts parmi des gens que je méprise? Oh! par ma foi, non.

J'avois barbouillé une espèce de réponse à l'archevêque de Paris, et malheureusement, dans un moment d'impatience, je l'envoyai à Rey. En y mieux pensant, je l'ai voulu retirer : il n'étoit plus temps; il m'a marqué, en réponse, qu'il avoit déjà commencé; j'en suis très-fâché. Il n'est pas permis de s'échauffer en parlant de soi; et, sur des chicanes de doctrine, on ne peut que vétiller. L'écrit est froid et plat. J'en prévois l'effet d'avance; mais la sottise est faite : il est inutile de se tourmenter d'un mal sans remède. Bonjour.

## LETTRE CCCLXXXV.

### A M. DELUC.

Motiers, le 26 février 1763.

Je n'ai point, mon cher ami, de déclaration à faire à M. le premier syndic, parce qu'on a commencé par me juger sans me lire ni m'entendre, et qu'une déclaration après coup ne sauroit faire que ce qui a été fait n'ait pas été fait. C'est pourtant par-là qu'il faudroit commencer pour remettre les choses dans le cas de la déclaration que vous demandez.

Je ne puis dire que je suis fâché d'avoir écrit ce qu'il n'est pas vrai que je sois fâché d'avoir écrit, puisque, au contraire, si ce que j'ai écrit et publié étoit à écrire ou à publier, je l'écrirois aujourd'hui et le publierois demain.

Je pourrois dire, tout au plus, que je suis fâché qu'on ait pu tirer de mes écrits des prétextes pour me persécuter; mais jamais ce mot d'*animadver-*

*sion du conseil* ne me conviendra. Il faut *iniquité, et violation des lois.* Je ne sais nommer les choses que par leur nom.

Je ne puis ni ne veux rien dire, ni rien faire, en quelque manière que ce soit, qui ait l'air de réparation ni d'excuses, parce qu'il est infâme et ridicule que ce soit à l'offensé de faire satisfaction à l'offenseur.

Les éclaircissements que vous me proposez sont bons et bien tournés. Je les aurois pu donner si l'on n'eût pas voulu m'y contraindre; mais je suis las de faire l'enfant, et indigné de voir les Génevois faire si sottement les inquisiteurs. Les éclaircissements nécessaires sont tous dans mes écrits et dans ma conduite : je n'en ai plus d'autres à donner.

Vos Génevois, dites-vous, se demandent, *Que fera Rousseau?* Je trouve que ceux qui disent, *Il ne fera rien,* parlent très-sensément, puisqu'en effet il n'a rien à faire. Quant à ceux qui disent, *Il se fera connoître,* j'ignore ce qu'ils attendent; mais je sais bien que si cela n'est pas fait, cela ne se fera jamais. Moi aussi je me demandois, *Que feront les Génevois?* Je répondois, *Ils se feront connoître.* C'est aussi ce qu'ils ont fait.

Je suis surpris que mon ami Deluc puisse me conseiller de faire à Berne des bassesses que je ne veux pas faire à Genève. Je vous jure que les procédés des Bernois ne me touchent guère : ce sont ceux des Génevois qui m'ont navré. S'ils veulent être les derniers à réparer leurs torts, je les en dispense.

Je ne suis nullement en état d'aller à Genève, je n'en ai pas la moindre envie; et si jamais j'y vais ( ce qui, vu le sort qui m'y attend, n'est à désirer ni pour mon repos, ni pour ma sûreté, ni pour l'honneur des Génevois ), ce ne sera sûrement pas en suppliant.

J'ai été citoyen tant que j'ai cru avoir une patrie. Je me trompois; je suis désabusé. L'insulte qui m'a été faite m'est commune, comme vous le dites fort bien, avec les lois et la religion : les affronts qu'on partage avec elles sont des triomphes. Cependant les membres de l'état restent tranquilles spectateurs dans cette affaire, comme si elle ne les regardoit pas. A la bonne heure. Pour moi, je vous déclare que désormais elle me regarde encore moins. Si je m'obstinois à faire seul le don Quichotte, ce qui fut jusqu'ici le zèle d'un patriote deviendroit l'entêtement d'un fou. Personne ne sait mieux que les Génevois si je leur suis bon à quelque chose : pour moi, je sais par expérience qu'ils ne me sont bons à rien.

Voilà vos livres, cher ami : je me suis efforcé de les lire; mais je vous avoue que votre Ditton accable ma pauvre tête. Il me noie dans une mer de paroles dont je ne puis me tirer. Tout ce qu'il me semble d'apercevoir, c'est qu'il tient en l'air une grosse massue qu'il remue sans cesse, d'un air fort terrible et menaçant; et quand il vient à frapper, ce qu'il fait rarement et pour cause, on sent que la massue n'est que du coton.

Bonjour, homme de bien; je vous embrasse; et, Génevois ou non, je serai toujours votre ami.

* * *

## LETTRE CCCLXXXVI.

### A M. BEAU-CHATEAU.

A Motiers, le 26 février 1763.

Je ne sais, mon cher Beau-Château, comment vous faites; vous me louez, et vous me plaisez. C'est sans doute que vos louanges parlent au cœur; et j'en porte un qui ne sait point résister à cela. Je me souviens qu'avant de prendre la plume je disois à mes amis : Je ne voudrois savoir écrire que pour me faire aimer des bons et haïr des méchants. Maintenant je la pose, avec la gloire d'avoir bien rempli mon objet. Combien de fois, entrant dans une assemblée, je me suis applaudi de voir étinceler la fureur dans les yeux des fripons, et l'œil de la bienveillance m'accueillir dans les gens de bien! non qu'il n'y ait beaucoup de ces derniers qui trouvent mes livres mal faits et qui ne sont pas de mon avis, mais il n'y en a pas un qui ne m'aime à cause de mes livres. Voilà ma couronne, cher Beau-Château ; qu'elle me paroît belle ! elle est parée sur ma tête par les mains de la vertu. Puissé-je être digne de la porter !

Je n'ai fait ni ne ferai l'apologie de la Profession de foi du vicaire : j'espère, comme vous le dites, qu'elle n'en a pas besoin. Je laisse bourdonner à leur aise les Comparets et autres insectes venimeux [1] qui me vont picotant aux jambes. Leurs blessures sont si peu dangereuses, que je ne daigne pas même les écraser dessus. Mais quant aux gens en place qui ont la bassesse de m'insulter, je puis avoir quelque chose à leur dire : ils ont si grand besoin de leçons, et si peu d'hommes leur en osent donner, que je me crois spécialement appelé à cet honorable et périlleux emploi. Malheureusement je n'ai plus de talents, mais je me sens du courage encore.

Vous faites bien, cher Beau-Château, de m'aimer, vous et vos compagnons de voyage ; ce n'est qu'une dette que vous payez. Quand vous pourrez me revenir voir, soit ensemble, soit séparément, vous me ferez du bien ; et j'espère que plus nous nous verrons, plus nous nous aimerons. Je vous embrasse de tout mon cœur.

[1] * Allusion à une brochure contre la Profession de foi du vicaire savoyard, intitulée *Lettre à M. J. J. Rousseau*, par J. A. Comparet. *Genève*, 1762.

## LETTRE CCCLXXXVII.

A. M. ***.

Motiers, 1763.

Il est, dites-vous, très-cher ami, quatre cents citoyens et bourgeois qui ont paru mécontents de ce qui s'est passé. Il s'en est donc trouvé cinq ou six cents autres qui en ont été contents. Que voulez-vous que j'aille faire parmi ces gens-là?

Vous me proposez un voyage dans une saison où je ne puis pas même sortir de ma chambre : c'est un arrangement que mon état rend impossible. Il y a vingt ans que je n'ai fait une lieue en hiver. Si jamais j'entreprends un voyage en pareille saison, ce ne sera sûrement pas pour aller à Genève.

Vous me demandez le compliment que je ferois à M. le premier syndic. Je serois fort embarrassé de vous le dire. Je n'aurois assurément qu'un fort mauvais compliment à lui faire. Ce n'est pas la peine d'aller si loin pour cela.

Depuis quand est-ce à l'offensé de demander excuse? Que l'on commence par me faire la satisfaction qui m'est due; je tâcherai d'y répondre convenablement.

Tous vos messieurs se tourmentent beaucoup de savoir pourquoi M. de Montmollin ne m'a pas excommunié. Je les trouve plaisants. Et de quoi se mêlent-ils? Je pense avoir autant de droits sur eux qu'ils en ont sur moi ; cependant je ne vais point m'informer curieusement s'ils disent bien leur catéchisme et s'ils ont bien fait leurs pâques.

Que je sois, du moins quant à présent, orthodoxe, juif, païen, athée, que leur importe? ce n'est pas de cela qu'il s'agit ; la question est de savoir si les lois ont été violées, et si, quel que je sois, on m'a traité injustement : voilà ce qui leur importe, et sûrement beaucoup plus qu'à moi ; car, par rapport à moi, la chose est faite, on ne me fera pas pis ; mais les conséquences les regardent. Tandis qu'ils traitent cette affaire du haut de leur grandeur, faut-il donc que j'en fasse pour eux tous les frais, et que je vienne en suppliant demander qu'on me pardonne les affronts que j'ai reçus? Ce n'est pas mon avis. Que les choses en restent là, puisque cela leur convient. On verra qui dans la suite s'en trouvera le plus mal, d'eux ou de moi.

Cher ami, je vous l'ai dit, et je vous le répète de bon cœur : j'aime encore mes compatriotes ; je sens vivement, dans mes malheurs, l'atteinte qui a été portée à leurs droits et à leur liberté. Quoi qu'il arrive, je ne veux jamais demeurer à Genève, cela est bien décidé. Mais, s'ils avoient vu le tort que leur fait celui que j'ai reçu, et combien ils ont d'intérêt qu'il soit réparé, j'aurois agi de concert avec eux dans cette affaire, autant que mon honneur outragé l'eût permis. Alors, après avoir commencé par remettre les choses dans l'état où elles doivent être, s'ils ont tant d'envie de me régenter, ils m'auroient régenté tout leur soûl. Mais comment ne voient-ils pas qu'avant cela l'inquisition qu'ils veulent établir sur moi est impertinente et ridicule? S'ils sont assez fous pour exiger que je m'y prête, je ne suis pas assez sot pour m'y prêter. Ainsi je n'ai rien à dire à M. de Montmollin, attendu que ni M. de Montmollin ni moi n'avons pas plus de compte à leur rendre que nous n'en avons à leur demander.

Les affronts qui m'ont été faits ne peuvent être suffisamment réparés que par une invitation honnête et formelle de retourner à Genève. Si l'on peut se résoudre à une démarche si décente et si convenable, si due, il faudra qu'on soit bien difficile si l'on n'est pas content de la manière dont j'y répondrai. Alors on pourra s'enquêter de ma foi, et je serai toujours prêt à en rendre compte. Sans cela, ne parlons plus de cette affaire, car nul autre expédient ne peut me convenir.

## LETTRE CCCLXXXVIII.

A M. MARCEL,

Sous-directeur des plaisirs et maître de danse de la cour du duc de Saxe-Gotha.

Motiers, le 1$^{er}$ mars 1763.

J'ai lu, monsieur, avec un vrai plaisir, la lettre que vous m'avez fait l'honneur de m'écrire[1], et j'y ai trouvé, je vous jure, une des meilleures critiques qu'on ait faites de mes écrits. Vous êtes élève et parent de M. Marcel; vous défendez votre maître, il n'y a rien là que de louable : vous professez un art sur lequel vous me trouvez injuste et mal instruit, et vous le justifiez; cela est assurément très-permis : je vous parois un personnage fort singulier tout au moins, et vous avez la bonté de me le dire plutôt qu'au public; on ne peut rien de plus honnête, et vous me mettez, par vos censures, dans le cas de vous devoir des remerciements.

Je ne sais si je m'excuserai fort bien près de vous, en vous avouant que les singeries dont j'ai taxé M. Marcel tomboient bien moins sur son art

---

[1] * L'auteur de cette lettre l'a fait imprimer sous le titre de *Lettre à M. J. J. Rousseau, par M. M\*\*\**, sous-directeur, etc... 1763, in-8°.

que sur sa manière de le faire valoir. Si j'ai tort, même en cela, je l'ai d'autant plus, que ce n'est point d'après autrui que je l'ai jugé, mais d'après moi-même. Car, quoi que vous en puissiez dire, j'étois quelquefois admis à l'honneur de lui voir donner ses leçons; et je me souviens que, tout autant de profanes que nous étions là, sans excepter son écolière, nous ne pouvions nous tenir de rire à la gravité magistrale avec laquelle il prononçoit ses savants apophtegmes. Encore une fois, monsieur, je ne prétends point m'excuser en ceci; tout au contraire, j'aurois mauvaise grâce à vous soutenir que M. Marcel faisoit des singeries, à vous qui peut-être vous trouvez bien de l'imiter : car mon dessein n'est assurément ni de vous offenser ni de vous déplaire. Quant à l'ineptie avec laquelle j'ai parlé de votre art, ce tort est plus naturel qu'excusable; il est celui de quiconque se mêle de parler de ce qu'il ne sait pas. Mais un honnête homme qu'on avertit de sa faute doit la réparer; et c'est ce que je crois ne pouvoir mieux faire en cette occasion qu'en publiant franchement votre lettre et vos corrections, devoir que je m'engage à remplir en temps et lieu. Je ferai, monsieur, avec grand plaisir cette réparation publique à la danse et à M. Marcel, pour le malheur que j'ai eu de leur manquer de respect. J'ai pourtant quelque lieu de penser que votre indignation se fût un peu calmée, si mes vieilles rêveries eussent obtenu grâce devant vous. Vous auriez vu que je ne suis pas si ennemi de votre art que vous m'accusez de l'être, et que ce n'est pas une grande objection à me faire que son établissement dans mon pays, puisque j'y ai proposé moi-même des bals publics, desquels j'ai donné le plan. Monsieur, faites grâce à mes torts en faveur de mes services ; et quand j'ai scandalisé pour vous les gens austères, pardonnez-moi quelques déraisonnements sur un art duquel j'ai si bien mérité.

Quelque autorité cependant qu'aient sur moi vos décisions, je tiens encore un peu, je l'avoue, à la diversité des caractères dont je proposois l'introduction dans la danse. Je ne vois pas bien encore ce que vous y trouvez d'impraticable, et il me paroît moins évident qu'à vous qu'on s'ennuieroit davantage quand les danses seroient plus variées. Je n'ai jamais trouvé que ce fût un amusement bien piquant pour une assemblée, que cette enfilade d'éternels menuets par lesquels on commence et poursuit un bal, et qui ne disent tous que la même chose, parce qu'ils n'ont tous qu'un seul caractère ; au lieu qu'en leur en donnant seulement deux, tels, par exemple, que ceux de la blonde et de la brune, on les eût pu varier de quatre manières qui les eussent rendus toujours pittoresques et plus souvent intéressants : la blonde avec le brun, la brune avec le blond, la brune avec le brun, et la blonde avec le blond. Voilà l'idée ébauchée : il est aisé de la perfectionner et de l'étendre; car vous comprenez bien, monsieur, qu'il ne faut pas presser ces différences de blonde et de brune; le teint ne décide pas toujours du tempérament; telle brune est blonde par l'indolence, telle blonde est brune par la vivacité, et l'habile artiste ne juge pas du caractère par les cheveux.

Ce que je dis du menuet, pourquoi ne le dirois-je pas des contredanses et de la plate symétrie sur laquelle elles sont toutes dessinées? Pourquoi n'y introduiroit-on pas de savantes irrégularités, comme dans une bonne décoration; des oppositions et des contrastes, comme dans les parties de la musique? On fait bien chanter ensemble Héraclite et Démocrite; pourquoi ne les feroit-on pas danser?

Quels tableaux charmants, quelles scènes variées ne pourroit point introduire dans la danse un génie inventeur, qui sauroit la tirer de sa froide uniformité, et lui donner un langage et des sentiments, comme en a la musique! Mais votre M. Marcel n'a rien inventé que des phrases qui sont mortes avec lui; il a laissé son art dans le même état où il l'a trouvé : il l'eût servi plus utilement, en pérorant un peu moins, et dessinant davantage; et au lieu d'admirer tant de choses dans un menuet, il eût mieux fait de les y mettre. Si vous vouliez faire un pas de plus, vous, monsieur, que je suppose homme de génie, peut-être, au lieu de vous amuser à censurer mes idées, chercheriez-vous à étendre et rectifier les vues qu'elles vous offrent ; vous deviendriez créateur dans votre art ; vous rendriez service aux hommes qui ont tant de besoin qu'on leur apprenne à avoir du plaisir ; vous immortaliseriez votre nom, et vous auriez cette obligation à un pauvre solitaire qui ne vous a point offensé, et que vous voulez haïr sans sujet.

Croyez-moi, monsieur, laissez là des critiques qui ne conviennent qu'aux gens sans talents, incapables de rien produire d'eux-mêmes, et qui ne savent chercher de la réputation qu'aux dépens de celle d'autrui. Échauffez votre tête, et travaillez ; vous aurez bientôt oublié ou pardonné mes bavardises, et vous trouverez que les prétendus inconvénients que vous objectez aux recherches que je propose à faire seront des avantages quand elles auront réussi. Alors, grâce à la variété des genres, l'art aura de quoi contenter tout le monde, et prévenir la jalousie en augmentant l'émulation. Toutes vos écolières pourront briller sans se nuire, et chacune se consolera d'en voir d'autres exceller dans leurs genres, en se disant : J'excelle aussi dans le mien ; au lieu qu'en leur faisant faire à toutes la même chose, vous laissez sans aucun subterfuge l'amour-propre humilié ; et, comme il n'y a qu'un modèle de perfection, si l'une excelle dans le genre unique, il faut que toutes les autres lui cèdent ouvertement la primauté.

Vous avez bien raison, mon cher monsieur, de dire que je ne suis pas philosophe. Mais vous qui parlez, vous ne feriez pas mal de tâcher de l'être un peu. Cela seroit plus avantageux à votre art que vous ne semblez le croire. Quoi qu'il en soit, ne fâchez pas les philosophes, je vous le conseille; car tel d'entre eux pourroit vous donner plus d'instruction sur la danse que vous ne pourriez lui en rendre sur la philosophie ; et cela ne laisseroit pas d'être humiliant pour un élève du grand Marcel.

Vous me taxez d'être singulier, et j'espère que vous avez raison. Toutefois vous auriez pu, sur ce point, me faire grâce en faveur de votre maître ; car vous m'avouerez que M. Marcel lui-même étoit un homme fort singulier. Sa singularité, je l'avoue, étoit plus lucrative que la mienne ; et, si c'est là ce que vous me reprochez, il faut bien passer condamnation. Mais quand vous m'accusez aussi de n'être pas philosophe, c'est comme si vous m'accusiez de n'être pas maître à danser. Si c'est un tort à tout homme de ne pas savoir son métier, ce n'en est point un de ne pas savoir le métier d'un autre. Je n'ai jamais aspiré à devenir philosophe ; je ne me suis jamais donné pour tel ; je ne le fus, ni ne le suis, ni ne veux l'être. Peut-on forcer un homme à mériter malgré lui un titre qu'il ne veut pas porter? Je sais qu'il n'est permis qu'aux philosophes de parler philosophie; mais il est permis à tout homme de parler de la philosophie, et je n'ai rien fait de plus. J'ai bien aussi parlé quelquefois de la danse, quoique je ne sois pas danseur; et, si j'en ai parlé même avec trop de zèle, à votre avis, mon excuse est que j'aime la danse, au lieu que je n'aime point du tout la philosophie. J'ai pourtant eu rarement la précaution que vous me prescrivez, de danser avec les filles, pour éviter la tentation; mais j'ai eu souvent l'audace de courir le risque tout entier, en osant les voir danser sans danser moi-même. Ma seule précaution a été de me livrer moins aux impressions des objets qu'aux réflexions qu'ils me faisoient naître, et de rêver quelquefois, pour n'être pas séduit. Je suis fâché, mon cher monsieur, que mes rêveries aient eu le malheur de vous déplaire; je vous assure que ce ne fut jamais mon intention, et je vous salue de tout mon cœur.

## LETTRE CCCLXXXIX.

### A M. DE***.

Motiers, le 6 mars 1763.

J'ai eu, monsieur, l'imprudence de lire le mandement que M. l'archevêque de Paris a donné contre mon livre, la foiblesse d'y répondre, et l'étourderie d'envoyer aussitôt cette réponse à Rey. Revenu à moi, j'ai voulu la retirer; il n'étoit plus temps, l'impression en étoit commencée, et il n'y a plus de remède à une sottise faite. J'espère au moins que ce sera la dernière en ce genre. Je prends la liberté de vous faire adresser par la poste deux exemplaires de ce misérable écrit; l'un que je vous supplie d'agréer, et l'autre pour M..., à qui je vous prie de vouloir bien le faire passer, non comme une lecture à faire ni pour vous ni pour lui, mais comme un devoir dont je m'acquitte envers l'un et l'autre. Au reste, je suis persuadé, vu ma position particulière, vu la gêne à laquelle j'étois asservi à tant d'égards, vu le bavardage ecclésiastique auquel j'étois forcé de me conformer, vu l'indécence qu'il y auroit à s'échauffer en parlant de soi, qu'il eût été facile à d'autres de mieux faire, mais impossible de faire bien. Ainsi tout le mal vient d'avoir pris la plume quand il ne falloit pas.

## LETTRE CCCXC.

### A M. KIRCHBERGER.

Motiers, le 17 mars 1763.

Si jeune, et déjà marié! Monsieur, vous avez entrepris de bonne heure une grande tâche. Je sais que la maturité de l'esprit peut suppléer à l'âge, et vous m'avez paru promettre ce supplément. Vous vous connoissez d'ailleurs en mérite, et je compte sur celui de l'épouse que vous vous êtes choisie. Il n'en faut pas moins, cher Kirchberger, pour rendre heureux un établissement si précoce. Votre âge seul m'alarme pour vous; tout le reste me rassure. Je suis toujours persuadé que le vrai bonheur de la vie est dans un mariage bien assorti; et je ne le suis pas moins que tout le succès de cette carrière dépend de la façon de la commencer. Le tour que vont prendre vos occupations, vos soins, vos manières, vos affections domestiques, durant la première année, décidera de toutes les autres. C'est maintenant que *le sort de vos jours est entre vos mains;* plus tard, il dépendra de vos habitudes. Jeunes époux, vous êtes perdus si vous n'êtes qu'amants; mais soyez amis de bonne heure pour l'être toujours. La confiance, qui vaut mieux que l'amour, lui survit et le remplace. Si vous savez l'établir entre vous, votre maison vous plaira plus qu'aucune autre; et dès qu'une fois vous serez mieux chez vous que partout ailleurs, je vous promets du bonheur pour le reste de votre vie. Mais ne vous mettez pas dans l'esprit d'en chercher au loin, ni dans la célébrité, ni dans les plaisirs, ni dans la fortune. La véritable félicité ne se trouve point au-dehors; il faut que votre maison vous suffise, ou jamais rien ne vous suffira.

Conséquemment à ce principe, je crois qu'il n'est pas temps, quant à présent, de songer à l'exécution du projet dont vous m'avez parlé. La société conjugale doit vous occuper plus que la société helvétique : avant que de publier les annales de celle-ci, mettez-vous en état d'en fournir le plus bel article. Il faut qu'en rapportant les actions d'autrui vous puissiez dire comme le Corrége : Et moi aussi je suis homme.

Mon cher Kirchberger, je crois voir germer beaucoup de mérite parmi la jeunesse suisse; mais la maladie universelle vous gagne tous. Ce mérite cherche à se faire imprimer; et je crains bien que, de cette manie dans les gens de votre état, il ne résulte un jour à la tête de vos républiques plus de petits auteurs que de grands hommes. Il n'appartient pas à tous d'être des Haller.

Vous m'avez envoyé un livre très-précieux et de fort belles cartes; comme d'ailleurs vous avez acheté l'un et l'autre, il n'y a aucune parité à faire en aucun sens entre ces envois et le barbouillage dont vous faites mention. De plus, vous vous rappellerez, s'il vous plaît, que ce sont des commissions dont vous avez bien voulu vous charger, et qu'il n'est pas honnête de transformer des commissions en présents. Ayez donc la bonté de me marquer ce que vous coûtent ces emplettes, afin qu'en acceptant la peine qu'elles vous ont donnée d'aussi bon cœur que vous l'avez prise, je puisse au moins vous rendre vos déboursés, sans quoi je prendrai le parti de vous renvoyer le livre et les cartes.

Adieu, très-bon et aimable Kirchberger; faites, je vous prie, agréer mes hommages à madame votre épouse; dites-lui combien elle a droit à ma reconnoissance en faisant le bonheur d'un homme que j'en crois si digne, et auquel je prends un si tendre intérêt.

## LETTRE CCCXCI.

### A M. DANIEL ROGUIN.

Motiers, mars 1763.

Je ne trouve pas, très-bon papa, que vous ayez interprété ni bénignement ni raisonnablement la raison de décence et de modestie qui m'empêcha de vous offrir mon portrait, et qui m'empêchera toujours de l'offrir à personne. Cette raison n'est point, comme vous le prétendez, un cérémonial, mais une convenance tirée de la nature des choses, et qui ne permet à nul homme discret de porter ni sa figure ni sa personne où elles ne sont pas invitées, comme s'il étoit sûr de faire en cela un cadeau; au lieu que c'en doit être un pour lui, quand on lui témoigne là-dessus quelque empressement. Voilà le sentiment que je vous ai manifesté, et au lieu duquel vous me prêtez l'intention de ne vouloir accorder un tel présent qu'aux prières. C'est me supposer un motif de fatuité où j'en mettois un de modestie. Cela ne me paroît pas dans l'ordre ordinaire de votre bon esprit.

Vous m'alléguez que les rois et les princes donnent leurs portraits. Sans doute ils les donnent à leurs inférieurs comme un honneur ou une récompense; et c'est précisément pour cela qu'il est impertinent à de petits particuliers de croire honorer leurs égaux, comme les rois honorent leurs inférieurs. Plusieurs rois donnent aussi leur main à baiser en signe de faveur et de distinction : dois-je vouloir faire à mes amis la même grâce? Cher papa, quand je serai roi, je ne manquerai pas, en superbe monarque, de vous offrir mon portrait enrichi de diamants. En attendant, je n'irai pas sottement m'imaginer que ni vous ni personne soit empressé de ma mince figure; et il n'y a qu'un témoignage bien positif de la part de ceux qui s'en soucient qui puisse me permettre de le supposer, surtout n'ayant pas le passeport des diamants pour accompagner le portrait.

Vous me citez Samuel Bernard. C'est, je vous l'avoue, un singulier modèle que vous me proposez à imiter. J'aurois bien cru que vous me désiriez ses millions, mais non pas ses ridicules. Pour moi, je serois bien fâché de les avoir avec sa fortune; elle seroit beaucoup trop chère à ce prix. Je sais qu'il avoit l'impertinence d'offrir son portrait, même à gens fort au-dessus de lui. Aussi entrant un jour en maison étrangère, dans la garde-robe, y trouva-t-il ledit portrait, qu'il avoit ainsi donné, fièrement étalé au-dessus de la chaise percée. Je sais cette anecdote, et bien d'autres plus plaisantes, de quelqu'un qu'on en pouvoit croire; car c'étoit le président de Boulainvilliers.

Monsieur *** donnoit son portrait? Je lui en fais mon compliment. Tout ce que je sais, c'est que si ce portrait est l'estampe fastueuse que j'ai vue avec des vers pompeux au-dessous, il falloit que, pour oser faire un tel présent lui-même, ledit monsieur fût le plus grand fat que la terre ait porté. Quoi qu'il en soit, j'ai vécu aussi quelque peu avec des gens à portraits, et à portraits recherchables; je les ai vus tous avoir d'autres maximes: et, quand je ferai tant que de vouloir imiter des modèles, je vous avoue que ce ne sera ni le juif Bernard ni monsieur *** que je choisirai pour cela : on n'imite que les gens à qui l'on voudroit ressembler.

Je vous dis, il est vrai, que le portrait que je vous montrai étoit le seul que j'avois; mais j'ajoutai que j'en attendois d'autres, et qu'on le gravoit encore en Arménien. Quand je me rappelle qu'à peine y daignâtes-vous jeter les yeux, que vous ne m'en dîtes pas un seul mot, et que vous marquâtes là-dessus la plus profonde indifférence, je ne puis m'empêcher de vous dire qu'il auroit fallu que je fusse le plus extravagant des hommes pour croire vous faire le moindre plaisir en vous le présentant; et je dis, dès le même soir, à mademoiselle Le Vasseur la mortification que vous m'aviez faite; car j'avoue que j'avois attendu et même mendié quelque mot obligeant qui me mît en droit de faire le reste. Je suis bien persuadé maintenant que ce fut discrétion et non dédain de votre part; mais vous me permettrez de vous dire que cette discrétion étoit pour moi un peu humiliante, et que c'étoit donner un grand prix aux deux sous qu'un tel portrait peut valoir.

## LETTRE CCCXCII.

### A MILORD MARÉCHAL.

Le 21 mars 1763.

Il y a dans votre lettre du 19 un article qui m'a donné des palpitations; c'est celui de l'Écosse. Je ne vous dirai là-dessus qu'un mot, c'est que je donnerois la moitié des jours qui me restent pour y passer l'autre avec vous. Mais pour Colombier, ne comptez pas sur moi. Je vous aime, milord; mais il faut que mon séjour me plaise, et je ne puis souffrir ce pays-là.

Il n'y a rien d'égal à la position de Frédéric. Il paroît qu'il en sent tous les avantages, et qu'il saura bien les faire valoir. Tout le pénible et le difficile est fait, tout ce qui demandoit le concours de la fortune est fait. Il ne lui reste à présent à remplir que des soins agréables, et dont l'effet dépend de lui. C'est de ce moment qu'il va s'élever, s'il veut, dans la postérité un monument unique; il n'a travaillé jusqu'ici que pour son siècle. Le seul piége dangereux qui désormais lui reste à éviter est celui de la flatterie; s'il se laisse louer il est perdu. Qu'il sache qu'il n'y a plus d'éloges dignes de lui que ceux qui sortiront des cabanes de ses paysans.

Savez-vous, milord, que Voltaire cherche à se raccommoder avec moi ? Il a eu sur mon compte un long entretien avec Moultou, dans lequel il a supérieurement joué son rôle : il n'y en a point d'étranger au talent de ce grand comédien, *dolis instructus et arte pelesgâ*. Pour moi, je ne puis lui promettre une estime qui ne dépend pas de moi : mais, à cela près, je serai, quand il le voudra, toujours prêt à tout oublier ; car je vous jure, milord, que de toutes les vertus chrétiennes, il n'y en a point qui me coûte moins que le pardon des injures. Il est certain que, si la protection des Calas lui a fait grand honneur, les persécutions qu'il m'a fait essuyer à Genève lui en ont peu fait à Paris ; elles y ont excité un cri universel d'indignation. J'y jouis, malgré mes malheurs, d'un honneur qu'il n'aura jamais nulle part ; c'est d'avoir laissé ma mémoire en estime dans le pays où j'ai vécu. Bonjour, milord.

## LETTRE CCCXCIII.

### A M. MOULTOU.

A Motiers, le 21 mars 1763.

Voilà, cher Moultou, puisque vous le voulez, un exemplaire de ma lettre à M. de Beaumont. J'en ai remis deux autres au messager depuis plusieurs jours; mais il diffère son départ d'un jour à l'autre, et ne partira, je crois, que mercredi. J'aurai soin de vous en faire parvenir davantage. En attendant, ne mettez ces deux-là qu'en des mains sûres, jusqu'à ce que l'ouvrage paroisse, de peur de contrefaction.

J'ai attendu, pour juger les Génevois, que je fusse de sang-froid. Ils sont jugés. J'aurois déjà fait la démarche dont vous me parlez si milord Maréchal ne m'avoit engagé à différer, et je vois que vous pensez comme lui. J'attendrai donc, pour la faire, de voir l'effet de la lettre que je vous envoie : mais quand cet effet les ramèneroit à leur devoir, j'en serois, je vous le jure, très-médiocrement flatté. Ils sont si sots et si rogues, que le bien même ne m'intéresseroit désormais de leur part guère plus que le mal. On ne tient plus guère aux gens qu'on méprise.

M. de Voltaire vous a paru m'aimer parce qu'il sait que vous m'aimez : soyez persuadé qu'avec les gens de son parti il tient un autre langage. Cet habile comédien, *dolis instructus et arte pelasgâ*, sait changer de ton selon les gens à qui il a affaire. Quoi qu'il en soit, si jamais il arrive qu'il revienne sincèrement, j'ai déjà les bras ouverts; car, de toutes les vertus chrétiennes, l'oubli des injures est, je vous jure, celle qui me coûte le moins. Point d'avances, cè seroit une lâcheté; mais comptez que je serai toujours prêt à répondre aux siennes d'une manière dont il sera content. Partez de là, si jamais il vous en reparle. Je sais que vous ne voulez pas me compromettre, et vous savez, je crois, que vous pouvez répondre de votre ami en toute chose honnête. Les manœuvres de M. de Voltaire, qui ont tant d'approbateurs à Genève, ne sont pas vues du même œil à Paris: elles y ont soulevé tout le monde, et balancé le bon effet de la protection des Calas. Il est certain que ce qu'il peut faire de mieux pour sa gloire est de se raccommoder avec moi.

Quand vous voudrez venir il faudra nous concerter. Je dois aller voir milord Maréchal avant son départ pour Berlin: vous pourriez ne pas me trouver; d'ailleurs la saison n'est pas assez avancée pour le voyage de Zurich, ni même pour la promenade. Quand je vous aurai, je voudrois vous tenir un peu long-temps. J'aime mieux différer mon plaisir et en jouir à mon aise. Doutez-vous que tout ce qui vous accompagnera ne soit bien reçu?

## LETTRE CCCXCIV.

### A M. J. BURNAND.

Motiers, le 21 mars 1763.

La réponse à votre objection, monsieur, est dans le livre même d'où vous la tirez. Lisez plus attentivement le texte et les notes, vous trouverez cette objection résolue.

Vous voulez que j'ôte de mon livre ce qui est contre la religion : mais il n'y a dans mon livre rien qui soit contre la religion.

Je voudrois pouvoir vous complaire en faisant le travail que vous me prescrivez. Monsieur, je suis infirme, épuisé ; je vieillis ; j'ai fait ma tâche, mal sans doute, mais de mon mieux. J'ai proposé mes idées à ceux qui conduisent les jeunes gens ; mais je ne sais pas écrire pour les jeunes gens.

Vous m'apprenez qu'il faut vous dire tout, ou que vous n'entendez rien. Cela me fait désespérer, monsieur, que vous m'entendiez jamais ; car je n'ai

---

[1] * M. Burnand, à qui cette lettre est adressée, avoit reproché à Rousseau la publication de la *Profession de foi du vicaire savoyard* contre cette maxime expresse du vicaire lui-même :

« Tant qu'il reste quelque bonne croyance parmi les hommes, il
« ne faut point troubler les ames paisibles, ni alarmer la foi des
« simples par des difficultés qu'ils ne peuvent résoudre, et qui les
« inquiètent sans les éclairer. » (*Note de du Peyrou.*)

point, moi, le talent de parler aux gens à qui il faut tout dire.

Je vous salue, monsieur, de tout mon cœur.

## LETTRE CCCXCV.

A MADAME DE ***.

Le 27 mars 1763.

Que votre lettre, madame, m'a donné d'émotions diverses! Ah! cette pauvre madame de***...! pardonnez si je commence par elle. Tant de malheurs...., une amitié de treize ans.... Femme aimable et infortunée...! Vous la plaignez, madame; vous avez bien raison; son mérite doit vous intéresser pour elle : mais vous la plaindriez bien davantage si vous aviez vu comme moi toute sa résistance à ce fatal mariage. Il semble qu'elle prévoyoit son sort. Pour celle-là, les écus ne l'ont pas éblouie; on l'a bien rendue malheureuse malgré elle. Hélas! elle n'est pas la seule. De combien de maux j'ai à gémir! Je ne suis point étonné des bons procédés de madame***; rien de bien ne me surprendra de sa part : je l'ai toujours estimée et honorée; mais avec tout cela elle n'a pas l'ame de madame de***. Dites-moi ce qu'est devenu ce misérable; je n'ai plus entendu parler de lui.

Je pense bien comme vous, madame; je n'aime point que vous soyez à Paris : Paris, le siége du goût et de la politesse, convient à votre esprit, à votre ton, à vos manières; mais le séjour du vice ne convient point à vos mœurs, et une ville où l'amitié ne résiste ni à l'adversité ni à l'absence ne sauroit plaire à votre cœur. Cette contagion ne le gagnera pas; n'est-ce pas, madame? Que ne lisez-vous dans le mien l'attendrissement avec lequel il m'a dicté ce mot-là! L'heureux ne sait s'il ait aimé, dit un poète latin; et moi j'ajoute : L'heureux ne sait pas aimer. Pour moi, grâce au ciel, j'ai bien fait toutes mes épreuves; je sais à quoi m'en tenir sur le cœur des autres et sur le mien. Il est bien constaté qu'il ne me reste que vous seule en France, et quelqu'un qui n'est pas encore jugé, mais qui ne tardera pas à l'être.

S'il faut moins regretter les amis que l'adversité nous ôte que priser ceux qu'elle nous donne, j'ai plus gagné que perdu; car elle m'en a donné un qu'assurément elle ne m'ôtera pas. Vous comprenez que je veux parler de milord Maréchal. Il m'a accueilli, il m'a honoré dans mes disgrâces, plus peut-être qu'il n'eût fait durant ma prospérité. Les grandes ames ne portent pas seulement du respect au mérite, elles en portent encore au malheur. Sans lui j'étois tout aussi mal reçu dans ce pays que dans les autres, et je ne voyois plus d'asile autour de moi. Mais un bienfait plus précieux que sa protection est l'amitié dont il m'honore, et qu'assurément je ne perdrai point. Il me restera celui-là, j'en réponds. Je suis bien aise que vous m'ayez marqué ce qu'en pensoit M. d'A*** : cela me prouve qu'il se connoît en hommes ; et qui s'y connoît est de leur classe. Je compte aller voir ce digne protecteur avant son départ pour Berlin ; je lui parlerai de M. d'A*** et de vous, madame : il n'y a rien de si doux pour moi que de voir ceux qui m'aiment s'aimer entre eux.

Quand des quidams sous le nom de S*** ont voulu se porter pour juges de mon livre, et se sont aussi bêtement qu'insolemment arrogé le droit de me censurer, après avoir rapidement parcouru leur sot écrit, je l'ai jeté par terre, et j'ai craché dessus pour toute réponse. Mais je n'ai pu lire avec le même dédain le mandement qu'a donné contre moi M. l'archevêque de Paris ; premièrement parce que l'ouvrage en lui-même est beaucoup moins inepte, et parce que, malgré les travers de l'auteur, je l'ai toujours estimé et respecté. Ne jugeant donc pas cet écrit indigne d'une réponse, j'en ai fait une qui a été imprimée en Hollande, et qui, si elle n'est pas encore publique, le sera dans peu. Si elle pénètre jusqu'à Paris et que vous en entendiez parler, madame, je vous prie de me marquer naturellement ce qu'on en dit ; il m'importe de le savoir. Il n'y a que vous de qui je puisse apprendre ce qui se passe à mon égard dans un pays où j'ai passé une partie de ma vie, où j'ai eu des amis, et qui ne peut me devenir indifférent. Si vous n'étiez pas à portée de voir cette lettre imprimée, et que vous pussiez m'indiquer quelqu'un de vos amis qui eût ses ports francs, je vous l'enverrois d'ici ; car, quoique la brochure soit petite, en vous l'envoyant directement elle vous coûteroit vingt fois plus de port que ne valent l'ouvrage et l'auteur.

Je suis bien touché des bontés de mademoiselle L*** et des soins qu'elle veut bien prendre pour moi; mais je serois bien fâché qu'un aussi joli travail que le sien, et si digne d'être mis en vue, restât caché sous mes grandes vilaines manches d'Arménien ; en vérité, je ne saurois me résoudre à le profaner ainsi, ni par conséquent à l'accepter, à moins qu'elle ne m'ordonne de le porter en écharpe ou en collier, comme un ordre de chevalerie institué à son honneur.

Bonjour, madame; recevez les hommages de votre pauvre voisin. Vous venez de me faire passer une demi-heure délicieuse, et en vérité j'en avois besoin ; car depuis quelques mois je souffre presque sans relâche de mon mal et de mes chagrins. Mille choses, je vous supplie, à M. le marquis.

## LETTRE CCCXCVI.

A M. J. BURNAND.

Motiers, le 28 mars 1763.

Solution de l'objection de M. Burnand :
*Mais, quand une fois tout est ébranlé, on doit conserver le tronc aux dépens des branches*, etc.

*Voilà, je crois, ce que le bon vicaire pourroit dire à présent au public* [1].

M. Burnand m'assure que tout le monde trouve qu'il y a dans mon livre beaucoup de choses contre la religion chrétienne. Je ne suis pas, sur ce point comme sur bien d'autres, de l'avis de tout le monde, et d'autant moins, que parmi tout ce monde-là je ne vois pas un chrétien.

Un homme qui cherche des explications pour compromettre celui qui les donne est peu généreux; mais l'opprimé qui n'ose les donner est un lâche, je n'ai pas peur de passer pour tel. Je ne crains point les explications; je crains les discours inutiles. Je crains surtout les désœuvrés, qui, ne sachant à quoi passer leur temps, veulent disposer du mien.

Je prie M. Burnand d'agréer mes salutations.

[1] * Ce qui est ici en italique est tiré de la *Profession de foi*.

## LETTRE CCCXCVII.

### A M. DE MONTMOLLIN,

En lui envoyant ma LETTRE A M. DE BEAUMONT.

Motiers, le 28 mars 1763.

Voici, monsieur, un écrit devenu nécessaire. Quoique mes agresseurs y soient un peu malmenés, ils le seroient davantage si je ne vous trouvois pas en quelque sorte entre eux et moi. Comptez, monsieur, que, si vous cessiez de leur servir de sauvegarde, ils ne s'en tireroient pas à si bon marché. Quoi qu'il en soit, j'espère que vous serez content de la classe à part où j'ai tâché de vous mettre ; et il ne tiendra qu'à vous de connoître, et dans cet écrit et dans toute ma vie, qu'en usant avec moi de procédés honnêtes vous n'avez pas obligé un ingrat.

## LETTRE CCCXCVIII.

### A M. MOULTOU.

Motiers-Travers, ce 2 avril 1763.

Ce n'étoit pas, cher ami, que je désapprouvasse l'envoi d'un exemplaire en France, que je ne vous ai pas répondu sur-le-champ; mais l'ennui, les tracas, les souffrances, les importuns, me rendent paresseux : l'exactitude est un travail qui passe ma force actuelle. Faites ce que vous voudrez ; votre envoi ne sera qu'inutile ; voilà tout. Vous n'avez que trois exemplaires, j'attends d'en avoir davantage pour vous en envoyer, encore ne sais-je pas trop comment.

Vernet est un fourbe. Je n'approuve point qu'on lui fasse lire l'ouvrage, encore moins qu'on le lui prête. Il ne veut le voir que pour le faire décrier par les petits vipereaux qu'il élève à la brochette, et par lesquels il répand contre moi son fade poison dans les Mercures de Neuchâtel.

Vous devez comprendre qu'un carton est impossible dès qu'une fois un ouvrage est sorti de la boutique du libraire. Si vous voulez en faire un pour Genève en particulier, soit, j'y consens : mais je ne veux pas m'en mêler, et soyez persuadé que cela ne servira de rien. Quand on cherche des prétextes, on en trouve. Les Génevois m'ont trop fait de mal pour ne pas me haïr; et moi, je les connois trop pour ne les pas mépriser. Je prévois mieux que vous l'effet de la lettre. J'ai honte de porter encore ce même titre dont je m'honorois ci-devant : dans six mois d'ici je compte en être délivré.

Votre aventure avec la compagnie ne m'étonne

point; elle me confirme dans le jugement que j'ai porté de toute cette prêtraille. Je ne doute point qu'en effet votre amitié pour moi n'ait produit votre exclusion, mais loin d'en être fâché, je vous en félicite. L'état d'homme d'église ne peut plus convenir à un homme de bien ni à un croyant. Quittez-moi ce collet qui vous avilit; cultivez en paix les lettres, vos amis, la vertu; soyez libre, puisque vous pouvez l'être. Les marchands de religion n'en sauroient avoir. Mes malheurs m'ont instruit trop tard; qu'ils vous instruisent à temps.

Je souffre beaucoup, cher ami: je me suis remis à l'usage des sondes pour tâcher de me procurer un peu de relâche quand vous serez avec moi. Je me ménage ce temps comme le plus précieux de ma vie, ou du moins le plus doux qui me reste à passer. Ménagez-vous la liberté de venir quand je vous écrirai; car malheureusement je suis encore moins maître de mon temps que vous du vôtre.

J'ai toujours oublié de vous dire que j'ai à Yverdun un cabriolet que je ne serois pas fâché de trouver à vendre. Pourroit-il vous servir, en attendant, dans nos petits pélerinages? Pour moi, vous savez que je n'aime aller qu'à pied. Si vous avez des jambes, nous nous en servirons, mais à petits pas, car je ne saurois aller vite ni faire de longues traites; mais je vais toujours. Nous causerons à notre aise ; cela sera délicieux. Je vous embrasse.

Si vous amenez quelqu'un, tâchez au moins que nous puissions un peu nous voir seuls.

## LETTRE CCCXCIX.

A M. L'ABBÉ DE LA PORTE.

Motiers, le 4 avril 1763.

Vous pouvez savoir, monsieur, que je n'ai jamais concouru ni consenti à aucun des recueils de mes écrits qu'on a publiés jusqu'ici ; et, par la manière dont ils sont faits, on voit aisément que l'auteur ne s'en est pas mêlé. Ayant résolu d'en faire moi-même une édition générale, en prenant congé du public, je le vois avec peine inondé d'éditions détestables et réitérées, qui peut-être le rebuteront aussi de la mienne avant qu'il soit en état d'en juger. En apprenant qu'on en préparoit encore une nouvelle où vous êtes, je ne pus m'empêcher d'en faire des plaintes; ces plaintes, trop durement interprétées, donnèrent lieu à un avis de la gazette de Hollande, que je n'ai ni dicté ni approuvé, et dans lequel on suppose que le sieur Rey a seul le droit de faire cette édition générale, ce qui n'est pas. Quand il en a fait lui-même un recueil avec privilége, il l'a fait sans mon aveu; et au contraire, en lui cédant mes manuscrits, je me suis expressément réservé le droit de recueillir le tout, et de le publier où et quand il me plairoit. Voilà, monsieur, la vérité.

Mais, puisque ces éditions furtives sont inévitables, et que vous voulez bien présider à celle-ci, je ne doute point, monsieur, que vos soins ne la mettent fort au-dessus des autres : dans cette opinion, je prends le parti de différer la mienne, et je me félicite que vous ayez fait assez de cas de mes rêveries pour daigner vous en occuper. Malheureusement le public, toujours de mauvaise humeur contre moi, se plaindra que vous m'honorez à ses dépens. Il dira qu'un éditeur tel que vous lui rend moins qu'il ne lui dérobe; et quand vous pourriez lui plaire et l'éclairer par vos écrits, il regrettera le temps que vous prodiguez aux miens.

Je vous remercie, monsieur, d'avoir bien voulu m'envoyer la note des pièces qui devront entrer dans votre recueil : vous êtes le premier éditeur de mes écrits qui ait eu cette attention pour moi. Entre celles de ces pièces dont je ne suis pas l'auteur, j'y en trouve une qui ne doit être là d'aucune manière; c'est le *Petit Prophète*[1]. Je vous prie de le retrancher, si vous êtes à temps; sinon,

[1] * Brochure de Grimm sur la musique françoise. Voyez *Confessions*, livre VIII.

de vouloir bien déclarer que cet ouvrage n'est point de moi, et que je n'y ai pas la moindre part.

Recevez, monsieur, je vous supplie, mon respect et mes salutations.

## LETTRE CD.

### A M. J. BURNAND.

Motiers, le 4 avril 1763.

Je suis très-content, monsieur, de votre dernière lettre, et je me fais un très-grand plaisir de vous le dire. Je vois avec regret que je vous avois mal jugé. Mais, de grâce, mettez-vous à ma place. Je reçois des milliers de lettres où, sous prétexte de me demander des explications, on ne cherche qu'à me tendre des piéges. Il me faudroit de la santé, du loisir et des siècles pour entrer dans tous les détails qu'on me demande ; et, pénétrant le motif secret de tout cela, je réponds avec franchise, avec dureté même, à l'intention plutôt qu'à l'écrit. Pour vous, monsieur, que mon âpreté n'a point révolté, vous pouvez compter de ma part sur toute l'estime que mérite votre procédé honnête, et sur une disposition à vous aimer, qui probablement aura son effet si jamais nous nous connoissons davantage. En attendant, recevez, monsieur, je vous supplie, mes excuses et mes sincères salutations.

## LETTRE CDI.

### A MADAME LATOUR.

*Le 7 avril 1763.*

Je suis d'autant plus en peine de vous, madame, que n'ayant pas de vos nouvelles depuis long-temps, je sais que M. Breguet n'en a pas non plus. Je me souviens bien cependant que vous m'avez écrit la dernière; mais si vous comptiez à la rigueur avec moi, à combien d'égards ne resterois-je pas insolvable! Vous m'avez accoutumé à plus d'indulgence, et cela me fait craindre que votre silence actuel n'ait quelque cause dont la crainte m'alarme beaucoup. De grâce, madame, tranquillisez-moi par un mot de lettre. Dans l'incertitude de ce qui peut être arrivé, je n'ose faire celle-ci plus longue, jusqu'à ce que je sois assuré que ce que j'écris continue à vous parvenir.

## LETTRE CDII.

A M. WATELET.

Motiers, 1763.

Vous me traitez en auteur, monsieur ; vous me faites des compliments sur mon livre. Je n'ai rien à dire à cela, c'est l'usage. Ce même usage veut aussi qu'en avalant modestement votre encens, je vous en renvoie une bonne partie. Voilà pourtant ce que je ne ferai pas ; car, quoique vous ayez des talents très-vrais, très-aimables, les qualités que j'honore en vous les effacent à mes yeux ; c'est par elles que je vous suis attaché ; c'est par elles que j'ai toujours désiré votre bienveillance, et l'on ne m'a jamais vu rechercher les gens à talents qui n'avoient que des talents. Je m'applaudis pourtant de ceux auxquels vous m'assurez que je dois votre estime, puisqu'ils me procurent un bien dont je fais tant de cas. Les miens, tels quels, ont cependant si peu dépendu de ma volonté, ils m'ont attiré tant de maux, ils m'ont abandonné si vite, que j'aurois bien voulu tenir cette amitié, dont vous permettez que je me flatte, de quelque chose qui m'eût été moins funeste, et que je pusse dire être plus à moi.

Ce sera, monsieur, pour votre gloire, au moins

je le désire et je l'espère, que j'aurai blâmé le merveilleux de l'Opéra. Si j'ai eu tort, comme cela peut très-bien être, vous m'aurez réfuté par le fait; et si j'ai raison, le succès dans un mauvais genre n'en rendra votre triomphe que plus éclatant. Vous voyez, monsieur, par l'expérience constante du théâtre, que ce n'est jamais le choix du genre bon ou mauvais qui décide du sort d'une pièce. Si la vôtre est intéressante malgré les machines, soutenue d'une bonne musique elle doit réussir; et vous aurez eu, comme Quinault, le mérite de la difficulté vaincue. Si, par supposition, elle ne l'est pas, votre goût, votre aimable poésie, l'auront ornée au moins de détails charmants qui la rendront agréable; et c'en est assez pour plaire à l'Opéra françois. Monsieur, je tiens beaucoup plus, je vous jure, à votre succès qu'à mon opinion, et non-seulement pour vous, mais aussi pour votre jeune musicien; car le grand voyage que l'amour de l'art lui a fait entreprendre, et que vous avez encouragé, m'est garant que son talent n'est pas médiocre. Il faut en ce genre, ainsi qu'en bien d'autres, avoir déjà beaucoup en soi-même pour sentir combien on a besoin d'acquérir. Messieurs, donnez bientôt votre pièce, et, dussé-je être pendu, je l'irai voir si je puis.

## LETTRE CDIII.

A M. MOULTOU.

Motiers, ce samedi 16 avril 1763.

Voici, cher Moultou, puisque vous le voulez, encore deux exemplaires de la lettre; c'est tout ce qui me reste avec le mien. Je n'entends pas dire qu'il s'en soit répandu dans le public aucun autre que ceux que j'ai donnés, et je n'ai plus aucune nouvelle de Rey : ainsi il se pourroit très-bien que quelqu'un fût venu à bout de supprimer l'édition. En ce cas, il importeroit de placer très-bien ces exemplaires, puisqu'ils seroient difficiles et peut-être impossibles à remplacer. Si vous trouviez à propos d'en donner un à M. le colonel Pictet, lequel m'a écrit des lettres très-honnêtes, vous me feriez grand plaisir.

Je comprends quel est l'endroit où M. Deluc croit se reconnoître. Il se trompe fort. Mon caractère n'est assurément pas de tympaniser mes amis; mais le bon homme, avec toute sa sagesse, n'a pu éviter un piége dans lequel nous tombons tous, c'est de croire tout le monde sans cesse occupé de nous en bien ou en mal, tandis que souvent on n'y pense guère.

Quand vous viendrez, je vous montrerai dans

des centaines de lettres une rame de lourds sermons dont je me suis plaint; et quels sermons, grand Dieu! Il m'en coûte, depuis que je suis ici, dix louis en ports de lettres pour des réprimandes, des injures et des bêtises; et ce qu'il y a de plaisant, c'est qu'il n'y a pas un de ces sots-là qui ne pense être le seul et ne prétende m'occuper tout entier.

Il est certain que j'ai mieux prévu que vous l'effet de la lettre à M. de Beaumont. Tout ce que je puis faire de bien ne fera jamais qu'aigrir la rage des Génevois. Elle est à un point inconcevable. Je suis persuadé qu'ils viendront à bout de m'en rendre enfin la victime. Mon seul crime est de les avoir trop aimés : mais ils ne me le pardonneront jamais. Soyez persuadé que je les vois mieux d'ici que vous d'où vous êtes. Je ne vois qu'un seul moyen d'attiédir leur fureur, cela presse. Envoyez-moi, je vous prie, le nom et l'adresse de M. le premier syndic.

Venez quand vous voudrez, je vous attends. Mes malheurs, à tous égards, sont à leur dernier terme ; mais seulement que je vous embrasse, et tout est oublié.

## LETTRE CDIV.

A M. LE MARÉCHAL DE LUXEMBOURG.

Motiers-Travers, le 23 avril 1763.

Pardonnez-moi, M. le maréchal, une nouvelle importunité : il s'agit d'un doute qui me rend malheureux, et dont personne ne peut me tirer plus aisément ni plus sûrement que vous. Tout le monde ici me trouble de mille vaines alarmes sur de prétendus projets contre ma liberté. J'ai pour voisin depuis quelque temps un gentilhomme hongrois, homme de mérite, dans l'entretien duquel je trouve des consolations. On vient de recevoir et de me montrer un avis que cet étranger est au service de France, et envoyé tout exprès pour m'attirer dans quelque piége. Cet avis a tout l'air d'une basse jalousie. Outre que je ne suis assurément pas un personnage assez important pour mériter tant de soins, je ne puis reconnoître l'esprit françois à tant de barbarie, ni soupçonner un honnête homme sur des imputations en l'air. Cependant on se fait ici un plaisir malin de m'effrayer. A les en croire, je ne suis pas même en sûreté à la promenade, et je n'entends parler que de projets de m'enlever. Ces projets sont-ils réels ? Est-il vrai qu'on en veuille à ma personne ? Si cela est, l'exécution n'en sera pas difficile, et je suis près d'aller me rendre moi-même où l'on voudra, aimant mille fois mieux passer le reste de mes jours dans les fers que dans les agitations continuelles où je vis, et en défiance de tout le monde. Je ne demande ni faveur ni grâce, je ne demande pas même justice; je ne veux qu'être éclairci sur les intentions du gouvernement. Ce n'est nullement pour me mettre à couvert que je désire en être instruit, comme on le connoîtra par ma conduite; et si l'on ne pense pas à moi, ce me sera un grand soulagement d'en être instruit. Un mot d'éclaircissement de vous me rendra la vie. Je ne puis croire que ma prière soit indiscrète. Je n'entends pas pour cela que vous me répondiez de rien; marquez-moi simplement ce que vous pensez, et je suis content; le doute m'est cent fois pire que le mal. Si vous connoissiez de quelle angoisse votre réponse, telle qu'elle soit, peut me tirer, je connois votre cœur, M. le maréchal, et je suis bien sûr que vous ne tarderiez pas à la faire.

## LETTRE CDV.

A M. MOULTOU.

Motiers, le 7 mai 1763.

Pour Dieu, cher ami, ne laissez point courir cet impertinent bruit d'une résidence auprès des cantons. Je parierois que c'est une invention de mes ennemis, pour me faire regarder comme un homme abandonné, quand on saura combien ce bruit est faux. Vous savez que je viens de perdre milord Maréchal, mon protecteur, mon ami, et le plus digne des hommes; mais vous ne pouvez savoir quelle perte je fais en lui. Pour me mettre en sûreté, autant qu'il est possible, contre la mauvaise volonté des gens de ce pays, il m'envoya, avant son départ, des lettres de naturalité : c'est peut-être ce fait augmenté et défiguré qui a donné lieu au sot bruit dont vous me parlez. Quoi qu'il en soit, jugez si dans mon accablement j'ai besoin de vous. Venez, ne laissez pas plus long-temps en presse un cœur accoutumé à s'épancher, et qui n'a plus que vous. Marquez-moi à peu près le jour de votre arrivée, et venez tomber chez moi : vous y trouverez votre chambre prête.

Comme M. Pictet m'a toujours écrit sous le couvert d'autrui, je vous adresse pour lui cette lettre, dans le doute s'il n'y a point dans une correspondance directe quelque inconvénient que je ne sais pas.

Ne vous tourmentez pas beaucoup de ce qui se fait à Genève à mon égard : cela ne m'intéresse plus guère. Je consens à vous y accompagner, si vous voulez, mais comme je ferois dans une autre ville. Mon parti est pris; mes arrangements sont faits. Nous en parlerons.

## LETTRE CDVI.

### A M. FAVRE,

Premier syndic de la république de Genève.

Motiers-Travers, le 12 mai 1763.

Monsieur,

Revenu du long étonnement où m'a jeté de la part du magnifique conseil le procédé que j'en devois le moins attendre, je prends enfin le parti que l'honneur et la raison me prescrivent, quelque cher qu'il en coûte à mon cœur.

Je vous déclare donc, monsieur, et je vous prie de déclarer au magnifique conseil que j'abdique à perpétuité mon droit de bourgeoisie et de cité dans la ville et république de Genève. Ayant rempli de mon mieux les devoirs attachés à ce titre sans jouir d'aucun de ses avantages, je ne crois point être en reste avec l'état en le quittant. J'ai tâché d'honorer le nom de Génevois ; j'ai tendrement aimé mes compatriotes ; je n'ai rien oublié pour me faire aimer d'eux ; on ne sauroit plus mal réussir : je veux leur complaire jusque dans leur haine. Le dernier sacrifice qui me reste à faire est celui d'un nom qui me fut si cher. Mais, monsieur, ma patrie, en me devenant étrangère, ne peut me devenir indifférente ; je lui reste attaché par un tendre souvenir, et je n'oublie d'elle que ses outrages. Puisse-t-elle prospérer toujours, et voir augmenter sa gloire ! Puisse-t-elle abonder en citoyens meilleurs, et surtout plus heureux que moi!

Recevez, je vous prie, monsieur, les assurances de mon profond respect.

## LETTRE CDVII.

### A MADAME LATOUR.

A Motiers, le 25 mai 1763.

Vous avez des peines, madame, qui ajoutent aux miennes, et moi l'on me fait vivre dans un tumulte continuel, qui ne rend peut-être que trop excusable l'inexactitude que vous avez la bonté de me reprocher. Je vous remercierois des choses vives que vous me dites là-dessus, si je n'y voyois qu'en rendant justice à ma négligence vous ne la rendez pas à mes sentiments. Mon cœur vous venge assez de mes torts avec vous pour vous épargner le soin de m'en punir, et ces torts ont pour principe un défaut, mais non pas un vice. Comment pouvez-vous me soupçonner de tiédeur au milieu des adversités que j'éprouve? L'heureux ne sait s'il est aimé, disoit un ancien poète; et moi j'ajoute : L'heureux ne sait pas aimer. Jamais je n'eus le cœur si tendre pour mes amis que depuis que mes malheurs m'en ont si peu laissé. Croyez-m'en, madame, je vous supplie; je vous compte avec attendrissement dans ce petit nombre, et dans les convenances qui nous lient, j'en vois avec douleur une de trop.

Je vous avoue que je ne relis pas vos lettres depuis assez long-temps : vous concluez de là qu'elles me sont indifférentes, et c'est tout le contraire. Il faudroit, pour me juger équitablement, vous faire une idée de ma situation, et cela vous est impossible; il faut la connoître pour la comprendre, je ne dois pas même tenter de vous l'expliquer. Je vous dirai seulement que, parmi des ballots de lettres que je reçois continuellement, j'en mets à part des liasses qui me sont chères, et dans lesquelles les vôtres n'occupent sûrement pas le dernier rang; mais le tout reste mêlé et confondu jusqu'à ce que j'aie le loisir d'en faire le triage. Parmi les qualités que vous avez, et qui me manquent, l'esprit d'arrangement est une de celles dont la privation me cause sinon le plus grand préjudice, au moins le plus continuel. Tous mes papiers sont pêle-mêle; pour en trouver un, il faut les feuilleter tous, et je passe ma vie et à chercher et à brouiller davantage, sans qu'après mille résolutions il m'ait jamais été possible de me corriger là-dessus. Il s'agit donc de trier vos lettres, et pour cela il faut tout renverser, tout fureter; pour mettre tout en ordre il faut commencer par tout mettre sens dessus dessous : cela demande un temps qu'on ne me laisse pas à présent, et un domicile assuré que je suis bien loin d'avoir en ce pays. Je ne prévois pas de pouvoir faire cette revue avant l'hiver, temps où la mauvaise saison forcera les importuns à me laisser quelque trève, et où ma situation sera probablement plus stable qu'elle ne l'est à présent. C'est un temps de plaisir que je me ménage, que celui que je passerai à vous relire, et à m'arranger pour pouvoir vous relire souvent. Jusqu'à ce moment, qu'il ne dépend pas de moi d'accélérer, usez, de grâce, avec moi d'indulgence, et croyez que mon cœur n'est indifférent sur rien de ce que vous m'écrivez, quoique je ne réponde pas à tout, et même que j'en oublie quelque chose.

Quoique je fusse bien fâché de recevoir le monsieur dans vos lettres, je voudrois bien, madame, y trouver un titre, et il me semble que vous me l'aviez promis : je vous avertis que ce n'est pas de ces choses qu'il soit permis d'oublier. Il faut pourtant avouer que j'en ai oublié une, et que si vous me jugez à la rigueur cet oubli me rend indigne de la savoir; c'est votre nom de baptême, que vous m'avez dit dans une de vos lettres, et que je rougis devant vous de ne pouvoir me rappeler. Je n'ai que cet aveu pour ma justification; mais vous qui lisez si bien dans les cœurs, vous excuserez le mien : quand un crime de cette espèce nous rend vraiment coupable, on ne l'avoue jamais. De grâce, le joli nom de baptême; car notez que je me souviens très-bien qu'il l'est. En vérité, vous êtes trop ma dame pour que je vous appelle madame plus long-temps.

Si je veux voir votre portrait! Ah! non seulement le voir, mais l'avoir s'il étoit possible. A la vérité, je suis bien éloigné d'avoir du superflu; mais si une copie de ce précieux portrait, faite pourtant de bonne main, pouvoit ne coûter que huit à dix pistoles, ce ne seroit pas les prendre sur mon nécessaire, ce seroit y pourvoir. Voyez ce qui se peut faire, et ce que vous pouvez permettre que je fasse. Un présent d'un prix inestimable sera votre consentement; vous sentez que ma proposition en exclut toute autre.

Je ne vous ai point envoyé, madame, d'explication ultérieure sur la terre en question; d'abord parce que je remis votre lettre à M. notre châtelain, qui l'envoya à M. de Bioley son beau-frère, et celui-ci l'a gardée un temps infini. Ensuite je trouvai que les éclaircissements qui me furent donnés verbalement n'ajoutoient rien à ce que je vous avois déjà écrit. On consent, et l'on avoit déjà consenti à toutes les consultations qui peuvent vous être utiles; on vous prie seulement de n'en parler qu'autant qu'il convient à vos intérêts. Quant aux petites parties dont la recette est composée, elle ne causent aucun embarras, puisqu'elles s'apportent toutes au château le jour marqué, et qu'on peut affermer le tout, ou charger un receveur de ce détail. Une autre raison encore à un peu ralenti le zèle que j'avois de vous voir acquérir des possessions en ce pays; mais cette raison ne regardant absolument que moi ne doit rien changer à vos projets : ainsi nous en parlerons plus à loisir.

Me voilà bien en train de babiller, et tant pis pour vous, madame, car, quand je bavarde tant, je ne sais plus ce que je dis : tant pis aussi pour moi, peut-être; j'ai peur, quand ma ferveur se réchauffe, que la vôtre ne vienne à s'attiédir. N'auroit-elle point déjà commencé?

## LETTRE CDVIII.

### A M. MARC CHAPPUIS.

Motiers, le 21 mai 1763.

Vous verrez, monsieur, je le présume, la lettre que j'écris à M. le premier syndic. Plaignez-moi, vous qui connoissez mon cœur, d'être forcé de faire une démarche qui le déchire. Mais après les affronts que j'ai reçus dans ma patrie, et qui ne sont ni ne peuvent être réparés, m'en reconnoître encore membre seroit consentir à mon déshonneur. Je ne vous ai point écrit, monsieur, durant mes disgrâces : les malheureux doivent être discrets. Maintenant que tout ce qui peut m'arriver de bien et de mal est à peu près arrivé, je me livre tout entier aux sentiments qui me plaisent et me consolent, et soyez persuadé, monsieur, je vous supplie, que ceux qui m'attachent à vous ne s'affoibliront jamais.

## LETTRE CDIX.

AU MÊME.

Motiers, le 26 mai 1763.

Je vois, monsieur, par la lettre dont vous m'avez honoré le 18 de ce mois, que vous me jugez bien légèrement dans mes disgrâces. Il en coûte si peu d'accabler les malheureux, qu'on est presque toujours disposé à leur faire un crime de leur malheur.

Vous dites que vous ne comprenez rien à ma démarche : elle est pourtant aussi claire que la triste nécessité qui m'y a réduit. Flétri publiquement dans ma patrie sans que personne ait réclamé contre cette flétrissure, après dix mois d'attente, j'ai dû prendre le seul parti propre à conserver mon honneur si cruellement offensé. C'est avec la plus vive douleur que je m'y suis déterminé : mais que pouvois-je faire? Demeurer volontairement membre de l'état après ce qui s'étoit passé, n'étoit-ce pas consentir à mon déshonneur?

Je ne comprends point comment vous m'osez demander ce que m'a fait la patrie. Un homme aussi éclairé que vous ignore-t-il que toute démarche publique faite par le magistrat est censée faite par tout l'état lorsqu'aucun de ceux qui ont droit de la désavouer ne la désavoue? Quand le gouvernement parle et que tous les citoyens se taisent, apprenez que la patrie a parlé.

Je ne dois pas seulement compte de moi aux Génevois, je le dois encore à moi-même, au public, dont j'ai le malheur d'être connu, et à la postérité, de qui je le serai peut-être. Si j'étois assez sot pour vouloir persuader au reste de l'Europe que les Génevois ont désapprouvé la procédure de leurs magistrats, ne s'y moqueroit-on pas de moi? Ne savons-nous pas, me diroit-on, que la bourgeoisie a droit de faire des représentations dans toutes les occasions où elle croit les lois lésées et où elle improuve la conduite des magistrats? Qu'a-t-elle fait ici depuis près d'un an que vous avez attendu? Si cinq ou six bourgeois seulement eussent protesté, l'on pourroit vous croire sur les sentiments que vous leur prêtez. Cette démarche étoit facile, légitime; elle ne troubloit point l'ordre public : pourquoi donc ne l'a-t-on pas faite? Le silence de tous ne dément-il pas vos assertions? Montrez-nous les signes du désaveu que vous leur prêtez. Voilà, monsieur, ce qu'on me diroit et qu'on auroit raison de me dire. On ne juge point les hommes par leurs pensées, on les juge sur leurs actions.

Il y avoit peut-être divers moyens de me venger de l'outrage, mais il n'y en avoit qu'un de le repousser sans vengeance; et c'est celui que j'ai pris.

Ce moyen, qui ne fait de mal qu'à moi, doit-il m'attirer des reproches au lieu des consolations que je devois espérer?

Vous dites que je n'avois pas droit de demander l'abdication de ma bourgeoisie : mais le dire n'est pas le prouver. Nous sommes bien loin de compte; car je n'ai point prétendu demander cette abdication, mais la donner. J'ai assez étudié mes droits pour les connoître, quoique je ne les aie exercés qu'une fois, et seulement pour les abdiquer. Ayant pour moi l'usage de tous les peuples, l'autorité de la raison, du droit naturel, de Grotius, de tous les jurisconsultes, et même l'aveu du Conseil, je ne suis pas obligé de me régler sur votre erreur. Chacun sait que tout pacte dont une des parties enfreint les conditions devient nul pour l'autre. Quand je devois tout à la patrie, ne me devoit-elle rien? J'ai payé ma dette, a-t-elle payé la sienne? On n'a jamais droit de la déserter, je l'avoue : mais quand elle nous rejette, on a toujours droit de la quitter; on le peut dans les cas que j'ai spécifiés, et même on le doit dans le mien. Le serment que j'ai fait envers elle, elle l'a fait envers moi. En violant ses engagements, elle m'affranchit des miens; et, en me les rendant ignominieux, elle me fait un devoir d'y renoncer.

Vous dites que si des citoyens se présentoient au Conseil pour demander pareille chose, vous ne seriez pas surpris qu'on les incarcérât. Ni moi non plus, je n'en serois pas surpris, parce que rien d'injuste ne doit surprendre de la part de quiconque a la force en main. Mais bien qu'une loi, qu'on n'observa jamais, défende au citoyen qui veut demeurer tel de sortir sans congé du territoire; comme on n'a pas besoin de demander l'usage d'un droit qu'on a, quand un Génevois veut quitter tout-à-fait sa patrie pour aller s'établir en pays étranger, personne ne songe à lui en faire un crime, et on ne l'incarcère point pour cela. Il est vrai qu'ordinairement cette renonciation n'est pas solennelle, mais c'est qu'ordinairement ceux qui la font, n'ayant pas reçu des affronts publics, n'ont pas besoin de renoncer publiquement à la société qui les leur a faits.

Monsieur, j'ai attendu, j'ai médité, j'ai cherché long-temps s'il y avoit quelque moyen d'éviter une démarche qui m'a déchiré. Je vous avois confié mon honneur, ô Génevois! et j'étois tranquille, mais vous avez si mal gardé ce dépôt, que vous me forcez de vous l'ôter.

Mes bons anciens compatriotes, que j'aimerai toujours malgré votre ingratitude, de grâce, ne me forcez pas, par vos propos durs et malhonnêtes, de faire publiquement mon apologie. Épargnez-moi, dans ma misère, la douleur de me défendre à vos dépens.

Souvenez-vous, monsieur, que c'est malgré moi que je suis réduit à vous répondre sur ce ton. La vérité, dans cette occasion, n'en a pas deux. Si vous m'attaquiez moins durement, je ne chercherois qu'à verser mes peines dans votre sein. Votre amitié me sera toujours chère, je me ferai toujours un devoir de la cultiver; mais je vous conjure, en m'écrivant, de ne pas me la rendre si cruelle, et de mieux consulter votre bon cœur. Je vous embrasse de tout le mien.

## LETTRE CDX.

### A M. MOULTOU.

Motiers, le 4 juin 1763.

J'ai si peu de bons moments en ma vie, qu'à peine espérois-je d'en retrouver d'aussi doux que ceux que vous m'avez donnés. Grand merci, cher ami : si vous avez été content de moi, je l'ai été encore plus de vous; cette simple vérité vaut bien vos éloges. Aimons-nous assez l'un l'autre pour n'avoir plus à nous louer.

Vous me donnez pour mademoiselle C.... une commission dont je m'acquitterai mal, précisément à cause de mon estime pour elle. Le refroidissement de M. G....[1] me fait mal penser de lui;

---

[1] * C'est du célèbre Gibbon qu'il est question, et de madame Necker dont le nom de demoiselle étoit Curchold.

j'ai revu son livre; il y court après l'esprit; il s'y guinde : M. G.... n'est point mon homme : je ne puis croire qu'il soit celui de mademoiselle C.... : qui ne sent pas son prix n'est pas digne d'elle; mais qui l'a pu sentir, et s'en détache, est un homme à mépriser. Elle ne sait ce qu'elle veut ; cet homme la sert mieux que son propre cœur. J'aime cent fois mieux qu'il la laisse pauvre et libre au milieu de vous, que de l'emmener être malheureuse et riche en Angleterre. En vérité, je souhaite que M. G.... ne vienne pas. Je voudrois me déguiser, mais je ne saurois; je voudrois bien faire, et je sens que je gâterai tout.

Je tombe des nues au jugement de M. de Monclar. Tous les hommes vulgaires, tous les petits littérateurs sont faits pour crier toujours au paradoxe, pour me reprocher d'être outré; mais lui que je croyois philosophe, et du moins logicien, quoi! c'est ainsi qu'il m'a lu! c'est ainsi qu'il me juge! Il ne m'a donc pas entendu. Si mes principes sont vrais, tout est vrai ; s'ils sont faux, tout est faux; car je n'ai tiré que des conséquences rigoureuses et nécessaires. Que veut-il donc dire? je n'y comprends rien. Je suis assurément comblé et honoré de ses éloges, mais autant seulement que je peux l'être de ceux d'un homme de mérite qui ne m'entend pas. Du reste, usez de sa lettre comme il vous plaira; elle ne peut que m'être honorable dans le public. Mais, quoi qu'il dise, il sera toujours clair entre vous et moi qu'il ne m'entend point.

Je suis accablé de lettres de Genève. Vous ne sauriez imaginer à la fois la bêtise et la hauteur de ces lettres. Il n'y en a pas une où l'auteur ne se porte pour mon juge, et ne me cite à son tribunal pour lui rendre compte de ma conduite. Un M. B.....t, qui m'a envoyé toute sa procédure, prétend que je n'ai point reçu d'affront, et que le Conseil avoit droit de flétrir mon livre, sans commencer par citer l'auteur. Il me dit, au sujet de mon livre brûlé par le bourreau, que l'honneur ne souffre point du fait *d'un tiers*. Ce qui signifie (au moins si ce mot de *tiers* veut dire ici quelque chose) qu'un homme qui reçoit un soufflet d'un autre ne doit point se tenir pour insulté. J'ai pourtant, parmi tout ce fratras, reçu une lettre qui m'a attendri jusqu'aux larmes : elle est anonyme, et, par une simplicité qui m'a touché encore en me faisant rire, l'auteur a eu soin d'y renfermer le port.

Je souhaite de tout mon cœur que les choses soient laissées comme elles sont, et que je puisse jouir tranquillement du plaisir de voir mes amis à Genève, sans affaires et sans tracas; je partirai sitôt que j'aurai reçu de vos nouvelles. Je vous manderai le jour de notre arrivée, et je vous prierai de nous louer une chaise pour partir le lendemain matin. Adieu, cher ami; mille respects à

M. votre père et à madame votre épouse ; elle n'a point à se plaindre, j'espère, de votre séjour à Motiers ; si vous y avez acquis le corps d'Émile, vous n'y avez point perdu le cœur de Saint-Preux, et je suis bien sûr que vous aurez toujours l'un et l'autre pour elle.

Voici des lettres que j'ai reçues pour vous. Mille amitiés à M. Le Sage. Je vous embrasse de tout mon cœur.

## LETTRE CDXI.

### A M. A. A.

Motiers, le 5 juin 1763.

Voici, monsieur, la petite réponse que vous demandez aux petites difficultés qui vous tourmentent dans ma lettre à M. de Beaumont [1].

1º Le christianisme n'est que le judaïsme expliqué et accompli. Donc les apôtres ne transgressoient point les lois des Juifs quand ils leur ensei-

---

1 * Voici le passage objecté :
« Je crois qu'un homme de bien, dans quelque religion qu'il
« vive de bonne foi, peut être sauvé. Mais je ne crois pas pour
« cela qu'on puisse légitimement introduire dans un pays des reli-
« gions étrangères sans la permission du souverain ; car si ce n'est
« pas directement désobéir à Dieu, c'est désobéir aux lois, et qui
« désobéit aux lois désobéit à Dieu. » ( *Lettre à M. de Beaumont.* )

gnoient l'Évangile : mais les Juifs les persécutèrent, parce qu'ils ne les entendoient pas, ou qu'ils feignoient de ne les pas entendre : ce n'est pas la seule fois que le cas est arrivé.

2º J'ai distingué les cultes où la religion essentielle se trouve, et ceux où elle ne se trouve pas. Les premiers sont bons, les autres mauvais ; j'ai dit cela. On n'est obligé de se conformer à la religion particulière de l'état, et il n'est même permis de la suivre, que lorsque la religion essentielle s'y trouve, comme elle se trouve, par exemple, dans diverses communions chrétiennes, dans le mahométisme, dans le judaïsme ; mais dans le paganisme, c'étoit autre chose ; comme très-évidemment la religion essentielle ne s'y trouvoit pas, il étoit permis aux apôtres de prêcher contre le paganisme, même parmi les païens, et même malgré eux.

3º Quand tout cela ne seroit pas vrai, que s'ensuivroit-il ? Bien qu'il ne soit pas permis aux membres de l'état d'attaquer de leur chef la foi du pays, il ne s'ensuit point que cela ne soit pas permis à ceux à qui Dieu l'ordonne expressément. Le catéchisme vous apprend que c'est le cas de la prédication de l'Évangile. Parlant humainement, j'ai dit le devoir commun des hommes ; mais je n'ai point dit qu'ils ne dussent point obéir quand Dieu a parlé. Sa loi peut dispenser d'obéir aux lois humaines ; c'est un principe de votre foi que je n'ai point combattu. Donc en introduisant une religion étrangère sans la permission du souverain, les apôtres n'étoient point coupables. Cette petite réponse est, je pense, à votre portée, et je pense qu'elle suffit.

Tranquillisez-vous donc, monsieur, je vous prie, et souvenez-vous qu'un bon chrétien, simple et ignorant, tel que vous m'assurez être, devroit se borner à servir Dieu dans la simplicité de son cœur, sans s'inquiéter si fort des sentimens d'autrui.

## LETTRE CDXII.

### A M. THÉODORE ROUSSEAU.

Motiers, le 5 juin 1763.

Je vous aurois envoyé sur-le-champ, mon très-cher cousin, la copie que vous me demandez, de ma lettre à M. le premier syndic, si je n'eusse été informé que cette lettre étoit publique à Genève, peu de jours après sa réception, de sorte que je ne puis douter que vous n'en ayez eu communication peu de temps après l'envoi de la vôtre. Si cependant cela n'étoit pas, demandez-en communication à M. Chappuis ou à M. Deluc; ils ne vous la refuseront sûrement pas. Tout le monde me demande des copies de mes lettres, sans songer que je n'ai point de secrétaire, et que quand je passerois ma vie à faire des copies, je ne suffirois pas à la curiosité du public. Votre cas, mon cher cousin, est très-différent, et j'en fais bien la distinction : aussi si je pouvois présumer que vous n'eussiez pas déjà celle que vous me demandez, vous la ferois-je à l'instant. Mais je suis assuré que ce seroit un soin superflu.

Il me semble que vous vous exprimez avec moi en termes peu convenables sur la triste démarche que j'ai été obligé de faire pour la défense de mon honneur, chargé par le Conseil d'une flétrissure publique, contre laquelle personne n'a réclamé, et à laquelle ce seroit consentir que de rester volontairement membre de l'état où je l'ai reçue. Vous devez sentir et plaindre mon affliction dans une démarche nécessaire qui me déchire : mais quel droit avez-vous de me supposer irrité lorsque je ne fais du mal qu'à moi? Vous dites que c'est un coup sanglant pour mes parents; et tout au contraire, c'est un soin cruel, mais indispensable, que je devois à ma personne, à mon nom, à ceux qui le portent ainsi que moi. Si j'étois capable de boire des affronts sans m'en défendre, c'est alors que ma famille auroit droit de se plaindre de l'avilissement qu'elle partageroit avec moi. J'attendois de vous des remerciements pour n'avoir pas laissé déshonorer votre nom. J'espérois du moins que vous me plaindriez dans mes malheurs. Dispensez-vous, je vous prie, à l'avenir de me faire des reproches injustes et déraisonnables que je n'ai sûrement pas mérités. Du reste, soyez persuadé, mon cher cousin, qu'en renonçant à ma patrie je n'ai point renoncé à ma famille : elle me sera toujours chère. Et mon cher cousin Théodore doit être assuré de trouver toujours en moi un bon parent et ami qui ne l'oubliera jamais. Je vous embrasse de tout mon cœur.

## LETTRE CDXIII.

### A MADAME LATOUR.

A Motiers, le 17 juin 1763.

Quel silence ! quel temps j'ai choisi pour le garder ! O cette charmante Marianne ! que pensera-t-elle, que dira-t-elle maintenant de celui qu'elle a honoré du précieux nom d'ami, et qui, pour prix de ce bienfait, se tait avec elle depuis six semaines ? Quand je pense combien je suis coupable, la plume me tombe des mains, et je n'ai pas le front de continuer d'écrire. Il le faut cependant, pour ne pas aggraver le crime par le repentir. Soyez donc aussi clémente qu'aimable ; acceptez ma contrition. Je ne mérite grâce qu'en un seul point, mais tel qu'il suffira pour l'obtenir de vous, je l'espère : c'est que je sens tout mon crime, et ne cherche point à l'excuser.

En vérité, je suis bien heureux que vous soyez si bonne; car, si vous vouliez ne pas l'être, vous auriez de terribles manières de tirer sur les gens. *Il n'y a pas jusqu'à l'exactitude de l'adresse qui ne m'ait été jusqu'à l'ame.* C'est une bombe que cela, douce Marianne, et je m'en sens d'autant plus écrasé, que je ne l'ai que trop attirée. Ce qu'il y a de plus humiliant pour moi est qu'à présent même elle m'échappe encore, cette adresse qui m'est pourtant si chère, et qu'il faudra qu'avant d'envoyer cette lettre j'aille passer trois heures à la rechercher dans un plein coffre de papiers qui me sont tous aussi importants, mais non pas aussi chers que vos lettres. Malgré cela, si vous lisiez dans mon cœur, vous le verriez plein de sentiments pour vous, dont l'effet peut aller plus loin que de mettre exactement une adresse.

Vous ne voulez pas me laisser échapper sur la petite chose que je disois me déplaire en vous. Il faut pourtant que vous me fassiez grâce encore sur ce point; car il m'est impossible de vous satisfaire, et vous seriez bien étonnée si je vous en disois la raison. Qu'il vous suffise, je vous supplie, d'être sûre comme vous devez l'être, puisque c'est la vérité, que cette petite chose, si jamais elle a existé, n'existe plus; que de toutes les choses que je connois de vous, il y en a mille qui m'enchantent, et pas une qui me déplaise, surtout depuis que vous n'exigez plus, dans notre commerce, l'exactitude qu'il m'est impossible d'y mettre; mais j'avoue que si la vôtre se relâche, je me voudrois bien du mal de n'oser vous rien reprocher.

Je ne l'aurai donc point, le portrait de cette charmante Marianne! elle l'a ainsi décidé. Je vous avoue pourtant que la raison sur laquelle vous me refusez la permission de le faire copier m'auroit fait rire, si le refus m'eût moins fâché. Un pauvre barbon malade et sec comme moi doit être bien fier de n'être pas pour vous un homme sans conséquence : mais puisque j'en porte les charges, j'en devrois bien avoir aussi les droits.

Il est vrai, madame, que, selon la loi, les catholiques ne peuvent pas acquérir des terres dans le canton de Berne; mais on m'assure que les permissions ne sont pas difficiles à obtenir; et, en effet, il y en a divers exemples, du moins à ce qu'on me dit; car, pour moi, je n'en connois pas. J'ai écrit dans le canton même pour avoir des éclaircissements plus sûrs; mais je n'ai pas encore de réponse. Pour moi, si cette acquisition ne peut se faire, j'en serai bien consolé, puisque si ma santé me le permet, je suis déterminé à quitter ce pays, et que si elle ne me le permet pas, je ne serois pas en état d'y profiter de votre voisinage. Milord Maréchal a pris tout de bon son parti, et va en Écosse, où je l'irai joindre sitôt que je serai en état de supporter le voyage, ce que malheureusement je ne saurois à présent, sans quoi je serois déjà parti pour la Hollande, où il m'a marqué qu'il m'attendoit quelque jours. Malgré mon dépérissement je ne puis renoncer à la douce espérance d'aller enfin passer le reste de ma vie en paix entre George Keith et David Hume.

Bonjour, belle Marianne; je voudrois bien qu'au lieu d'habiter le quartier du Palais-Royal, vous habitassiez la ville d'Aberdeen [1]; j'aurois du moins quelque espoir de vous y voir un jour.

## LETTRE CDXIV.

### A M. MOULTOU.

Motiers-Travers, ce lundi 27 juin 1763.

Je suis en peine de vous, mon cher Moultou; seriez-vous malade? Je le demande à tout le monde, et ne puis avoir de réponse. Vous qui étiez si exact à m'écrire dans les autres temps, comment vous taisez-vous dans la circonstance présente? Ce silence a quelque chose d'alarmant.

Je viens de recevoir une lettre de M. Marc

---

[1] * Milord Maréchal pressoit Rousseau de venir en Écosse avec lui. Ses terres étoient près d'Aberdeen, ville maritime de ce pays.

Chappuis, dans laquelle il me parle ainsi : « Vous
« avez envoyé dans cette ville copie de la lettre
« que vous m'avez fait l'honneur de m'écrire le
« 26 mai dernier... Cette copie, que je n'ai point
« vue, est tronquée, ce que m'a assuré M. Moultou,
« qui m'est venu demander lecture de l'original. »

Cet étrange passage demande explication. Je l'attends de vous, mon cher Moultou; et ce n'est qu'après avoir reçu votre réponse que je ferai la mienne à M. Chappuis. M. de Sautern vous fait mille amitiés; recevez les respects de mademoiselle Le Vasseur et les embrassements de votre ami.

## LETTRE CDXV.

### AU MÊME.

Motiers-Travers, ce 7 juillet 1763.

Votre avis est honnête et sage. J'y reconnois la voix d'un ami : je vous remercie, et j'en profite. Mais avec aussi peu de crédit à Genève, que puis-je faire pour m'y faire écouter, surtout dans une affaire qui n'est pas tellement la mienne qu'elle ne soit aussi celle de tous? Renoncez, au moins pour ma part, à l'intérêt que j'y puis avoir, en déclarant nettement, comme je le fais aujourd'hui, qu'à quelque prix que ce soit je n'accepterai jamais la restitution de ma bourgeoisie, et que je ne rentrerai jamais dans Genève. J'ai fait serment de l'un et de l'autre : ainsi me voilà lié sans retour ; et tout ce qu'on peut faire pour me rappeler est par conséquent inutile et vain. J'écris de plus à Deluc une lettre très-forte, pour l'engager à se retirer; j'en écris autant à mon cousin Rousseau. Voilà tout ce que je puis faire; et je le fais de très-bon cœur : rien de plus ne dépend de moi. L'interprétation qu'on donne à ma lettre à Chappuis est aussi raisonnable que si, lorsque j'ai dit *non*, l'on en concluoit que j'ai voulu dire *oui*. Voulez-vous que je me défende devant des fourbes ou des stupides? Je n'ai jamais rien su dire à ces gens-là, et je ne veux pas commencer. Ma conduite est, ce me semble, uniforme et claire; pour l'interpréter il ne faut que du bon sens et un cœur droit. Adieu, cher Moultou. J'aurois bien quelque chose à vous représenter sur ce que vous avez dit à Chappuis, que j'avois tronqué la copie de sa lettre ; car, quoique cela ait été dit à bonne intention, il ne faut pas déshonorer ses amis pour les servir [1]. Vous m'avouez, à la vérité, que cette copie n'est point tronquée; mais il croit, lui, qu'elle l'est : il le doit croire, puisque vous le lui avez dit, et il part de là pour me croire et me dire

---

1 * Il ne m'avoit pas compris, et vit bien que je savois aussi bien que lui cette maxime. ( *Note de M. Moultou.* )

un homme capable de falsification. Il ne me paroît pas avoir si grand tort, quoiqu'il se trompe.

Au reste, quoi que vous en puissiez dire, je ne lui écrirai point comme à mon ami, puisque je sais qu'il ne l'est pas. J'écris à M. de Gauffecourt. O ce respectable Abauzit! je suis donc condamné à ne le revoir jamais! Ah! je me trompe, j'espère le voir dans le séjour des justes! En attendant que cette commune patrie nous rassemble, adieu, mon ami.

Le pauvre baron est parti en me chargeant de mille choses pour vous. Je suis resté seul, et dans quel moment!

## LETTRE CDXVI.

### A M. DELUC.

Motiers, le 7 juillet 1763.

Je crains, mon cher ami, que votre zèle patriotique n'aille un peu trop loin dans cette occasion, et que votre amour pour les lois n'expose à quelque atteinte la plus importante de toutes, qui est le salut de l'état. J'apprends que vous et vos dignes concitoyens méditez de nouvelles représentations; et la certitude de leur inutilité me fait craindre qu'elles ne compromettent enfin vis-à-vis les uns des autres ou la bourgeoisie, ou les magistrats. Je ne prétends pas me donner dans cette affaire une importance qu'au surplus je ne tiendrois que de mes malheurs : je sais que vous avez à redresser des griefs qui, bien que relatifs à de simples particuliers, blessent la liberté publique. Mais, soit que je considère cette démarche relativement à moi, ou relativement au corps de la bourgeoisie, je la trouve également inutile et dangereuse ; et j'ajoute même que la solidité de vos raisons tournera toute à votre commun préjudice, en ce qu'ayant mis en poudre les sophismes de sa réponse, vous forcerez le Conseil à ne pouvoir plus répliquer que par un sec *Il n'y a lieu*, et par conséquent de rentrer, par le fait, en possession de son prétendu droit négatif[1], qui réduiroit à rien celui que vous avez de faire des représentations. Que si, après cela, vous vous obstinez à poursuivre le redressement de griefs (que très-certainement vous n'obtiendrez point), il ne vous reste plus qu'une seule voie légitime, dont l'effet n'est rien moins qu'assuré, et qui, donnant atteinte à votre souveraineté, établiroit une planche très-dangereuse, et seroit un mal beaucoup pire que celui que vous voulez réparer.

[1] * Voyez ce qui est dit sur ce *droit* qu'avoit ou que s'arrogeoit le Sénat ou petit Conseil, dans le tableau qui se trouve en tête des *Lettres de la Montagne* (tome x de cette édition), de la constitution de Genève à l'époque où Rousseau écrivoit.

Je sais qu'une famille intrigante et rusée [1], s'étayant d'un grand crédit au-dehors, sape à grands coups les fondements de la république, et que ses membres, jongleurs adroits et gens à deux envers, mènent le peuple par l'hypocrisie et les grands par l'irréligion. Mais vous et vos concitoyens devez considérer que c'est vous-mêmes qui l'avez établie, qu'il est trop tard pour tenter de l'abattre, et qu'en supposant même un succès qui n'est pas à présumer, vous pourriez vous nuire encore plus qu'à elle, et vous détruire en l'abaissant. Croyez-moi, mes amis, laissez-la faire; elle touche à son terme, et je prédis que sa propre ambition la perdra sans que la bourgeoisie s'en mêle. Ainsi, par rapport à la république, ce que vous voulez faire n'est pas utile en ce moment; le succès est impossible, ou seroit funeste, et tout reprendra son cours naturel avec le temps.

Par rapport à moi, vous connoissez ma manière de penser, et M. d'Ivernois, à qui j'ai ouvert mon cœur à son passage ici, vous dira, comme je vous l'ai écrit, et à tous mes amis, que, loin de désirer en cette circonstance des représentations, j'aurois voulu qu'elles n'eussent point été faites, et que je désire encore plus qu'elles n'aient aucune suite. Il est certain, comme je l'ai écrit à M. Chappuis, qu'avant ma lettre à M. Favre, des représentations de quelques membres de la bourgeoisie, suffisant

[1] La famille Tronchin.

pour marquer qu'elle improuvoit la procédure, et mettant par conséquent mon honneur à couvert, eussent empêché une démarche que je n'ai faite que par force, avec douleur, et quand je ne pouvois plus m'en dispenser sans consentir à mon déshonneur; mais une fois faite, et mon parti pris, cette démarche ne me laissant plus qu'un tendre souvenir de mes anciens compatriotes, et un désir sincère de les voir vivre en paix, toute démarche subséquente, et relative à celle-là, m'a paru déplacée, inutile, et je ne l'ai ni désirée ni approuvée. J'avoue toutefois que vos représentations m'ont été honorables, en montrant que la procédure faite contre moi étoit contraire aux lois, et improuvée par la plus saine partie de l'état. Sous ce point de vue, quoique je n'aie point acquiescé à ces représentations, je ne puis en être fâché. Mais tout ce que vous ferez de plus maintenant n'est propre qu'à en détruire le bon effet, et à faire triompher mes ennemis et les vôtres, en criant que vous donnez à la vengeance ce que vous ne donnez qu'au maintien des lois.

Je vous conjure donc, mon vertueux ami, par votre amour pour la patrie et pour la paix, de laisser tomber cette affaire, ou même d'en abandonner ouvertement la poursuite, au moins pour ce qui me regarde, afin que votre exemple entraîne ceux qui vous honorent de leur confiance, et que les griefs d'un particulier qui n'est plus rien à l'état n'en troublent point le repos. Ne soyez en peine ni du jugement qu'on portera de cette retraite, ni du préjudice qu'en pourroit souffrir la liberté. La réponse du Conseil, quoique tournée avec toute l'adresse imaginable, prête le flanc de tant de côtés, et vous donne de si grandes prises, qu'il n'y a point d'homme un peu au fait qui ne sente le motif de votre silence, et qui ne juge que vous vous taisez pour avoir trop à dire. Et quant à la lésion des lois, comme elle en deviendra d'autant plus grande qu'on en aura plus vivement poursuivi la réparation sans l'obtenir, il vaut mieux fermer les yeux dans une occasion où le manteau de l'hypocrisie couvre les attentats contre la liberté, que de fournir aux usurpateurs le moyen de consommer, au nom de Dieu, l'ouvrage de leur tyrannie.

Pour moi, mon cher ami, quelque disposé que je fusse à me prêter à tout ce qui pouvoit complaire à mes anciens concitoyens, et à reprendre avec joie un titre qui me fut si cher, s'il m'eût été restitué de leur gré, d'un commun accord, et d'une manière qui me l'eût pu rendre acceptable, vos démarches en cette occasion, et les maux qui peuvent en résulter, me forcent à changer de résolution sur ce point, et à en prendre une dont, quoi qu'il arrive, rien ne me fera départir. Je vous déclare donc, et j'en ai fait le serment, que de mes jours je ne remettrai le pied dans vos murs, et que, content de nourrir dans mon cœur les sentiments d'un vrai citoyen de Genève, je n'en reprendrai jamais le titre : ainsi toute démarche qui pourroit tendre à me le rendre est inutile et vaine. Après avoir sacrifié mes droits les plus chers à l'honneur, je sacrifie aujourd'hui mes espérances à la paix. Il ne me reste plus rien à faire. Adieu.

## LETTRE CDXVII.

### A M. DE GAUFFECOURT.

Motiers, le 7 juillet 1763.

J'apprends, cher papa, que vous êtes à Genève, et cela redouble mon regret de ne pouvoir passer dans cette ville, comme je comptois faire, après toutes ces tracasseries, pour aller à Chambéri voir mes anciens amis. Forcé de renoncer à ma bourgeoisie, pour ne pas consentir à mon déshonneur, j'aurois passé comme un étranger ; et avec quel plaisir j'eusse oublié, dans les bras du cher Gauffecourt tous les maux qu'on rassemble sur ma tête ! Mais les démarches tardives et déplacées de la bourgeoisie, et l'étrange réponse du Conseil, me forcent, de peur d'attiser le feu par ma présence, à m'abstenir d'un voyage que je voulois faire en paix. Après s'être tu quand il falloit parler, on parle quand il faut se taire et que tout ce qu'on peut dire n'est plus bon à rien.

L'affection que j'aurai toujours pour ma patrie me fait désirer sincèrement que tout ceci, qui s'est fait contre mon gré, n'ait aucune suite, et je l'ai écrit à mes amis. Mais ne m'ayant ni défendu dans mon malheur, ni consulté dans leur démarche, auront-ils plus d'égard à mes représentations, qu'ils n'en eurent à mes intérêts lorsqu'ils n'étoient que ceux des lois et les leurs ? Dans le doute de mon crédit sur leur esprit, j'ai pris le dernier parti que je devois prendre, en leur déclarant que, quoi qu'il arrivât, et quoi qu'ils fissent, je ne reprendrois jamais le titre de leur citoyen [1], et ne rentrerois jamais dans leurs murs. C'est à quoi je suis aussi très-déterminé, et c'est le seul moyen qui me restoit d'assoupir toute cette affaire, autant du moins que mon intérêt y peut influer. Ce seroit, j'en conviens, me donner une importance bien ridicule, si on ne l'eût rendue nécessaire, et dont je ne saurois d'ailleurs être fort vain, puisque je ne la dois qu'à mes malheurs. Ainsi, rien ne manque à mes sacrifices. Puissent-ils être aussi utiles que je les fais de bon cœur, quoique déchiré !

---

[1] *.....De leur citoyen.* Conforme au texte de l'édition donnée par du Peyrou en 1790, où cette lettre a été imprimée pour la première fois, et où, par erreur sans doute, on a mis *citoyen* pour *concitoyen.*

Ce qui m'afflige le plus dans cette résolution est l'impossibilité où elle me met d'embrasser jamais mes amis à Genève, ni vous par conséquent qui êtes le plus ancien de tous. Faut-il donc renoncer pour toujours à cet espoir? Cher papa, j'espère que votre santé raffermie ne vous rend plus les bains d'Aix nécessaires ; mais jadis c'étoit pour vous un voyage de plaisir plus que de besoin. S'il pouvoit l'être encore, quelle consolation ce seroit pour moi d'aller vous y voir! Je crois que je mourrois de joie en vous serrant dans mes bras. Je traverserois le lac, le Chablais, le Faucigny, pour vous aller joindre. L'amitié me donneroit des forces; la peine ne me coûteroit rien.

On dit que les jongleurs ont acheté Marc Chappuis avec votre emploi. Je les trouve bien prodigues dans leurs emplettes. Il est vrai que celle-là se fait à vos dépens, et c'est tout ce qui m'en fâche. Assurément, si je n'ai pas une belle statue, ce ne sera pas la faute des jongleurs; ils se tourmentent furieusement pour en élever le piédestal. Donnez-moi de vos nouvelles. Je vous embrasse de tout mon cœur.

## LETTRE CDXVIII.

A M. USTERI, professeur a zurich,

Sur le chapitre viii du dernier livre du Contrat social.

Motiers, le 15 juillet 1763.

Quelque excédé que je sois de disputes et d'objections, et quelque répugnance que j'aie d'employer à ces petites guerres le précieux commerce de l'amitié, je continue à répondre à vos difficultés, puisque vous l'exigez ainsi. Je vous dirai donc, avec ma franchise ordinaire, que vous ne me paroissez pas avoir bien saisi l'état de la question. La grande société, la société humaine en général, est fondée sur l'humanité, sur la bienfaisance universelle. Je dis et j'ai toujours dit que le christianisme est favorable à celle-là.

Mais les sociétés particulières, les sociétés politiques et civiles ont un tout autre principe; ce sont des établissements purement humains, dont par conséquent le vrai christianisme nous détache comme de tout ce qui n'est que terrestre. Il n'y a que les vices des hommes qui rendent ces établissements nécessaires, et il n'y a que les passions humaines qui les conservent. Otez tous les vices à vos chrétiens, ils n'auront plus besoin de magistrats ni de lois; ôtez-leur toutes les passions humaines, le lien civil perd à l'instant tout son ressort : plus d'émulation, plus de gloire, plus d'ardeur pour les préférences. L'intérêt particulier est détruit; et, faute d'un soutien convenable, l'état politique tombe en langueur.

Votre supposition d'une société politique et rigoureuse de chrétiens, tous parfaits à la rigueur, est donc contradictoire; elle est encore outrée quand vous n'y voulez pas admettre un seul homme injuste, pas un seul usurpateur. Sera-t-elle plus parfaite que celle des apôtres? et cependant il s'y trouva un Judas..... Sera-t-elle plus parfaite que celle des anges? et le diable, dit-on, en est sorti. Mon cher ami, vous oubliez que vos chrétiens seront des hommes, et que la perfection que je leur suppose est celle que peut comporter l'humanité. Mon livre n'est pas fait pour les dieux.

Ce n'est pas tout. Vous donnez à vos citoyens un tact moral, une finesse exquise : et pourquoi? parce qu'ils sont bons chrétiens. Comment! nul ne peut être bon chrétien à votre compte sans être un La Rochefoucauld, un La Bruyère? A quoi pensoit donc notre maître, quand il bénissoit les pauvres en esprit? Cette assertion-là, premièrement, n'est pas raisonnable, puisque la finesse du tact moral ne s'acquiert qu'à force de comparaisons, et s'exerce même infiniment mieux sur les vices que l'on cache que sur les vertus qu'on ne cache point. Secondement, cette même assertion est contraire à toute expérience, et l'on voit constamment que c'est dans les plus grandes villes, chez les peuples les plus corrompus, qu'on apprend à mieux pénétrer dans les cœurs, à mieux observer les hommes, à mieux interpréter leurs discours par leurs sentiments, à mieux distinguer la réalité de l'apparence. Nierez-vous qu'il n'y ait d'infiniment meilleurs observateurs moraux à Paris qu'en Suisse? ou conclurez-vous de là qu'on vit plus vertueusement à Paris que chez vous?

Vous dites que vos citoyens seroient infiniment choqués de la première injustice. Je le crois; mais quand ils la verroient, il ne seroit plus temps d'y pourvoir, et d'autant mieux qu'ils ne se permettroient pas aisément de mal penser de leur prochain, ni de donner une mauvaise interprétation à ce qui pourroit en avoir une bonne. Cela seroit trop contraire à la charité. Vous n'ignorez pas que les ambitieux adroits se gardent bien de commencer par des injustices; au contraire, ils n'épargnent rien pour gagner d'abord la confiance et l'estime publique par la pratique extérieure de la vertu; ils ne jettent le masque et ne frappent les grands coups que quand leur partie est bien liée, et qu'on n'en peut plus revenir. Cromwell ne fut connu pour un tyran qu'après avoir passé quinze ans pour le vengeur des lois et le défenseur de la religion.

Pour conserver votre république chrétienne, vous rendrez ses voisins aussi justes qu'elle : à la bonne heure ; je conviens qu'elle se défendra toujours assez bien pourvu qu'elle ne soit point attaquée. A l'égard du courage que vous donnez à ses soldats, par le simple amour de la conservation, c'est celui qui ne manque à personne. Je lui ai donné un motif encore plus puissant sur des chrétiens, savoir, l'amour du devoir. Là-dessus, je crois pouvoir, pour toute réponse, vous renvoyer à mon livre, où ce point est bien discuté. Comment ne voyez-vous pas qu'il n'y a que de grandes passions qui fassent de grandes choses ? Qui n'a d'autre passion que celle de son salut ne fera jamais rien de grand dans le temporel. Si Mutius Scœvola n'eût été qu'un saint, croyez-vous qu'il eût fait lever le siége de Rome ? Vous me citerez peut-être la magnanime Judith. Mais nos chrétiennes hypothétiques, moins barbarement coquettes, n'iront pas, je crois, séduire leurs ennemis, et puis coucher avec eux pour les massacrer durant leur sommeil.

Mon cher ami, je n'aspire pas à vous convaincre. Je sais qu'il n'y a pas deux têtes organisées de même, et qu'après bien des disputes, bien des objections, bien des éclaircissements, chacun finit toujours par rester dans son sentiment comme auparavant. D'ailleurs, quelque philosophe que vous puissiez être, je sens qu'il faut toujours un peu tenir à l'état. Encore une fois, je vous réponds parce que vous le voulez; mais je ne vous en estimerai pas moins pour ne pas penser comme moi. J'ai dit mon avis au public, et j'ai cru le devoir dire, en choses importantes et qui intéressent l'humanité. Au reste, je puis m'être trompé toujours; et je me suis trompé souvent sans doute. J'ai dit mes raisons; c'est au public, c'est à vous à les peser, à les juger, à choisir. Pour moi, je n'en sais pas davantage, et je trouve très-bon que ceux qui ont d'autres sentiments les gardent, pourvu qu'ils me laissent en paix dans le mien.

## LETTRE CDXIX.

### A M. F. H. ROUSSEAU.

Juillet 1763.

Une absence de quelques jours m'a empêché, mon très-cher cousin, de répondre plus tôt à votre lettre, et de vous marquer mon regret sur la perte de mon cousin votre père. Il a vécu en homme d'honneur, il a supporté la vieillesse avec courage, et il est mort en chrétien. Une carrière ainsi passée est digne d'envie : puissions-nous, mon cher cousin, vivre et mourir comme lui !

Quant à ce que vous me marquez des représentations qui ont été faites à mon sujet, et auxquelles vous avez concouru, je reconnois, mon cher cousin, dans cette démarche le zèle d'un bon parent et d'un digne citoyen ; mais j'ajouterai qu'ayant été faites à mon insu, et dans un temps où elles ne pouvoient plus produire aucun effet utile, il eût peut-être été mieux qu'elles n'eussent point été faites, ou que mes amis et parents n'y eussent point acquiescé. J'avoue que l'affront reçu par le Conseil est pleinement réparé par le désaveu authentique de la plus saine partie de l'état : mais comme il peut naître de cette démarche des semences de mésintelligence, auxquelles même, après ma retraite, je serois au désespoir d'avoir donné lieu, je vous prie, mon cher cousin, vous et tous ceux qui daignent s'intéresser à moi, de vouloir bien, du moins pour ce qui me regarde, renoncer à la poursuite de cette affaire, et vous retirer du nombre des représentants. Pour moi, content d'avoir fait en toute occasion mon devoir envers ma patrie autant qu'il a dépendu de moi, j'y renonce pour toujours, avec douleur, mais sans balancer ; et afin que le désir de mon rétablissement n'y trouble jamais la paix publique, je déclare que, quoi qu'il arrive, je ne reprendrai de mes jours le titre de citoyen de Genève, ni ne rentrerai dans ses murs. Croyez que mon attachement pour mon pays ne tient ni aux droits, ni au séjour, ni au titre, mais à des nœuds que rien ne sauroit briser; croyez aussi, mon très-cher cousin, qu'en cessant d'être votre concitoyen, je n'en reste pas moins pour la vie votre bon parent et véritable ami.

## LETTRE CDXX.

### A M. DUCLOS.

Motiers, le 30 juillet 1763.

Bien arrivé, mon cher philosophe. Je prévoyois votre jugement sur l'Angleterre. Pour des yeux comme les vôtres, les hommes sont les mêmes par tout pays; les nuances qui les distinguent sont trop superficielles, le fond de l'étoffe domine toujours. Tout comparé, vous vous décidez pour votre pays : ce choix est naturel. Après y avoir passé les plus belles années de ma vie, j'en ferois de bon cœur autant. Je crois pourtant qu'en général j'aimerois mieux que mon ami fût Anglois que François. J'avois beaucoup d'amis en France ; mes disgrâces sont venues, et j'en ai conservé deux. En Angleterre, j'en aurois eu moins peut-être, mais je n'en aurois perdu aucun.

J'ai fait pour mon pays ce que j'ai fait pour mes amis. J'ai tendrement aimé ma patrie, tant que j'ai cru en avoir une. A l'épreuve, j'ai trouvé que je me trompois. En me détachant d'une chimère, j'ai cessé d'être un homme à visions ; voilà tout. Vous voudriez que je fisse un manifeste ; c'est supposer que j'en ai besoin. Cela me paroît bizarre qu'il faille toujours me justifier de l'iniquité d'autrui, et que je sois toujours coupable, uniquement parce que je suis persécuté. Je ne vis point dans le monde, je n'y ai nulle correspondance, je ne sais rien de ce qui s'y dit. Mes ennemis y sont à leur aise ; ils savent bien que leurs discours ne me parviennent pas. Me voilà donc, comme à l'inquisition, forcé de me défendre sans savoir de quoi je suis accusé.

En parlant de la renonciation à ma bourgeoisie vous dites que beaucoup de citoyens ont réclamé en ma faveur ; que j'avois donc des exceptions à faire. Entendons-nous, mon cher philosophe : les réclamations dont vous parlez n'ayant été faites qu'après ma démarche, ne pouvoient pas me fournir un motif pour m'en abstenir. Cette démarche n'a point été précipitée, elle n'a été faite qu'après dix mois d'attente, durant lesquels personne n'a dit un mot en public, si ce n'est contre moi. Alors le consentement de tous étant présumé de leur silence, rester volontairement membre d'un état où j'avois été flétri, n'étoit-ce pas consentir moi-même à mon déshonneur ? et me restoit-il une voie plus honnête, plus juste, plus modérée de protester contre cette injure, que de me retirer paisiblement de la société où elle m'avoit été faite? Nos lois les plus précises ayant été, de toutes manières, foulées aux pieds à mon égard, à quoi pouvois-je rester engagé de mon côté, lorsque les liens de la patrie n'étoient plus rien envers moi que ceux de l'ignominie, de l'injustice et de la violence?

Cette retraite fit ouvrir les yeux à la bourgeoisie : elle sentit son tort, elle en eut honte; et, selon le retour ordinaire de l'amour-propre, pour s'en disculper, elle tâcha de me l'imputer. On m'écrivit des lettres de reproches. En réponse, j'exposai mes raisons : elles étoient sans réplique. On voulut trop tard réparer la faute et revenir sur une chose faite. On n'avoit rien dit quand il falloit parler; on parla quand il ne restoit qu'à se taire, et tout ce qu'on pouvoit dire n'aboutissoit plus à rien. La bourgeoisie fit des représentations, le Conseil les éluda par des réponses dont l'adresse ne put sauver le ridicule : mais il y a long-temps qu'on s'est mis au-dessus des sifflets. La bourgeoisie voulut insister; les esprits s'échauffoient, la mésintelligence alloit devenir brouillerie, et peut-être pis. Je vis alors qu'il me restoit quelque chose à faire. Mes amis savoient que, toujours attaché par le cœur à mon pays, je reprendrois avec joie le titre auquel j'avois été forcé de renoncer, lorsque d'un commun accord il me seroit convenablement rendu. Le désir de mon rétablissement paroissoit être le seul motif de leur démarche; il falloit leur ôter cette source de discorde. Pour leur faire abandonner la poursuite d'une affaire qui pouvoit les mener trop loin, je leur ai donc déclaré que jamais, quoi qu'il arrivât, je ne rentrerois dans leurs murs; que jamais je ne reprendrois la qualité de leur concitoyen, et qu'ayant confirmé par serment cette résolution, je n'étois plus le maître d'en changer. Comme je n'ai voulu conserver aucune correspondance suivie à Genève, j'ignore absolument ce qui s'y est passé depuis ce temps-là : mais voilà ce que j'ai fait. Après avoir sacrifié mes droits les plus chers à mon honneur outragé, j'ai sacrifié à la paix mes dernières espérances. Tels sont mes torts dans cette affaire; je ne m'en connois point d'autres.

Vous voudriez, dites-vous, que je fisse voir à tout le monde comment, étant mal avec beaucoup de gens, je devrois être bien avec tous : mais je serois fort embarrassé moi-même de dire pourquoi je suis mal avec quelqu'un; car je défie qui que ce soit au monde d'oser dire que je lui aie jamais fait ou voulu le moindre mal. Ceux qui me persécutent ne me persécutent que pour le seul plaisir de nuire : ceux qui me haïssent ne peuvent me haïr qu'à cause du mal qu'ils m'ont fait. Ils se complaisent dans leur ouvrage; ils ne me pardonneront jamais leur propre méchanceté. Or, qu'ils fassent donc tout à leur aise; bientôt je pourrai les mettre au pis. Cependant ils auront beau m'accabler de maux, il leur en reste un pour ma vengeance que je leur défie de me faire éprouver; c'est le tourment de la haine, avec lequel je les tiens plus malheureux que moi. Voilà tout ce que je puis dire sur ce chapitre. Au reste, j'ai passé cinquante ans de ma vie sans apprendre à faire mon apologie; il est trop tard pour commencer.

M. Cramer n'est point du Conseil; il est le libraire, même l'ami de M. de Voltaire; et l'on sait ce que sont les amis de Voltaire par rapport à moi; du reste, je ne le connois point du tout. Je sais seulement qu'en général tous les Génevois du grand air me haïssent, mais qu'ils savent se plier aux goûts de ceux qui leur parlent. Ils ont soin de ne pas perdre leurs coups en l'air; ils ne les lâchent que quand ils portent.

Me voici au bout de mon papier et de mon bavardage sans avoir pu vous parler de vous.

Une réflexion bien simple, mon cher philosophe, et je finis. Je vous ai tendrement aimé dans les jours brillants de ma vie, et vous savez que l'adversité n'endurcit pas le cœur. Je vous embrasse.

## LETTRE CDXXI.

AU MÊME.

Motiers, le 1ᵉʳ août.

Depuis ma lettre écrite, ma situation physique a tellement empiré et s'est tellement déterminée, que mes douleurs, sans relâche et sans ressource, me mettent absolument dans le cas de l'exception marquée par milord Édouard en répondant à Saint-Preux[1] : *Usque adeòne mori miserum est?* J'ignore encore quel parti je prendrai : si j'en prends un, ce sera le plus tard qu'il me sera possible, et ce sera sans impatience et sans désespoir, comme sans scrupule et sans crainte. Si mes fautes m'effraient, mon cœur me rassure. Je partirois avec défiance, si je connoissois un homme meilleur que moi ; mais je les ai bien vus, je les ai bien éprouvés, et souvent à mes dépens. Si le bonheur inaltérable est fait pour quelqu'un de mon espèce, je ne suis pas en peine de moi : je ne vois qu'une alternative, et elle me tranquillise ; n'être rien, ou être bien.

Adieu, mon cher philosophe : quoi qu'il arrive, voici probablement la dernière fois que je vous écrirai ; car mes souffrances, ne pouvant qu'aug-

[1] * *Nouvelle Héloïse*, troisième partie, lettre XXII.

menter incessamment, me délivreront d'elles ou m'absorberont tout entier. Souvenez-vous quelquefois d'un homme qui vous aima tendrement et sincèrement, et n'oubliez pas que dans les derniers moments où sa tête et son cœur furent libres, il les occupa de vous.

*P. S.* Lorsque vous apprendrez que mon sort sera décidé, ce que je ne puis prévoir moi-même, priez de ma part M. Duchesne de vouloir bien tenir à mademoiselle Le Vasseur ce qu'il m'a promis pour moi. Elle, de son côté, lui enverra le papier qu'il m'a demandé.

Quelle ame que celle de cette bonne fille! Quelle fidélité, quelle affection, quelle patience! Elle a fait toute ma consolation dans mes malheurs; elle me les a fait bénir. Et maintenant, pour le prix de vingt ans d'attachement et de soins, je la laisse seule et sans protection, dans un pays où elle en auroit si grand besoin! J'espère que tous ceux qui m'ont aimé lui transporteront les sentiments qu'ils ont eus pour moi : elle en est digne, c'est un cœur tout semblable au mien[1].

---

[1] * Cette lettre, sans indication de l'année, paroît avoir été écrite le lendemain de celle du 30 juillet qu'on vient de lire, mais n'avoir pas été envoyée à son adresse. Celle qui suit doit avoir été écrite dans le même temps. ( *Note de du Peyrou.* )

## LETTRE CDXXII.

### A M. MARTINET,

CHEZ LUI.

Vous ne m'aimez point, monsieur, je le sais : mais moi je vous estime ; je sais que vous êtes un homme juste et raisonnable : cela me suffit pour laisser en toute confiance mademoiselle Le Vasseur sous votre protection. Elle en est digne ; elle est connue et bien voulue de ce qu'il y a de plus grand en France : tout le monde approuvera ce que vous aurez fait pour elle, et milord Maréchal, en particulier, vous en saura gré. Voilà bien des raisons, monsieur, qui me rassurent contre l'effet d'un peu de froideur entre nous. Je vous fais remettre un testament qui peut n'avoir pas toutes les formalités requises ; mais s'il ne contient rien que de raisonnable et de juste, pourquoi le casseroit-on ? Je me fie bien encore à votre intégrité dans ce point. Adieu, monsieur ; je pars pour la patrie des ames justes. J'espère y trouver peu d'évêques et de gens d'église, mais beaucoup d'hommes comme vous et moi. Quand vous y viendrez à votre tour, vous arriverez en pays de connoissance. Adieu donc derechef, monsieur, au revoir.

## LETTRE CDXXIII.

### A M. MOULTOU.

Motiers, lundi 1er août 1763.

Je vous remercie, mon cher Moultou, du livre de M. Vernes que vous m'avez envoyé : l'état où je suis ne me permet pas de le lire, encore moins d'y répondre ; et, quand je le pourrois, je ne le ferois assurément pas. Je ne réponds jamais qu'à des gens que j'estime.

Je suis persuadé que ce que M. Vernes me pardonne le moins est d'avoir attaqué le livre d'Helvétius, quoique je l'aie fait avec toute la décence imaginable, en passant, sans le nommer, ni même le désigner, si ce n'est en rendant honneur à son bon caractère. Dans les pages 71 et 72 de M. Vernes, qui me sont tombées sous les yeux, il me fait un grand crime d'avoir employé ce qu'il appelle le jargon de la métaphysique ; et il suppose que j'ai eu besoin de ce jargon pour établir la religion naturelle, au lieu que je n'en ai eu besoin que pour attaquer le matérialisme. Le principe fondamental du livre *de l'Esprit* est que *juger est sentir* ; d'où il suit clairement que tout n'est que corps. Ce principe, étant établi par des raisonnements métaphysiques, ne pouvoit être attaqué que par de semblables raisonnements. C'est ce que M. Vernes ne me pardonne pas. La métaphysique ne l'édifie que dans le livre d'Helvétius; elle le scandalise dans le mien.

Je n'approuve pourtant pas que le public voie l'article de ma lettre qui le regarde ; j'exige même que vous ne le montriez à personne, qu'à lui seul si vous voulez. Je n'eus jamais de penchant à la haine ; et je crois qu'à ma place l'homme du monde le plus haineux s'attiédiroit fort sur la vengeance. Mon ami, laissons tous ces gens-là triompher à leur aise ; ils ne me fermeront pas la patrie des ames justes, dans laquelle j'espère parvenir dans peu.

J'avoue que dans de certains moments j'aurois grand besoin de quelque consolation. En proie à des douleurs sans relâche et sans ressource, je suis dans le cas de l'exception faite par milord Édouard en répondant à Saint-Preux, où jamais homme au monde n'y fut. Toutefois je prends patience ; mais il est bien cruel de n'avoir pas la main d'un ami pour me fermer les yeux, moi à qui ce devoir a tant coûté, et qui l'ai rendu de si bon cœur. Il est bien cruel de laisser ici, loin de son pays, cette pauvre fille sans amis, sans protection, et de ne pouvoir pas même lui assurer la possession de mes guenilles pour prix de vingt ans de soins et d'attachement. Elle a des défauts, cher Moultou ; mais c'est une belle ame. J'ai tort de me plaindre de manquer de consolations; je les trouve en elle; quand nous avons déploré mes malheurs ensemble, ils sont presque tous oubliés : cependant leur sentiment revient et s'aggrave par la continuité des maux du corps.

Je voulois écrire au cher Gauffecourt : je n'en ai pour aujourd'hui ni le temps ni la force; dites-lui, je vous prie, que j'ai un extrême regret de ne pouvoir l'accompagner; je le désirois trop pour devoir l'espérer. Qu'il ne manque pas d'embrasser pour moi M. de Conzié, comte des Charmettes, et de lui témoigner combien j'étois disposé à me rendre à son invitation; mais

« Me anteit sæva necessitas,
« Clavos trabales et cuneos manu
« Gestans ahenâ. »

Mademoiselle Le Vasseur persiste à vous prier de lui renvoyer sa robe, si vous ne l'avez pas vendue. Bonjour.

## LETTRE CDXXIV.

### A MADAME LATOUR.

21 août 1763.

J'ai reconnu, très-bonne Marianne, la sollicitude de votre amitié dans la lettre que madame Prieur a écrite ici à madame Boy-de-la-Tour; vous et madame Prieur ignorez sans doute que madame Boy-de-la-Tour ne demeure pas ici, mais à Lyon. Comme la lettre a été reçue par gens peu propres à garder les secrets d'autrui, en me chargeant d'y répondre, je me suis pressé de la retirer. Si j'étois en meilleur état, que j'aurois de choses à vous dire sur la dernière que vous m'avez écrite, et sur les précieuses taches dont elle est enrichie! Mais je souffre, chère Marianne, et mon corps fait taire mon cœur. Si je croyois que cette paralysie dût durer toujours, je me regarderois comme déjà mort; mais si mon état me laisse quelque relâche, je le consacrerai à penser à vous, et je vous redevrai la vie. Envoyez-moi votre portrait cependant; peut-être sa vue ranimera-t-elle un sentiment qui s'attiédit par mes souffrances, mais qui ne s'éteindra jamais pour vous.

Au reste, ne vous effrayez pas trop de ma situation actuelle; elle étoit pire ces temps derniers; mais j'avois des moments de relâche, et maintenant je n'en ai plus. J'aimerois mieux de plus vives douleurs et des intervalles; mais, souffrant continuellement, je ne suis tout entier à rien, pas même à vous. Ainsi, ne faites plus honneur à ma sagesse d'un détachement qui n'est que l'effet de mes maux. Qu'ils me laissent un moment à moi-même, et vous retrouverez bientôt votre ami.

## LETTRE CDXXV.

A M. D'IVERNOIS.

Motiers, le 22 août 1763.

Recevez, monsieur, mes remerciements des attentions dont vous continuez de m'honorer, et des peines que vous voulez bien prendre en ma faveur. Sans M. Deluc et sans vous, j'ignorerois absolument l'état des choses, ne conservant plus aucune relation dans Genève par laquelle j'en puisse être informé. Je vois, par ce que vous avez la bonté de me marquer, qu'après toutes ces démarches les choses resteront, comme je l'avois prévu, dans le même état où elles étoient auparavant. Il peut arriver cependant que tout cela rendra, du moins pour quelque temps, le Conseil un peu moins violent dans ses entreprises; mais je suis trompé si jamais il renonce à son système, et s'il ne vient à bout de l'exécuter à la fin. Voilà, monsieur, puisque vous le voulez, ce que je pense de l'issue de cette affaire, à laquelle je ne prends plus, quant à moi, d'autre intérêt que celui que mon tendre attachement pour la bourgeoisie de Genève m'inspire, et qui ne s'éteindra jamais dans mon cœur. Permettez, monsieur, que je vous adresse la lettre ci-jointe pour M. Deluc. Mademoiselle Le Vasseur vous remercie de l'honneur que vous lui faites, et vous assure de son respect. Toute votre famille se porte bien, au respectable docteur près, qui décline de jour en jour. Il faut toute la force de son ame pour lui faire supporter avec courage le poids de la vie. Quelle leçon pour moi, qui souffre moins et qui suis moins patient ! Je vous embrasse, monsieur, et vous salue de tout mon cœur.

## LETTRE CDXXVI.

A M....., CURÉ D'AMBÉRIER EN BUGEY [1].

Motiers-Travers, le 25 août 1763.

Vos bontés, monsieur, pour ma gouvernante et pour moi sont sans cesse présentes à mon cœur et au sien. A force d'y penser, nous voilà tentés d'en user encore, et peut-être d'en abuser. Il faut vous communiquer notre idée, afin que vous voyiez si elle ne vous sera point importune, et si vous voudrez bien porter l'humanité jusqu'à y acquiescer.

L'état de dépérissement où je suis ne peut durer; et, à moins d'un changement bien imprévu, je dois naturellement, avant la fin de l'hiver,

---

[1] * Voyez la lettre du 30 novembre 1762.

trouver un repos que les hommes ne pourront plus troubler. Mon unique regret sera de laisser cette bonne et honnête fille sans appui et sans amis, et de ne pouvoir pas même lui assurer la possession des guenilles que je puis laisser. Elle s'en tirera comme elle pourra : il ne faut pas lutter inutilement contre la nécessité. Mais, comme elle est bonne catholique, elle ne veut pas rester dans un pays d'une autre religion que la sienne, quand son attachement pour moi ne l'y retiendra plus. Elle ne voudroit pas non plus retourner à Paris ; il y fait trop cher vivre, et la vie bruyante de ce pays-là n'est pas de son goût. Elle voudroit trouver, dans quelque province reculée, où l'on vécût à bon compte, un petit asile, soit dans une communauté de filles, soit en prenant son petit ménage dans un village ou ailleurs, pourvu qu'elle y soit tranquille.

J'ai pensé, monsieur, au pays que vous habitez, lequel a, ce me semble, les avantages qu'elle cherche, et n'est pas bien éloigné d'ici. Voudriez-vous bien avoir la charité de lui accorder votre protection et vos conseils, devenir son patron, et lui tenir lieu de père? Il me semble que je ne serois plus en peine d'elle en la laissant sous votre garde; et il me semble aussi qu'un pareil soin n'est pas moins digne de votre bon cœur que de votre ministère. C'est, je vous assure, une bonne et honnête fille, qui me sert depuis vingt ans avec l'attachement d'une fille à son père, plutôt que d'un domestique à son maître. Elle a des défauts, sans doute; c'est le sort de l'humanité : mais elle a des vertus rares, un cœur excellent, une honnêteté de mœurs, une fidélité et un désintéressement à toute épreuve. Voilà de quoi je réponds après vingt ans d'expérience. D'ailleurs elle n'est plus jeune et ne veut d'établissement d'aucune espèce. Je souhaite qu'elle passé ses jours dans une honnête indépendance, et qu'elle ne serve personne après moi. Elle n'a pas pour cela de grandes ressources, mais elle saura se contenter de peu. Tout son revenu se borne à une pension viagère de trois cents francs que lui a faite mon libraire. Le peu d'argent que je pourrai lui laisser servira pour son voyage et pour son petit emménagement. Voilà tout, monsieur; voyez si cela pourra suffire à cette pauvre fille pour subsister dans le pays où vous êtes, et si, par la connoissance que vous avez du local, vous voudrez bien lui en faciliter les moyens. Si vous consentez, je ferai ce qu'il faut; et je n'aurai plus de souci pour elle, si je puis me flatter qu'elle vivra sous vos yeux. Un mot de réponse, monsieur, je vous en supplie, afin que je prenne mes arrangements. Je vous demande pardon du désordre de ma lettre; mais je souffre beaucoup; et, dans cet état, ma main ni ma tête ne sont pas aussi libres que je voudrois bien.

Je me flatte, monsieur, que cette lettre vous atteste mes sentiments pour vous; ainsi je n'y ajouterai rien davantage que les assurances de mon respect.

*P. S.* Je suis obligé de vous prévenir, monsieur, que par la Suisse il faut affranchir jusqu'à Pontarlier. Quoique votre précédente lettre me soit parvenue, il seroit fort douteux si j'aurois ce bonheur une seconde fois. Je sens toute mon indiscrétion; mais, ou je me trompe fort, ou vous ne regretterez pas de payer le plaisir de faire du bien.

## LETTRE CDXXVII.

### A M. ***.

Motiers-Travers, le 11 septembre 1763.

Je ne sais, monsieur, si vous vous rappellerez un homme autrefois connu de vous; pour moi, qui n'oublie point vos honnêtetés, je me suis rappelé avec plaisir vos traits dans ceux de M. votre fils, qui m'est venu voir il y a quelques jours. Le récit de ses malheurs m'a vivement touché; la tendresse et le respect avec lesquels il m'a parlé de vous ont achevé de m'intéresser pour lui. Ce qui lui rend ses maux plus aggravants est qu'ils lui viennent d'une main si chère. J'ignore, monsieur, quelles sont ses fautes, mais je vois son affliction; je sais que vous êtes père, et qu'un père n'est pas fait pour être inexorable. Je crois vous donner un vrai témoignage d'attachement en vous conjurant de n'user plus envers lui d'une rigueur désespérante, et qui, le faisant errer de lieu en lieu sans ressource et sans asile, n'honore ni le nom qu'il porte, ni le père dont il le tient. Réfléchissez, monsieur, quel seroit son sort si, dans cet état, il avoit le malheur de vous perdre. Attendra-t-il des parents, des collatéraux, une commisération que son père lui aura refusée? et si vous y comptez, comment pouvez-vous laisser à d'autres le soin d'être plus humains que vous envers votre fils? Je ne sais point comment cette seule idée ne désarme pas votre bon cœur. D'ailleurs de quoi s'agit-il ici? de faire révoquer une malheureuse lettre de cachet qui n'auroit jamais dû être sollicitée. Votre fils ne vous demande que sa liberté, et il n'en veut user que pour réparer ses torts s'il en a. Cette demande même est un devoir qu'il vous rend : pouvez-vous ne pas sentir le vôtre? Encore une fois, pensez-y, monsieur, je ne veux que cela; la raison vous dira le reste.

Quoique M. de M. ne soit plus ici, je sais, si vous m'honorez d'une réponse, où lui faire passer vos ordres; ainsi vous pouvez les lui donner par mon canal. Recevez, monsieur, mes salutations et les assurances de mon respect.

## LETTRE CDXXVIII.

### A M. G., LIEUTENANT-COLONEL.

Septembre 1763.

Je crois, monsieur, que je serois fort aise de vous connoître; mais on me fait faire tant de connoissances par force, que j'ai résolu de n'en plus faire volontairement : votre franchise avec moi mérite bien que je vous la rende, et vous consentez de si bonne grâce que je ne vous réponde pas, que je ne puis trop tôt vous répondre; car si jamais j'étois tenté d'abuser de la liberté, ce seroit moins de celle qu'on me laisse que de celle qu'on voudroit m'ôter. Vous êtes lieutenant-colonel, monsieur, j'en suis fort aise; mais fussiez-vous prince, et, qui plus est, laboureur, comme je n'ai qu'un ton avec tout le monde, je n'en prendrai pas un autre avec vous. Je vous salue, monsieur, de tout mon cœur.

## LETTRE CDXXIX.

A M. LE PRINCE LOUIS-EUGÈNE DE WIRTEMBERG.

Motiers, le 29 septembre 1763.

Vous me faites, monsieur le duc, bien plus d'honneur que je n'en mérite. Votre altesse sérénissime aura pu voir dans le livre qu'elle daigne citer que je n'ai jamais su comment il faut élever les princes, et la clameur publique me persuade que je ne sais comment il faut élever personne. D'ailleurs les disgrâces et les maux m'ont affecté le cœur et affoibli la tête. Il ne me reste de vie que pour souffrir, je n'en ai plus pour penser. A Dieu ne plaise toutefois que je me refuse aux vues que vous m'exposez dans votre lettre. Elle me pénètre de respect et d'admiration pour vous. Vous me paroissez plus qu'un homme, puisque vous savez l'être encore dans votre rang. Disposez de moi, monsieur le duc; marquez-moi vos doutes, je vous dirai mes idées; vous pourrez me convaincre aisément d'insuffisance, mais jamais de mauvaise volonté.

Je supplie votre altesse sérénissime d'agréer les assurances de mon profond respect.

## LETTRE CDXXX.

A MADAME LATOUR.

A Motiers, le 2 octobre 1763.

Vous n'avez pu, chère Marianne, recevoir le 22 réponse à votre lettre du 15 que je n'ai reçue que le 26, et cela par plusieurs raisons. Premièrement, vous mettez dans vos calculs plus de précision que les postes dans leur service. Mes lettres me parviennent fidèlement, mais jamais régulièrement, et je trouve presque toujours quelque retard sur les dates. En second lieu, je fais des absences le plus souvent que je puis, attendu que la marche est très-nécessaire à mon état, et que les espions et importuns me rendent mon habitation insupportable. J'étois donc absent quand votre lettre est venue, et elle m'a attendu quelques jours chez moi. Enfin, par des précautions que les curieux d'ici rendent nécessaires, ma correspondance en France est assujettie à quelque retard. J'ai pris avec le directeur des postes de Pontarlier un arrangement par lequel il me fait tous les samedis un paquet des lettres venues pendant la semaine, et moi je lui en fais un tous les dimanches des réponses que j'ai écrites dans la semaine. Or, comme je les date ordinairement du jour qu'elles doivent partir d'ici, le retard des miennes n'est pas constaté par les dates, au lieu que celles que je reçois, selon les jours où elles sont écrites, en restent quelquefois six ou sept à Pontarlier avant que de me parvenir. Cet arrangement est sujet à inconvénient, j'en conviens, mais il est nécessaire. L'exactitude que vous mettez, et que vous exigez dans le commerce, me force à tous ces détails.

Me dire que vous comptez sur la promesse que je vous ai faite de vous renvoyer votre portrait, c'est m'en faire souvenir ; je crois que cela n'étoit pas nécessaire. Il est vrai que si je pouvois manquer à ma parole, et vous tromper, c'en seroit l'occasion la plus tentante et la plus excusable ; mais ma faute seroit plus pardonnable que votre crainte ; vous eussiez mieux fait d'en courir le risque de bonne grâce.

Je ne doute pas que votre envoi ne me parvienne aussi sûrement que toutes mes lettres ; cependant, pour surcroît de précaution, vous pouvez me l'adresser sous enveloppe à l'adresse de *M. Junet, directeur des postes à Pontarlier.* S'il arrive ici durant mon absence, n'en soyez point en peine ; j'ai une gouvernante aussi sûre et plus soigneuse que moi. Quant à l'effet, je n'en puis parler d'avance. Ce sera beaucoup s'il vous est avantageux. Je crois que la peintresse ne vous a pas flattée ; mais je vous vois déjà de la main d'un autre peintre, duquel je n'en oserois dire autant.

Vous me donnez des leçons très-tendres et très-sensées, dont je tâcherai de profiter. Si mes ennemis ne faisoient que me persécuter, cela seroit supportable ; mais ils m'obsèdent et m'ennuient ; voilà comme ils me feront mourir. Aimez-moi, chère Marianne, écrivez-moi, consolez-moi ; voilà mon meilleur remède.

Je reçois votre lettre du 27 septembre : elle me rayit et me navre. Il est bien cruel que de toutes les suppositions que mon silence vous fait faire, il n'y en ait pas une qui l'excuse.

## LETTRE CDXXXI.

### A LA MÊME.

Le 16 octobre 1763.

Le voilà donc enfin, ce précieux portrait, si justement désiré! Il m'arrive au moment où je suis entouré d'importuns et d'étrangers, et ce n'est pas la seule conformité qu'il me donne en cet instant avec Saint-Preux [1]. Vous permettrez bien, belle Marianne, que je prenne un peu de temps pour le considérer et lui rendre mes hommages.

[1] * *Nouvelle Héloïse*, partie II, lettre XXII.

Pour moins abuser, cependant, de votre complaisance, et ne pas prolonger vos inquiétudes, je compte vous le renvoyer l'ordinaire prochain, c'est-à-dire dans huit jours. En attendant, j'ai cru devoir vous donner avis de sa réception, afin de vous tranquilliser là-dessus.

## LETTRE CDXXXII.

### A M. LE PRINCE L. E. DE WIRTEMBERG.

Motiers, le 17 octobre 1763.

J'attendois, monsieur le duc, pour répondre à la lettre dont m'a honoré V. A. S. le 4 octobre, d'avoir reçu celle où elle m'annonçoit des questions que j'aurois tâché de résoudre. L'objet du commerce que vous daignez me proposer m'a paru trop intéressant pour devoir y mêler rien de superflu; et je suis bien éloigné de croire que, hors cet objet si digne de tous vos soins, mes lettres par elles-mêmes puissent mériter votre attention.

Sur ce principe, j'ai cru, monsieur le duc, que le respect le mieux entendu que je pouvois vous témoigner étoit de m'en tenir exactement à l'exécution de vos ordres, de répondre à vos questions le plus précisément et le plus clairement qu'il me seroit possible, et d'en rester là, sans m'ingérer à mêler du verbiage ou des louanges aux devoirs que vous m'imposez. Je n'ai donc point répondu d'abord à votre précédente lettre, parce que vous ne me demandiez rien. Lorsque vous m'honorerez de vos ordres vous serez content, sinon de mes efforts, au moins de mon zèle. J'ai toujours cru qu'obéir et se taire étoit la manière la plus convenable de faire sa cour aux grands.

Je dois vous prévenir encore qu'une certaine exactitude est désormais au-dessus de mes forces. Les maux qui m'accablent, les importuns qui m'excèdent, m'ôtent la plus grande partie de mon temps; la nécessité de ma situation en absorbe une autre; enfin, le découragement me jette insensiblement dans toute l'indolence pour laquelle j'étois né. Je ne vous promets donc point des réponses ponctuelles; c'est un engagement qui passe mes forces et que je serois hors d'état de tenir. Mais je vous promets bien, et mon cœur m'atteste que cette promesse ne sera point vaine, de m'occuper beaucoup du respectable objet de vos lettres, d'y réfléchir, d'y méditer, et de ne vous répondre qu'après avoir fait tous mes efforts pour ne pas me tromper dans mes vues. Ainsi, lorsque je passerai trois mois sans vous écrire, ne présumez pas, je vous supplie, que ces trois mois soient perdus pour les soins que vous m'imposez. Ce que je ne dirai pas ne sauroit nuire, mais je ne puis trop penser à ce que je dirai.

Si cet arrangement vous convient, j'attends vos ordres, et je m'en acquitterai de mon mieux; s'il ne vous convient pas, je déplorerai mon impuissance, et resterai pénétré toute ma vie de n'avoir pu mieux répondre à la confiance dont vous aviez daigné m'honorer.

Au reste, la lecture du papier que vous m'avez envoyé m'a mis dans une sécurité bien parfaite sur le sort de cet heureux enfant. Sous les yeux de M. Tissot, sous les vôtres, le plus difficile est déjà fait; et pour achever votre ouvrage il suffit de n'y rien gâter.

Agréez, monsieur le duc, je vous supplie, les assurances de mon profond respect.

## LETTRE CDXXXIII.

### A M. REGNAULT, A LYON,

Au sujet d'une offre d'argent dont il étoit chargé de la part d'un inconnu qui, ayant appris que Rousseau relevoit d'une maladie dangereuse, avoit supposé que ce secours pouvoit lui être utile.

Motiers, le 21 octobre 1763.

J'ignore, monsieur, sur quoi fondé l'inconnu dont vous me parlez se croit en droit de me faire des présents; ce que je sais, c'est que, si jamais j'en accepte, il faudra que je commence par bien connoître celui qui croira mériter la préférence, et que je pense comme lui sur ce point.

Je suis fort sensible aux offres obligeantes que vous me faites. N'étant pas, quant à présent, dans le cas de m'en prévaloir, je vous en fais mes remerciements, et vous salue, monsieur, de tout mon cœur.

## LETTRE CDXXXIV.

### A MADAME LATOUR.

Motiers, le 23 octobre 1763.

Voilà votre portrait, chère Marianne; je paie tout le plaisir qu'il m'a fait pour la peine que j'éprouve à m'en détacher. Mais j'ai promis, et, comme Saint-Preux, *dussé-je en mourir, il faut mériter votre estime* [1]. J'avoue que celui de vos deux portraits qui ne peut me quitter ne ressembloit pas exactement à l'autre, et tant mieux ; désormais pour moi vous êtes double; j'ai le plaisir de vous aimer sous deux figures; c'est comme avoir deux maîtresses à la fois, c'est passer délicieusement de l'une à l'autre, c'est goûter les plaisirs de l'inconstance, sans manquer de fidélité.

Il est affreux d'être obligé de finir au moment

---

[1] * *Nouvelle Héloïse*, partie 1, lettre XLII.

qu'on a tant à dire ; mais tel est mon sort. Je sens avec douleur qu'il est impossible que vous soyez jamais contente de moi. Vous jouissez de tout votre loisir, et je vous devrois tout le mien; mais on ne m'en laisse aucun. Cependant vous me jugez sur ce que je dois, et non sur ce que je puis ; en cela vous n'êtes pas injuste, mais vous êtes désolante. Adieu, chère Marianne, on ne me laisse pas écrire un mot de plus.

## LETTRE CDXXXV.

### A MADAME DE LUZE WARNEY.

Motiers, le 2 novembre 1763.

Pour me venger, madame, de vos présents, j'ai résolu de ne vous en remercier que quand ils seroient mangés ; et, grâce aux hôtes qui me sont venus, la vengeance a été plus courte qu'elle n'eût dû l'être. Vous avez cru qu'ayant tant de droits sur moi vous deviez avoir aussi celui de me faire des présents, même sans m'en prévenir; à la bonne heure : mais ces présents, que le messager qui les apporta disoit tenir d'une autre main, m'ont coûté bien des tourments avant de remonter à leur source, et je les ai un peu achetés à force de recherches et de lettres. Je vous en remercie enfin, madame, et j'ai trouvé les raisins et les biscuits excellents; mais, comme je crains encore plus la peine que je n'aime les bonnes choses, je vous supplie cependant de ne pas m'envoyer souvent des cadeaux au même prix.

Agréez, madame, que je fasse mes salutations à M. de Luze, et que je vous assure de tout mon respect.

## LETTRE CDXXXVI.

### AU PRINCE L. E. DE WIRTEMBERG.

Motiers, le 10 novembre 1763.

Si j'avois le malheur d'être né prince, d'être enchaîné par les convenances de mon état, que je fusse contraint d'avoir un train, une suite, des domestiques, c'est-à-dire des maîtres, et que pourtant j'eusse une ame assez élevée pour vouloir être homme malgré mon rang, pour vouloir remplir les grands devoirs de père, de mari, de citoyen de la république humaine, je sentirois bientôt les difficultés de concilier tout cela, celle surtout d'élever mes enfants pour l'état où les plaça la nature, en dépit de celui qu'ils ont parmi leurs égaux.

Je commencerois donc par me dire : Il ne faut

pas vouloir des choses contradictoires ; il ne faut pas vouloir être ét n'être pas. La difficulté que je veux vaincre est inhérente à la chose ; si l'état de la chose ne peut changer, il faut que la difficulté reste. Je dois sentir que je n'obtiendrai pas tout ce que je veux : mais n'importe, ne nous décourageons point. De tout ce qui est bien je ferai tout ce qui est possible ; mon zèle et ma vertu m'en répondent : une partie de la sagesse est de porter le joug de la nécessité : quand le sage fait le reste, il a tout fait. Voilà ce que je me dirois si j'étois prince. Après cela j'irois en avant sans me rebuter, sans rien craindre ; et quel que fût mon succès, ayant fait ainsi, je serois content de moi. Je ne crois pas que j'eusse tort de l'être.

Il faut, monsieur le duc, commencer par vous bien mettre dans l'esprit qu'il n'y a point d'œil paternel que celui d'un père, ni d'œil maternel que celui d'une mère. Je voudrois employer vingt rames de papier à vous répéter ces deux lignes, tant je suis convaincu que tout en dépend.

Vous êtes prince, rarement pourrez-vous être père ; vous aurez trop d'autres soins à remplir : il faudra donc que d'autres remplissent les vôtres. Madame la duchesse sera dans le même cas à peu près.

De là suit cette première règle. Faites en sorte que votre enfant soit cher à quelqu'un.

Il convient que ce quelqu'un soit de son sexe.

L'âge est très-difficile à déterminer. Par d'importantes raisons il la faudroit jeune. Mais une jeune personne a bien d'autres soins en tête que de veiller jour et nuit sur un enfant. Ceci est un inconvénient inévitable et déterminant.

Ne la prenez donc pas jeune, ni belle par conséquent, car ce seroit encore pis : jeune, c'est elle que vous aurez à craindre; belle, c'est tout ce qui l'approchera.

Il vaut mieux qu'elle soit veuve que fille. Mais si elle a des enfants, qu'aucun d'eux ne soit autour d'elle, et que tous dépendent de vous.

Point de femme à grands sentiments, encore moins de bel esprit. Qu'elle ait assez d'esprit pour vous bien entendre, non pour raffiner sur vos instructions.

Il importe qu'elle ne soit pas trop facile à vivre, et il n'importe pas qu'elle soit libérale. Au contraire, il la faut rangée, attentive à ses intérêts. Il est impossible de soumettre un prodigue à la règle; on tient les avares par leur propre défaut.

Point d'étourdie ni d'évaporée; outre le mal de la chose, il y a encore celui de l'humeur, car toutes les folles en ont, et rien n'est plus à craindre que l'humeur : par la même raison, les gens vifs, quoique plus aimables, me sont suspects, à cause de l'emportement. Comme nous ne trouverons pas une femme parfaite, il ne faut pas tout exiger : ici la douceur est de précepte; mais, pourvu que la raison la donne, elle peut n'être pas dans le tempérament. Je l'aime aussi mieux égale et froide qu'accueillante et capricieuse. En toutes choses préférez un caractère sûr à un caractère brillant. Cette dernière qualité est même un inconvénient pour notre objet; une personne faite pour être au-dessus des autres peut être gâtée par le mérite de ceux qui l'élèvent. Elle en exige ensuite autant de tout le monde, et cela la rend injuste avec ses inférieurs.

Du reste, ne cherchez dans son esprit aucune culture; il se farde en étudiant, et c'est tout. Elle se déguisera si elle sait; vous la connoîtrez bien mieux si elle est ignorante : dût-elle ne pas savoir lire, tant mieux; elle apprendra avec son élève. La seule qualité d'esprit qu'il faut exiger, c'est un sens droit.

Je ne parle point ici des qualités du cœur ni des mœurs, qui se supposent, parce qu'on se contrefait là-dessus. On n'est pas si en garde sur le reste du caractère, et c'est par-là que de bons yeux jugent du tout. Tout ceci demanderoit peut-être de plus grands détails; mais ce n'est pas maintenant de quoi il s'agit.

Je dis, et c'est ma première règle, qu'il faut que l'enfant soit cher à cette personne-là. Mais comment faire?

Vous ne lui ferez point aimer l'enfant en lui disant de l'aimer, et avant que l'habitude ait fait naître l'attachement : on s'amuse quelquefois avec les autres enfants, mais on n'aime que les siens.

Elle pourroit l'aimer si elle aimoit le père ou la mère ; mais dans votre rang on n'a point d'amis, et jamais, dans quelque rang que ce puisse être, on n'a pour amis les gens qui dépendent de nous.

Or l'affection qui ne naît que du sentiment, d'où peut-elle naître si ce n'est de l'intérêt?

Ici vient une réflexion que le concours de mille autres confirme, c'est que les difficultés que vous ne pouvez ôter de votre condition, vous ne les éluderez qu'à force de dépense.

Mais n'allez pas croire, comme les autres, que l'argent fait tout par lui-même, et que pourvu qu'on paie on est servi. Ce n'est pas cela.

Je ne connois rien de si difficile, quand on est riche, que de faire usage de sa richesse pour aller à ses fins. L'argent est un ressort dans la mécanique morale, mais il repousse toujours la main qui le fait agir. Faisons quelques observations nécessaires pour notre objet.

Nous voulons que l'enfant soit cher à sa gouvernante. Il faut pour cela que le sort de la gouvernante soit lié à celui de l'enfant. Il ne faut pas qu'elle dépende seulement des soins qu'elle lui rendra, tant parce qu'on n'aime guère les gens qu'on sert, que parce que les soins payés ne sont qu'apparents : les soins réels se négligent, et nous cherchons ici des soins réels.

Il faut qu'elle dépende non de ses soins, mais de leur succès, et que sa fortune soit attachée à l'effet de l'éducation qu'elle aura donnée. Alors seulement elle se verra dans son élève et s'affectionnera nécessairement à elle; elle ne lui rendra pas un service de parade et de montre, mais un service réel; ou plutôt, en la servant, elle ne servira qu'elle-même, elle ne travaillera que pour soi.

Mais qui sera juge de ce succès? La foi d'un père équitable, et dont la probité est bien établie, doit suffire : la probité est un instrument sûr dans les affaires, pourvu qu'il soit joint au discernement.

Le père peut mourir. Le jugement des femmes n'est pas reconnu assez sûr, et l'amour maternel est aveugle. Si la mère étoit établie juge au défaut du père, ou la gouvernante ne s'y fieroit pas, ou elle s'occuperoit plus à plaire à la mère qu'à bien élever l'enfant.

Je ne m'étendrai pas sur le choix des juges de l'éducation ; il faudroit pour cela des connoissances particulières relatives aux personnes. Ce qui importe essentiellement, c'est que la gouvernante ait la plus entière confiance dans l'intégrité du jugement, qu'elle soit persuadée qu'on ne la privera point du prix de ses soins si elle a réussi, et que, quoi qu'elle puisse dire, elle ne l'obtiendra pas dans le cas contraire. Il ne faut jamais qu'elle oublie que ce n'est pas à sa peine que ce prix sera dû, mais au succès.

Je sais bien que, soit qu'elle ait fait son devoir ou non, ce prix ne sauroit lui manquer. Je ne suis pas assez fou, moi qui connois les hommes, pour m'imaginer que ces juges, quels qu'ils soient, iront déclarer solennellement qu'une jeune princesse de quinze à vingt ans a été mal élevée. Mais cette réflexion que je fais là, la bonne ne la fera pas; quand elle la feroit, elle ne s'y fieroit pas tellement qu'elle en négligeât des devoirs dont dépend son sort, sa fortune, son existence. Et ce qu'il importe ici n'est pas que la récompense soit bien administrée, mais l'éducation qui doit l'obtenir.

Comme la raison nue a peu de force, l'intérêt seul n'en a pas tant qu'on croit. L'imagination seule est active. C'est une passion que nous voulons donner à la gouvernante; et l'on n'excite les passions que par l'imagination. Une récompense promise en argent est très-puissante, mais la moitié de sa force se perd dans le lointain de l'avenir. On compare de sang-froid l'intervalle et l'argent, on compense le risque avec la fortune, et le cœur reste tiède. Étendez pour ainsi dire l'avenir sous les sens, afin de lui donner plus de prise; présentez-le sous des faces qui le rapprochent, qui flattent l'espoir, et séduisent l'esprit. On se perdroit dans la multitude de suppositions qu'il faudroit parcourir, selon les temps, les lieux, les caractères. Un exemple est un cas dont on peut tirer l'induction pour cent mille autres.

Ai-je affaire à un caractère paisible, aimant l'indépendance et le repos, je mène promener cette personne dans une campagne : elle voit dans une jolie situation une petite maison bien ornée, une basse-cour, un jardin, des terres pour l'entretien du maître, les agréments qui peuvent lui en faire aimer le séjour. Je vois ma gouvernante enchantée : on s'approprie toujours par la convoitise ce qui convient à notre bonheur. Au fort de son enthousiasme, je la prends à part ; je lui dis : Élevez ma fille à ma fantaisie ; tout ce que vous voyez est à vous. Et afin qu'elle ne prenne pas ceci pour un mot en l'air, j'en passe l'acte conditionnel : elle n'aura pas un dégoût dans ses fonctions sur lequel son imagination n'applique cette maison pour emplâtre.

Encore un coup, ceci n'est qu'un exemple.

Si la longueur du temps épuise et fatigue l'imagination, l'on peut partager l'espace et la récompense en plusieurs termes, et même à plusieurs personnes : je ne vois ni difficulté ni inconvénient à cela. Si dans six ans mon enfant est ainsi, vous aurez telle chose. Le terme venu, si la condition est remplie, on tient parole, et l'on est libre des deux côtés.

Bien d'autres avantages découleront de l'expédient que je propose ; mais je ne peux ni ne dois tout dire. L'enfant aimera sa gouvernante, surtout si elle est d'abord sévère et que l'enfant ne soit pas encore gâté. L'effet de l'habitude est naturel et sûr ; jamais il n'a manqué que par la faute des guides. D'ailleurs la justice a sa mesure et sa règle exacte ; au lieu que la complaisance, qui n'en a point, rend les enfants toujours exigeants et toujours mécontents. L'enfant donc qui aime sa bonne sait que le sort de cette bonne est dans le succès de ses soins ; jugez de ce que fera l'enfant à mesure que son intelligence et son cœur se formeront.

Parvenue à certain âge, la petite fille est capricieuse ou mutine. Supposons un moment critique, important, où elle ne veut rien entendre ; ce moment viendra bien rarement, on sent pourquoi. Dans ce moment fâcheux la bonne manque de ressource : alors elle s'attendrit en regardant son élève, et lui dit : *C'en est donc fait, tu m'ôtes le pain de ma vieillesse !*

Je suppose que la fille d'un tel père ne sera pas un monstre : cela étant, l'effet de ce mot est sûr ; mais il ne faut pas qu'il soit dit deux fois.

On peut faire en sorte que la petite se le dise à toute heure ; et voilà d'où naissent mille biens à la fois. Quoi qu'il en soit, croyez-vous qu'une femme qui pourra parler ainsi à son élève ne s'affectionnera pas à elle? On s'affectionne aux gens sur la tête desquels on a mis des fonds; c'est le mouvement de la nature, et un mouvement non moins naturel est de s'affectionner à son propre ouvrage, surtout quand on en attend son bonheur. Voilà donc notre première recette accomplie.

Seconde règle.

Il faut que la bonne ait sa conduite toute tracée et une pleine confiance dans le succès.

Le mémoire instructif qu'il faut lui donner est une pièce très-importante. Il faut qu'elle l'étudie sans cesse; il faut qu'elle le sache par cœur, mieux qu'un ambassadeur ne doit savoir ses instructions. Mais ce qui est plus important encore, c'est qu'elle soit parfaitement convaincue qu'il n'y a point d'autre route pour aller au but qu'on lui marque, et par conséquent au sien.

Il ne faut pas pour cela lui donner d'abord le mémoire. Il faut lui dire premièrement ce que vous voulez faire, lui montrer l'état de corps et d'ame où vous exigez qu'elle mette votre enfant. Là-dessus toute dispute ou objection de sa part est inutile : vous n'avez point de raisons à lui rendre de votre volonté. Mais il faut lui prouver que la chose est faisable, et qu'elle ne l'est que par les moyens que vous proposez : c'est sur cela qu'il faut beaucoup raisonner avec elle : il faut lui dire vos raisons clairement, simplement, au long, en termes à sa portée. Il faut écouter ses réponses, ses sentiments, ses objections, les discuter à loisir ensemble, non pas tant pour ces objections mêmes, qui probablement seront superficielles, que pour saisir l'occasion de bien lire dans son esprit, de la bien convaincre que les moyens que vous indiquez sont les seuls propres à réussir. Il faut s'assurer que de tout point elle est convaincue, non en paroles, mais intérieurement. Alors seulement il faut lui donner le mémoire, le lire avec elle, l'examiner, l'éclaircir, le corriger peut-être, et s'assurer qu'elle l'entend parfaitement.

Il surviendra souvent, durant l'éducation, des circonstances imprévues : souvent les choses prescrites ne tourneront pas comme on avoit cru : les éléments nécessaires pour résoudre les problèmes moraux sont en très-grand nombre, et un seul omis rend la solution fausse. Cela demandera des conférences fréquentes, des discussions, des éclaircissements auxquels il ne faut jamais se refuser, et qu'il faut même rendre agréables à la gouvernante par le plaisir avec lequel on s'y prêtera. C'est encore un fort bon moyen de l'étudier elle-même.

Ces détails me semblent plus particulièrement la tâche de la mère. Il faut qu'elle sache le mémoire aussi bien que la gouvernante; mais il faut qu'elle le sache autrement. La gouvernante le saura par les règles, la mère le saura par les principes;

car premièrement ayant reçu une éducation plus soignée, et ayant eu l'esprit plus exercé, elle doit être plus en état de généraliser ses idées, et d'en voir tous les rapports; et de plus, prenant au succès un intérêt plus vif encore, elle doit plus s'occuper des moyens d'y parvenir.

Troisième règle. La bonne doit avoir un pouvoir absolu sur l'enfant.

Cette règle bien entendue se réduit à celle-ci, que le mémoire seul doit tout gouverner; car, quand chacun se réglera scrupuleusement sur le mémoire, il s'ensuit que tout le monde agira toujours de concert, sauf ce qui pourra être ignoré des uns ou des autres; mais il est aisé de pourvoir à cela.

Je n'ai pas perdu mon objet de vue, mais j'ai été forcé de faire un bien grand détour. Voilà déjà la difficulté levée en grande partie, car notre élève aura peu à craindre des domestiques quand la seconde mère aura tant d'intérêt à la surveiller. Parlons à présent de ceux-ci.

Il y a dans une maison nombreuse des moyens généraux pour tout faire, et sans lesquels on ne parvient jamais à rien.

D'abord les mœurs, l'imposante image de la vertu, devant laquelle tout fléchit, jusqu'au vice même; ensuite l'ordre, la vigilance; enfin l'intérêt, le dernier de tous : j'ajouterois la vanité, mais l'état servile est trop près de la misère; la vanité n'a sa grande force que sur les gens qui ont du pain.

Pour ne pas me répéter ici, permettez, monsieur le duc, que je vous renvoie à la quatrième partie de l'*Héloïse,* lettre dixième. Vous y trouverez un recueil de maximes qui me paroissent fondamentales pour donner dans une maison, grande ou petite, du ressort à l'autorité; du reste, je conviens de la difficulté de l'exécution, parce que, de tous les ordres d'hommes imaginables, celui des valets laisse le moins de prise pour le mener où l'on veut. Mais tous les raisonnements du monde ne feront pas qu'une chose ne soit pas ce qu'elle est, que ce qui n'y est pas s'y trouve, que des valets ne soient pas des valets.

Le train d'un grand seigneur est susceptible de plus et de moins, sans cesser d'être convenable. Je pars de là pour établir ma première maxime.

1° Réduisez votre suite au moindre nombre de gens qu'il soit possible; vous aurez moins d'ennemis, et vous en serez mieux servi. S'il y a dans votre maison un seul homme qui n'y soit pas nécessaire, il y est nuisible, soyez-en sûr.

2° Mettez du choix dans ceux que vous garderez, et préférez de beaucoup un service exact à un service agréable. Ces gens qui aplanissent tout devant leur maître sont tous des fripons. Surtout point de dissipateur.

3° Soumettez-les à la règle en toute chose,

même au travail, ce qu'ils feront dût-il n'être bon à rien.

4° Faites qu'ils aient un grand intérêt à rester long-temps à votre service, qu'ils s'y attachent à mesure qu'ils y restent, qu'ils craignent par conséquent d'autant plus d'en sortir qu'ils y sont restés plus long-temps. La raison et les moyens de cela se trouvent dans le livre indiqué.

Ceci sont les données que je peux supposer parce que, bien qu'elles demandent beaucoup de peine, enfin elles dépendent de vous. Cela posé :

Quelque temps avant que de leur parler, vous avez quelquefois des entretiens à table sur l'éducation de votre enfant, et sur ce que vous vous proposez de faire, sur les difficultés que vous aurez à vaincre, et sur la ferme résolution où vous êtes de n'épargner aucun soin pour réussir. Probablement vos gens n'auront pas manqué de critiquer entre eux la manière extraordinaire d'élever l'enfant ; ils y auront trouvé de la bizarrerie : il la faut justifier, mais simplement et en peu de mots. Du reste il faut montrer votre objet beaucoup plus du côté moral et pieux que du côté philosophique. Madame la princesse, en ne consultant que son cœur, peut y mêler des mots charmants. M. Tissot peut ajouter quelques réflexions dignes de lui.

On est si peu accoutumé de voir les grands avoir des entrailles, aimer la vertu, s'occuper de leurs enfants, que ces conversations courtes et bien ménagées ne peuvent manquer de produire un grand effet. Mais surtout nulle ombre d'affectation ; point de longueur. Les domestiques ont l'œil très-perçant : tout seroit perdu s'ils soupçonnoient seulement qu'il y eût en cela rien de concerté ; et en effet rien ne doit l'être. Bon père, bonne mère, laissez parler vos cœurs avec simplicité : ils trouveront des choses touchantes d'eux-mêmes ; je vois d'ici vos domestiques derrière vos chaises se prosterner devant leur maître au fond de leurs cœurs. Voilà les dispositions qu'il faut faire naître, et dont il faut profiter pour les règles que nous avons à leur prescrire.

Ces règles sont de deux espèces, selon le jugement que vous porterez vous-même de l'état de votre maison et des mœurs de vos gens.

Si vous croyez pouvoir prendre en eux une confiance raisonnable et fondée sur leur intérêt, il ne s'agira que d'un énoncé clair et bref de la manière dont on doit se conduire toutes les fois qu'on approchera de votre enfant, pour ne point contrarier son éducation.

Que si, malgré toutes vos précautions, vous croyez devoir vous défier de ce qu'ils pourront dire ou faire en sa présence, la règle alors sera plus simple, et se réduira à n'en approcher jamais sous quelque prétexte que ce soit.

Quel de ces deux partis que vous choisissiez, il

faut qu'il soit sans exception, et le même pour vos gens de tout étage, excepté ce que vous destinez spécialement au service de l'enfant, et qui ne peut être en trop petit nombre ni trop scrupuleusement choisi.

Un jour donc vous assemblez vos gens, et, dans un discours grave et simple, vous leur direz que vous croyez devoir en bon père apporter tous vos soins à bien élever l'enfant que Dieu vous a donné. « Sa mère et moi sentons tout ce qui nuit à la « nôtre. Nous l'en voulons préserver; et, si Dieu « bénit nos efforts, nous n'aurons point de compte « à lui rendre des défauts ou des vices que notre « enfant pourroit contracter. Nous avons pour cela « de grandes précautions à prendre : voici celles « qui vous regardent, et auxquelles j'espère que « vous vous prêterez en honnêtes gens, dont les « premiers devoirs sont d'aider à remplir ceux de « leurs maîtres. »

Après l'énoncé de la règle dont vous prescrivez l'observation, vous ajoutez que ceux qui seront exacts à la suivre peuvent compter sur votre bienveillance et même sur vos bienfaits. « Mais je vous « déclare en même temps, poursuivez-vous d'une « voix plus haute, que quiconque y aura manqué « une seule fois, et en quoi que ce puisse être, « sera chassé sur-le-champ et perdra ses gages. « Comme c'est là la condition sous laquelle je vous « garde, et que je vous en préviens tous, ceux

« qui n'y veulent pas acquiescer peuvent sortir. »

Des règles si peu gênantes ne feront sortir que ceux qui seroient sortis sans cela : ainsi vous ne perdez rien à leur mettre le marché à la main, et vous leur en imposez beaucoup. Peut-être au commencement quelque étourdi en sera-t-il la victime, et il faut qu'il le soit. Fût-ce le maître d'hôtel, s'il n'est chassé comme un coquin, tout est manqué. Mais s'ils voient une fois que c'est tout de bon, et qu'on les surveille, on aura désormais peu besoin de les surveiller.

Mille petits moyens relatifs naissent de ceux-là : mais il ne faut pas tout dire, et ce mémoire est déjà trop long. J'ajouterai seulement un avis très-important et propre à couper court au mal qu'on n'aura pu prévenir; c'est d'examiner toujours l'enfant avec le plus grand soin, et de suivre attentivement les progrès de son corps et de son cœur. S'il se fait quelque chose autour de lui contre la règle, l'impression s'en marquera dans l'enfant même. Dès que vous y verrez un signe nouveau, cherchez-en la cause avec soin, vous la trouverez infailliblement. A certain âge il y a toujours remède au mal qu'on n'a pu prévenir, pourvu qu'on sache le connoître et qu'on s'y prenne à temps pour le guérir.

Tous ces expédients ne sont pas faciles, et je ne réponds pas absolument de leurs succès ; cependant je crois qu'on y peut prendre une confiance raisonnable, et je ne vois rien d'équivalent dont j'en puisse dire autant.

Dans une route toute nouvelle il ne faut pas chercher des chemins battus, et jamais entreprise extraordinaire et difficile ne s'exécute par des moyens aisés et communs.

Du reste, ce ne sont peut-être ici que les délires d'un fiévreux. La comparaison de ce qui est à ce qui doit être m'a donné l'esprit romanesque et m'a toujours jeté loin de tout ce qui se fait. Mais vous ordonnez, monsieur le duc, j'obéis. Ce sont mes idées que vous demandez, les voilà. Je vous tromperois si je vous donnois la raison des autres pour les folies qui sont à moi. En les faisant passer sous les yeux d'un si bon juge, je ne crains pas le mal qu'elles peuvent causer.

## LETTRE CDXXXVII.

### A M. L'ABBÉ DE***.

A Motiers-Travers, le 27 novembre 1763.

J'ai reçu, monsieur, la lettre obligeante dans laquelle votre honnête cœur s'épanche avec moi. Je suis touché de vos sentiments et reconnoissant de votre zèle; mais je ne vois pas bien sur quoi vous me consultez. Vous me dites : J'ai de la naissance dont je dois suivre la vocation, parce que mes parents le veulent; apprenez-moi ce que je dois faire : je suis gentilhomme, et veux vivre comme tel; apprenez-moi toutefois à vivre en homme : j'ai des préjugés que je veux respecter; apprenez-moi toutefois à les vaincre. Je vous avoue, monsieur, que je ne sais pas répondre à cela.

Vous me parlez avec dédain des deux seuls métiers que la noblesse connoisse et qu'elle veuille suivre; cependant vous avez pris un de ces métiers. Mon conseil est, puisque vous y êtes, que vous tâchiez de le faire bien. Avant de prendre un état, on ne peut trop raisonner sur son objet; quand il est pris, il en faut remplir les devoirs, c'est alors tout ce qui reste à faire.

Vous vous dites sans fortune, sans bien; vous ne savez comment, avec de la naissance (car la naissance revient toujours), vivre libre et mourir vertueux. Cependant vous offrez un asile à une personne qui m'est attachée; vous m'assurez que madame votre mère la mettra à son aise : le fils d'une dame qui peut mettre une étrangère à son aise doit naturellement y être aussi; il peut donc vivre libre et mourir vertueux. Les vieux gentilshommes, qui valoient bien ceux d'aujourd'hui, cultivoient leurs terres et faisoient du bien à leurs paysans. Quoi que vous en puissiez dire, je ne crois pas que ce fût déroger que d'en faire autant.

Vous voyez, monsieur, que je trouve dans votre lettre même la solution des difficultés qui vous embarrassent. Du reste, excusez ma franchise; je dois répondre à votre estime par la mienne, et je ne puis vous en donner une preuve plus sûre qu'en osant, tout gentilhomme que vous êtes, vous dire la vérité.

Je vous salue, monsieur, de tout mon cœur.

## LETTRE CDXXXVIII.

### A MADAME DE B [1].

Décembre 1763.

Je n'ai rien, madame, à vous dire sur le jugement que vous avez porté de la probité de M. de Voltaire; je vous dirai seulement que je n'ai point reçu la lettre que vous lui avez adressée pour moi,

---

[1] * Voici quel étoit le début de la lettre de madame de B***, à laquelle celle-ci sert de réponse.

Paris, 10 novembre 1763.

Monsieur,

« Il y a environ un mois que j'eus l'honneur de vous écrire;
« ignorant votre adresse, j'envoyai ma lettre bien cachetée à M. de
« Voltaire; avec l'assurance de cette probité commune à tous les
« honnêtes gens, je le priai de vous l'envoyer. Mais quelle a été ma
« surprise lorsque, le 4 de ce mois, j'ai reçu en réponse un im-

et que je n'ai envoyé ni à vous ni à personne l'imprimé intitulé *Sermon des cinquante*, que je n'ai même jamais vu. Du reste, il me paroît bizarre que, pour me faire parvenir une lettre, vous vous soyez adressée au chef de mes persécuteurs.

A l'égard des doutes que vous pouvez avoir, madame, sur certains points de la religion, pourquoi vous adressez-vous, pour les lever, à un homme qui n'en est pas exempt lui-même? Si malheureusement les vôtres tombent sur les principes de vos devoirs, je vous plains; mais s'ils n'y tombent pas, de quoi vous mettez-vous en peine? Vous avez une religion qui dispense de tout examen; suivez-la en simplicité de cœur. C'est le meilleur conseil que je puisse vous donner, et je le prends autant que je peux pour moi-même.

Recevez, madame, mes salutations et mon respect.

« primé qui a pour titre *Sermon des cinquante*. Seroit-ce vous,
« monsieur, ou M. de Voltaire, qui me l'avez envoyé? Je n'ose
« penser que c'est vous, etc. » (*Note extraite de l'édition de Genève*, tome XXIV, in-8°, page 124.)

Voyez ci-après la lettre au prince de Wirtemberg, du 11 mars 1764.

## LETTRE CDXXXIX.

A M.....

Motiers, 7 décembre 1763.

La vérité que j'aime, monsieur, n'est pas tant métaphysique que morale : j'aime la vérité, parce que je hais le mensonge ; je ne puis être inconséquent là-dessus que quand je serai de mauvaise foi. J'aimerois bien aussi la vérité métaphysique si je croyois qu'elle fût à notre portée, mais je n'ai jamais vu qu'elle fût dans les livres; et, désespérant de l'y trouver, je dédaigne leur instruction, persuadé que la vérité qui nous est utile est plus près de nous, et qu'il ne faut pas, pour l'acquérir, un si grand appareil de science. Votre ouvrage, monsieur, peut donner cette démonstration promise et manquée par tous les philosophes ; mais je ne puis changer de principe sur des raisons que je ne connois pas. Cependant votre confiance m'en impose; vous promettez tant et si hautement, je trouve d'ailleurs tant de justesse et de raison dans votre manière d'écrire, que je serois surpris qu'il n'y en eût pas dans votre philosophie; et je devrois peu l'être, avec ma vue courte, que vous vissiez où je n'avois pas cru qu'on pût voir. Or ce doute me donne de l'inquiétude, parce que la vérité que je connois, ou ce que je prends pour elle, est très-aimable, qu'il en résulte pour moi un état très-doux, et que je ne connois pas comment j'en pourrois changer sans y perdre. Si mes sentiments étoient démontrés, je m'inquiéterois peu des vôtres; mais, à parler sincèrement, je suis allé jusqu'à la persuasion, sans aller jusqu'à la conviction. Je crois, mais je ne sais pas; je ne sais pas même si la science qui me manque me sera bonne quand je l'aurai, et si peut-être alors il ne faudra point que je dise : *Alto quæsivit cœlo lucem, ingemuitque repertâ.*

Voilà, monsieur, la solution ou du moins l'éclaircissement des inconséquences que vous m'avez reprochées. Cependant il me paroît bizarre que, pour vous avoir dit mon sentiment quand vous me l'avez demandé, je sois réduit à faire mon apologie. Je n'ai pris la liberté de vous juger que pour vous complaire; je puis m'être trompé, sans doute, mais se tromper n'est pas avoir tort.

Vous me demandez pourtant encore un conseil sur un sujet très-grave, et je vais peut-être vous répondre encore tout de travers; mais heureusement ce conseil est de ceux que jamais auteur ne demande que quand il a déjà pris son parti.

Je remarquerai d'abord que la supposition que votre ouvrage renferme la découverte de la vérité ne vous est pas particulière; et si cette raison vous engage à publier votre livre, elle doit de même engager tout philosophe à publier le sien. J'ajouterai qu'il ne suffit pas de considérer le bien qu'un livre contient en lui-même, mais le mal auquel il peut donner lieu; il faut songer qu'il trouvera peu de lecteurs judicieux bien disposés, et beaucoup de mauvais cœurs, encore plus de mauvaises têtes. Il faut, avant de le publier, comparer le bien et le mal qu'il peut faire, et les usages avec les abus. Pesez bien votre livre sur cette règle, et tenez-vous en garde contre la partialité ; c'est par celui de ces deux effets qui doit l'emporter sur l'autre qu'il est bon ou mauvais à publier.

Je ne vous connois point, monsieur; j'ignore quel est votre sort, votre état, votre âge ; et cela pourtant doit régler mon conseil par rapport à vous. Tout ce que fait un jeune homme a moins de conséquence, et tout se répare ou s'efface avec le temps. Mais si vous avez passé la maturité, ah ! pensez-y cent fois avant de troubler la paix de votre vie : vous ne savez pas quelles angoisses vous vous préparez. Pendant quinze ans, j'ai ouï dire à M. de Fontenelle que jamais livre n'avoit donné tant de plaisir que de chagrin à son auteur[1] : c'étoit l'heureux Fontenelle qui disoit cela. Monsieur, dans la question sur laquelle vous me consultez, je ne puis vous parler que par mon exemple :

[1] * .... *Tant de plaisir.* Conforme au texte de l'édition de Genève, deuxième *supplément* 1789, et de l'édition de du Peyrou donnée en 1790.

jusqu'à quarante ans je fus sage ; à quarante ans je pris la plume ; et je la pose avant cinquante, malgré quelques vains succès, maudissant tous les jours de ma vie celui où mon sot orgueil me la fit prendre, où je vis mon bonheur, mon repos, ma santé s'en aller en fumée, sans espoir de les recouvrer jamais. Voilà l'homme à qui vous demandez conseil.

Je vous salue de tout mon cœur.

## LETTRE CDXL.

A M. DE CONZIÉ, COMTE DE CHARMETTES.

A Motiers-Travers, 7 décembre 1763.

Je voudrois, mon cher comte, voir multiplier encore le nombre de mes agresseurs, si chacun de leurs ouvrages me valoit un témoignage de votre souvenir. Je reçois avec plaisir et reconnoissance celui que vous me donnez en m'envoyant l'écrit du père Gerdil : quoique en effet cet écrit ma paroisse un peu froid, je le trouve assez gentil pour un moine.....

J'avois chargé monsieur de Gauffecourt de vous témoigner mon regret de ne pouvoir vous aller voir cet été comme je l'avois résolu. Le commencement de l'hiver m'a jeté dans un état si triste qu'il ne me permet guère de faire des projets pour l'avenir. Toutefois, si la belle saison me rend les forces que le froid m'ôte, je me propose toujours de vous aller voir. S'il arrivoit que vous vous rapprochassiez du Chablais, cela me seroit bien commode; et, en ce cas, je vous prierois de m'en prévenir aussi; car, ne pouvant déterminer d'avance le temps de mon voyage, il me siéroit mal de l'avoir fait en pure perte, et d'aller jusque-là sans vous y trouver. Soyez persuadé que rien ne peut ralentir l'ardent désir que j'ai de vous voir et de vous embrasser. Il me semble qu'un moment si doux me rendra tout le temps heureux que je regrette, et me fera oublier tous ceux qui m'en ont si tristement séparé. Moi qui suis si désabusé de la vie, et qui ne forme plus de projets, je ne puis renoncer à celui-là. Après avoir tout comparé, je ne trouve point de meilleur peuple que le vôtre; je voudrois de tout mon cœur passer dans son sein le reste de mes jours, et me mettre de cette manière à portée de contenter, au moins de temps à autre, le besoin que mon cœur a de vous.

## LETTRE CDXLI.

A M......

Il faut vous faire réponse, monsieur, puisque vous la voulez absolument, et que vous la demandez en termes si honnêtes. Il me semble pourtant qu'à votre place je me serois moins obstiné à l'exiger. Je me serois dit : J'écris parce que j'ai du loisir, et que cela m'amuse : l'homme à qui je m'adresse peut n'être pas dans le même cas, et nul n'est tenu à une correspondance qu'il n'a point acceptée : j'offre mon amitié à un homme que je ne connois point, et qui me connoît encore moins ; je la lui offre sans autre titre auprès de lui que les louanges que je lui donne, et que je me donne, sans savoir s'il n'a pas déjà plus d'amis qu'il n'en peut cultiver, sans savoir si mille autres ne lui font pas la même offre avec le même droit; comme si l'on pouvoit se lier ainsi de loin sans se connoître, et devenir insensiblement l'ami de toute la terre. L'idée d'écrire à un homme dont on lit les ouvrages, et dont on veut avoir une lettre à montrer, est-elle donc si singulière qu'elle ne puisse être venue qu'à moi seul? Et si elle étoit venue à beaucoup de gens, faudroit-il que cet homme passât sa vie à faire réponse à des foules d'amis inconnus, et qu'il négligeât pour eux ceux qu'il s'est choisis? On dit qu'il s'est retiré dans une solitude; cela n'annonce pas un grand penchant à faire de nouvelles connoissances. On assure aussi qu'il n'a pour tout bien que le fruit de son travail; cela ne laisse pas un grand loisir pour entretenir un commerce oiseux. Si par-dessus tout cela peut-être il eût perdu la santé, s'il étoit tourmenté d'une maladie cruelle et douloureuse qui le laissât à peine en état de vaquer aux soins indispensables, ce seroit une tyrannie bien injuste et bien cruelle de vouloir qu'il passât sa vie à répondre à des foules de désœuvrés qui, ne sachant que faire de leur temps, useroient très-prodiguement du sien. Laissons donc ce pauvre homme en repos dans sa retraite; n'augmentons pas le nombre des importuns qui la troublent chaque jour sans discrétion, sans retenue, et même sans humanité. Si ses écrits m'inspirent pour lui de la bienveillance, et que je veuille céder au penchant de la lui témoigner, je ne lui vendrai point cet honneur en exigeant de lui des réponses, et je lui donnerai sans trouble et sans peine le plaisir d'apprendre qu'il y a dans le monde d'honnêtes gens qui pensent bien de lui, et qui n'en exigent rien.

Voilà, monsieur, ce que je me serois dit si j'avois été à votre place; chacun a sa manière de penser: je ne blâme point la vôtre, mais je crois la mienne plus équitable. Peut-être si je vous connoissois me féliciterois-je beaucoup de votre amitié ; mais, content des amis que j'ai, je vous déclare que je n'en veux point faire de nouveaux ; et quand je le voudrois, il ne seroit pas raisonnable que j'allasse choisir pour cela des inconnus si loin de moi. Au reste, je ne doute ni de votre esprit ni de votre mérite. Cependant le ton militaire et galant dont vous parlez de conquérir mon cœur seroit, je crois, plus de mise auprès des femmes qu'il ne le seroit avec moi.

## LETTRE CDXLII.

### A M. LE PRINCE L. E. DE WIRTEMBERG.

Motiers, le 15 décembre 1763.

Vous m'avez tiré, monsieur le duc, d'une grande inquiétude, en m'apprenant la résolution où vous êtes d'élever vous-même votre enfant. Je vous suggérois des moyens dont je sentois moi-même l'insuffisance ; grâce au ciel, votre vertu les rend superflus. Si vous persévérez, je ne suis plus en peine du succès : tout ira bien, par cela seul que vous y veillerez vous-même. Mais j'avoue que vous confondez fort toutes mes idées : j'étois bien éloigné de croire qu'il existât dans ce siècle un homme semblable à vous ; et, quand j'aurois soupçonné son existence, j'aurois été bien éloigné de le chercher dans votre rang. Je n'ai pu lire sans émotion votre dernière lettre. Est-il donc vrai que j'ai pu contribuer aux vertueuses résolutions que vous avez prises? J'ai besoin de le croire pour mettre un contre-poids à mes afflictions. Avoir fait quelque bien sur la terre est une consolation qui manquoit à mon cœur; je vous félicite de me l'avoir donnée, et je me glorifie de la recevoir de vous.

Vous voyez votre enfant précoce; je n'en suis pas étonné, vous êtes père. Il est vrai qu'un père que la philosophie a conservé tel a bien d'autres yeux que le vulgaire : d'ailleurs le témoignage de M. Tissot légalise le vôtre; et puis vous citez des faits. De ces faits, il y en a que je conçois, d'autres non. Les enfants distinguent de bonne heure les odeurs comme différentes, comme foibles ou fortes, mais non pas comme bonnes ou mauvaises : la sensation vient de la nature; la préférence ou l'aversion n'en vient pas. Cette observation que j'ai faite en particulier sur l'odorat n'est pas applicable aux autres sens : ainsi le jugement que la petite porte sur cet article est déjà une chose acquise.

Elle a changé de voix pour témoigner ses désirs : cela doit être. D'abord ses plaintes, ne marquant que l'inquiétude du malaise, ressembloient à des pleurs. Maintenant l'expérience lui apprend qu'on l'écoute et qu'on la soulage. Sa plainte est donc devenue un langage; au lieu de pleurer, elle parle à sa manière.

De ce qu'elle voit avec le même plaisir les nouveaux venus et les vieilles connoissances, vous en concluez qu'elle aura le caractère aimant. Ne vous fiez pas trop à cette observation; d'autres en tireroient peut-être un signe de coquetterie plutôt que de sensibilité. Pour moi, j'en tire un indice différent de tous les deux, et qui n'est pas de mauvais augure; c'est qu'elle aura du caractère : car le signe le plus assuré d'un cœur foible est l'empire que l'habitude a sur lui.

Si réellement votre enfant est précoce, il vous donnera beaucoup plus de peine; mais il vous en dédommagera bien plus tôt : ainsi gardez cependant de vous prévenir au point de lui appliquer avant le temps une méthode qui ne lui seroit pas convenable. Observez, examinez, vérifiez, et ne gâtez rien; dans le doute, il vaut toujours mieux attendre.

Au reste, quoi que vous fassiez, j'ai la plus grande confiance dans votre ouvrage, et je suis persuadé que tout ira bien. Quand vous vous tromperiez, ce que je ne présume pas, ce ne seroit jamais en chose grave; les erreurs des pères nuisent toujours moins que la négligence des instituteurs. Il ne me reste qu'une seule inquiétude, c'est que vous n'ayez entrepris cette grande tâche sans en prévoir toutes les difficultés, et qu'en s'offrant de jour en jour elles ne vous rebutent. Dans une première ferveur, rien ne coûte, mais un soin continuel accable à la fin; et les meilleures résolutions, qui dépendent de la persévérance, sont rarement à l'épreuve du temps. Je vous supplie, monsieur le duc, de me pardonner ma franchise; elle vient de l'admiration que vous m'inspirez. Votre entreprise est trop belle pour ne pas éprouver des obstacles, et il vaut mieux vous y préparer d'avance que d'en rencontrer d'imprévus.

Ce que vous me dites de la manière dont vous voulez acquérir des amis m'apprend combien vous méritez d'en faire; mais où seront les hommes dignes que vous soyez le leur?

Je supplie V. A. S. d'agréer mon profond respect.

## LETTRE CDXLIII.

A M......, CURÉ D'AMBÉRIER EN BUGEY [1].

Motiers-Travers, le 15 décembre 1763.

Si je ne me faisois une peine de vous importuner trop souvent, monsieur, d'une correspondance dont vous seul faites tous les frais, je n'aurois pas tardé si long-temps à vous remercier de la réponse

[1] * Voyez la lettre du 30 novembre 1762.

favorable que votre charité vous a fait faire à ma proposition au sujet de mademoiselle Le Vasseur. Je ne prévois pas encore quand elle se trouvera dans le cas de profiter de vos bontés. J'ai été fort mal l'été dernier; mais l'automne m'a donné du relâche au point de pouvoir faire, dans le pays, quelques voyages pédestres, très-utiles à ma santé. Mais le retour de l'hiver a produit son effet ordinaire en me remettant aussi bas que j'étois au printemps. Si je puis atteindre la belle saison, j'en espère le même soulagement qu'elle m'a souvent procuré. Mais si dans la vie ordinaire on doit compter sur si peu de chose, la mienne est telle qu'on n'y peut compter sur rien. Dans cette position, j'ai instruit mademoiselle Le Vasseur de toutes vos bontés, dont elle est pénétrée : je lui ai donné votre adresse afin qu'elle vous écrive en cas d'accident. Tandis qu'elle seroit occupée à recueillir ici mes guenilles, vous pourriez concerter avec elle le moyen de faire son voyage avec le plus d'économie et le plus commodément. Je pense qu'elle pourroit prendre une voiture à Neuchâtel pour Genève, et que là vous pourriez lui en envoyer une qui la conduiroit mieux que celle qu'elle pourroit prendre à Genève même. Quoi qu'il en soit, je suis tranquillisé par vous sur le sort de cette pauvre fille. Je n'ai plus rien qui m'inquiète sur le mien, et je vous dois en grande partie la paix dont je jouis dans mon triste état.

Bonjour, monsieur; je suis plein de vous et de vos bontés, et je voudrois être un jour à portée de voir et d'embrasser un aussi digne officier de morale. Vous savez que c'est ainsi que l'abbé de Saint-Pierre appeloit ses collègues les gens d'église.

Agréez, monsieur, mes salutations et mon respect.

## LETTRE CDXLIV.

### A M. D'IVERNOIS.

Motiers, le 17 décembre 1763.

Je reçois à l'instant, monsieur, une lettre de votre compagnon de voyage, par laquelle j'apprends qu'il a aussi bien fini que commencé, et qu'il s'est mieux trouvé de vos auspices que des miens. Je m'en réjouis de tout mon cœur, et je voudrois bien être à portée de me sentir de la même influence; car j'en ai encore plus besoin que lui, et le remède ne me plairoit pas moins. Quant à votre querelle avec madame votre femme, vous m'avez bien l'air de me prendre pour arbitre honoraire, et de m'avoir déjà soufflé le raccommodement. Quoi qu'il en soit, je vais remplir mon office en vous condamnant tous les deux : elle pour réclamer, après quatorze enfants, les droits de Sophie; car en ce point il vaut mieux jamais que tard; et vous pour lui reprocher sa paresse en vrai paresseux vous-même, qui voudroit faire à la fois beaucoup d'ouvrage, pour n'y pas revenir si souvent.

Je vous salue, monsieur, et vous honore de tout mon cœur.

Mille amitiés et compliments de votre aimable cousine. M. son frère a enfin reçu son brevet, et je m'en réjouis de tout mon cœur.

## LETTRE CDXLV.

### A MADAME LATOUR.

A Motiers, le 25 décembre 1763.

Je ne répondrai, madame, aux imputations dont vous me chargez par votre dernière lettre que par des faits. Lorsque je reçus votre portrait, j'avois chez moi un Génevois venu exprès pour me voir, et je n'avois pas cessé d'avoir des étrangers depuis plus de six semaines; deux jours après j'eus un gentilhomme westphalien et un Génois; six jours après, j'eus deux Zuriquois qui me restèrent huit jours; quelques jours après j'eus un Génevois convalescent, qui, étant venu chez moi, changer d'air, y retomba malade, et n'est enfin reparti que depuis huit jours. Il n'est pas toujours aisé de fermer sa porte aux visites qui vous viennent de cinquante, soixante, et cent lieues; et, dans mon étroite situation, je me passerois fort de l'honneur que me font tant de gens de venir s'établir chez moi. Outre cela, j'ai continuellement un grand nombre de lettres à répondre; je ne réponds point à celles de compliments ou d'injures, et je prends mon temps pour répondre aux lettres d'amitié : mais il y en a un très-grand nombre d'autres où l'on daigne me consulter sur des objets importants et pressés pour ceux qui m'écrivent, et dont je ne puis différer les réponses sans manquer à mon devoir; ces temps derniers, en particulier, j'étois occupé à un mémoire pour le prince de Wirtemberg, qui m'avoit consulté sur l'éducation de sa fille; et je suis maintenant occupé à un travail encore plus grave pour quelqu'un qui en a besoin, et qui par conséquent est en droit de l'exiger. Mon triste état, qui empire toujours en cette saison, me réduit journellement à porter une sonde plusieurs heures, durant lesquelles toute occupation m'est impossible; il faut ensuite que je fasse un exercice d'une heure ou deux pour me faire suer; et, quand je passe un seul jour sans employer ce remède, je paie cruellement cette négligence durant la nuit; au milieu de tout cela, un homme qui n'a pas un sou de rente ne vit pas de l'air, et il faut quelques soins aussi pour pourvoir au pain. Mais je ris de ma simplicité de prétendre faire entendre raison par une situation si différente à une femme de Paris, oisive par état, et qui, n'ayant pour toute occupation que d'écrire et recevoir des lettres, entend que tous ses amis ne soient occupés non plus que du même objet.

Pour échapper à l'influence des importuns, et pour me livrer à l'exercice qui m'est nécessaire, je fais l'été, dans mes bons intervalles, des courses dans le pays; dans une de ces absences M. Breguet vint me voir à Motiers, tandis que j'étois à Yverdun : me voilà coupable encore pour n'avoir pas deviné son voyage et n'avoir pas en conséquence rompu le mien.

Vous êtes, madame, une femme très-aimable; je ne connois personne qui écrive des lettres mieux que vous. Je vous crois le cœur aussi bon que vous avez l'esprit agréable, et votre amitié m'est très-précieuse; mais, dans l'état où je suis, ma tranquillité me l'est encore plus; et, puisque je ne puis entretenir avec vous qu'une correspondance orageuse, j'aime encore mieux n'en avoir plus du tout. Au reste, je vous déclare que c'est ici ma dernière apologie, et je vous préviens qu'il suffira désormais que vous exigiez une prompte réponse pour être sûre de n'en point recevoir du tout.

## LETTRE CDXLVI.

A MADAME LA COMTESSE DE BOUFFLERS.

Motiers, le 28 décembre 1763.

Votre lettre, madame, m'a fait un plaisir d'autant plus sensible que je m'y attendois moins. Je craignois, il est vrai, d'avoir perdu votre amitié; et, sans avoir à me reprocher cette perte, je la mettois au nombre des malheurs qui m'accablent et que je ne me suis pas attirés. Je suis charmé pour moi, madame, et je suis bien aise aussi pour vous qu'il n'en soit rien; il ne tiendra sûrement pas à moi que je ne me conserve toute ma vie un bien qui m'est si précieux. L'intérêt que je vous ai vu prendre à mes disgrâces ne peut pas plus sortir de mon cœur que n'en sortiront les sentiments qu'il avoit conçus pour vous-même auparavant. Je me réjouis de n'apprendre votre rougeole et votre mélancolie qu'après votre guérison. Tâchez d'être aussi bien quitte de l'une que de l'autre. Eh! comment la mélancolie osoit-elle se loger dans une ame si belle, parée d'un habit qui lui va si bien, faite à tant d'égards pour faire adorer la vertu et pour la rendre heureuse par elle? Ne dussiez-vous jouir que du bien que vous faites, je n'imagine pas ce qui devroit manquer à votre bonheur.

Après vous avoir parlé de vous, comment oser parler de moi? Mon ame, surchargée, travaille à soutenir ses disgrâces sans s'en laisser accabler; et, depuis l'entrée de l'hiver, il ne manque aux maux que mon corps souffre que le degré nécessaire pour s'en délivrer tout-à-fait. Dans cet état, vous me demandez quels sont mes projets : grâce au ciel je n'en fais plus, madame; ce n'est plus la peine d'en faire; c'est une inquiétude dont mes maux m'ont enfin délivré. Le dernier, le plus chéri, celui qui ne peut, même à présent, sortir de mon cœur, étoit de rejoindre milord Maréchal; de donner mes derniers jours à mon ami, mon protecteur, mon père, au seul homme qui m'ait tendu la main dans ma misère, et qui m'en ait consolé. Mais cet espoir m'étoit trop doux; il m'échappe encore : mon triste état me l'ôte; il ne m'en reste presque plus que le désir, à moins que le reste de l'hiver ne m'épargne, et que le retour de la belle saison ne fasse un miracle; je n'attends plus d'autre changement à mon sort ici-bas que son terme; il ne me reste plus qu'à souffrir et mourir. Cela se peut faire ici tout comme ailleurs; et si je ne puis rejoindre milord Maréchal, je ne songe plus à changer de place : ce dont j'ai besoin désormais se trouve partout.

Il y a long-temps que je n'ai eu de nouvelles de

milord Maréchal; je soupçonne que dans le long trajet nos lettres s'égarent, car je suis parfaitement sûr qu'il ne m'oublie pas, et j'en ai la preuve par ce qu'il vient de faire en ma faveur auprès de vous. Ah! ce digne homme! au bout de la terre il seroit mon bienfaiteur encore, et mon cœur iroit l'y chercher. Ayez la bonté, madame, de lui faire parvenir l'incluse : je le connois; je sais qu'il m'aime, et vous lui ferez plaisir presque autant qu'à moi.

Vous voulez que je vous donne des nouvelles de mademoiselle Le Vasseur : c'est une bonne et honnête personne, digne de l'honneur que vous lui faites. Chaque jour ajoute à mon estime pour elle, et la seule chose qui me rend désormais l'habitation de ce pays déplaisante est de l'y laisser sans amis après moi qui la protègent contre l'avarice des gens de loi qui dissiperont mes guenilles et visiteront mes chiffons. Du reste, l'air de ce pays lui est plus favorable qu'à moi, et elle s'y porte mieux qu'à Montmorency, quoiqu'elle s'y plaise moins. Permettez-lui, madame, de vous faire ici ses remerciements très-humbles, et de joindre ses respects aux miens.

## LETTRE CDXLVII.

A M. L'ABBÉ DE ***.

Motiers, le 6 janvier 1764.

Quoi! monsieur, vous avez renvoyé vos portraits de famille et vos titres! vous vous êtes défait de votre cachet! Voilà bien plus de prouesses que je n'en aurois fait à votre place. J'aurois laissé les portraits où ils étoient; j'aurois gardé mon cachet parce que je l'avois; j'aurois laissé moisir mes titres dans leur coin, sans m'imaginer même que tout cela valût la peine d'en faire un sacrifice : mais vous êtes pour les grandes actions : je vous en félicite de tout mon cœur.

A force de me parler de vos doutes, vous m'en donnez d'inquiétants sur votre compte; vous me faites douter s'il y a des choses dont vous ne doutiez pas : ces doutes mêmes, à mesure qu'ils croissent, vous rendent tranquille; vous vous y reposez comme sur un oreiller de paresse. Tout cela m'effraieroit beaucoup pour vous, si vos grands scrupules ne me rassuroient. Ces scrupules sont assurément respectables comme fondés sur la vertu; mais l'obligation d'avoir de la vertu, sur quoi la fondez-vous? Il seroit bon de savoir si vous êtes bien décidé sur ce point : si vous l'êtes, je me rassure. Je ne vous trouve plus si sceptique que vous affectez de l'être; et quand on est bien décidé sur les principes de ses devoirs, le reste n'est pas une si grande affaire. Mais si vous ne l'êtes pas, vos inquiétudes me semblent peu raisonnées. Quand on est si tranquille dans le doute de ses devoirs, pourquoi tant s'affecter du parti qu'ils nous imposent?

Votre délicatesse sur l'état ecclésiastique est sublime ou puérile, selon le degré de vertu que vous avez atteint. Cette délicatesse est sans doute un devoir pour quiconque remplit tous les autres; et qui n'est faux ni menteur en rien de ce monde ne doit pas l'être même en cela. Mais je ne connois que Socrate et vous à qui la raison pût passer un tel scrupule; car à nous autres hommes vulgaires il seroit impertinent et vain d'en oser avoir un pareil. Il n'y a pas un de nous qui ne s'écarte de la vérité cent fois le jour dans le commerce des hommes en choses claires, importantes, et souvent préjudiciables; et dans un point de pure spéculation dans lequel nul ne voit ce qui est vrai ou faux, et qui n'importe ni à Dieu ni aux hommes, nous nous ferions un crime de condescendre aux préjugés de nos frères, et de dire oui où nul n'est en droit de dire non! Je vous avoue qu'un homme qui, d'ailleurs n'étant pas un saint, s'aviseroit tout de bon d'un scrupule que l'abbé de Saint-Pierre et Fénélon n'ont pas eu, me deviendroit par cela seul très-suspect. Quoi! dirois-je en moi-même, cet homme refuse d'embrasser le noble état d'officier de morale, un état dans lequel il peut être le guide et le bienfaiteur des hommes, dans lequel il peut les instruire, les soulager, les consoler, les protéger, leur servir d'exemple, et cela pour quelques énigmes auxquelles ni lui ni nous n'entendons rien, et qu'il n'avoit qu'à prendre et donner pour ce qu'elles valent, en ramenant sans bruit le christianisme à son véritable objet! Non, conclurois-je, cet homme ment, il nous trompe; sa fausse vertu n'est point active, elle n'est que de pure ostentation; il faut être un hypocrite soi-même pour oser taxer d'hypocrisie détestable ce qui n'est au fond qu'un formulaire indifférent en lui-même, mais consacré par les lois. Sondez bien votre cœur, monsieur, je vous en conjure: si vous y trouvez cette raison telle que vous me la donnez, elle doit vous déterminer, et je vous admire. Mais souvenez-vous bien qu'alors, si vous n'êtes le plus digne des hommes, vous aurez été le plus fou.

A la manière dont vous me demandez des préceptes de vertu, l'on diroit que vous la regardez comme un métier. Non, monsieur, la vertu n'est que la force de faire son devoir dans les occasions difficiles; et la sagesse, au contraire, est d'écarter la difficulté de nos devoirs. Heureux celui qui, se contentant d'être homme de bien, s'est mis dans une position à n'avoir jamais besoin d'être vertueux ! Si vous n'allez à la campagne que pour y porter le faste de la vertu, restez à la ville. Si vous voulez à toute force exercer les grandes vertus, l'état de prêtre vous les rendra souvent nécessaires ; mais si vous vous sentez les passions assez modérées, l'esprit assez doux, le cœur assez sain pour vous accommoder d'une vie égale, simple et laborieuse, allez dans vos terres, faites-les valoir, travaillez vous-même, soyez le père de vos domestiques, l'ami de vos voisins, juste et bon envers tout le monde : laissez là vos rêveries métaphysiques, et servez Dieu dans la simplicité de votre cœur ; vous serez vertueux.

Je vous salue, monsieur, de tout mon cœur.

Au reste, je vous dispense, monsieur, du secret qu'il vous plaît de m'offrir, je ne sais pourquoi. Je n'ai pas, ce me semble, dans ma conduite, l'air d'un homme fort mystérieux.

## LETTRE CDXLVIII.

### A M. LE PRINCE L. E. DE WIRTEMBERG.

Motiers, le 21 janvier 1764.

Je m'attendois bien, monsieur le duc, que la manière dont vous élevez votre enfant ne passeroit pas sans critique et sans opposition, et je vous avoue que je sais quelque gré au révérend docteur de celle qu'il vous a faite ; car ces objections étoient plus propres à vous réjouir qu'à vous ébranler; et moi j'ai profité de la gaieté qu'elles vous ont donnée. On ne peut rien de plus plaisant que l'exposé de ses raisons, et je crois qu'il seroit difficile qu'il en fût plus content que moi : je crains pourtant qu'il ne les trouve pas tout-à-fait péremptoires; car s'il a pour lui les chardonnerets, les chenilles, les escargots, en revanche il a contre lui les vers, les limaçons, les grenouilles, et cela doit l'intriguer furieusement.

Je ne suis pas fort surpris non plus des petits désagréments qui peuvent rejaillir, à cette occasion, sur M. Tissot; je crains même que l'accord de nos principes sur ce point n'ajoute au chagrin qu'on lui témoigne : l'influence d'un certain voisinage nourrit dans le canton de Berne une furieuse animosité contre moi, que les traitements qu'on m'y a faits aigrissent encore. On oublie quelquefois les offenses qu'on a reçues, mais jamais celles qu'on a faites ; et ces messieurs ne me pardonnent point le tort qu'ils ont avec moi : tels sont les hommes. Ce qui me rassure pour M. Tissot, c'est qu'il leur est trop nécessaire pour qu'ils ne lui passent pas de mieux penser qu'eux : c'est aux rêveurs purement spéculatifs qu'ils n'est pas permis de dire des vérités que rien ne rachète. Le bienfaiteur des hommes peut être vrai impunément; mais il n'en faut pas moins, je l'avoue; et s'il étoit moins directement utile, il seroit bientôt persécuté.

Permettez que je supplie votre altesse sérénissime de vouloir bien lui remettre le barbouillage ci-joint, roulant sur une métaphysique assez ennuyeuse, et dont, par cette raison, je ne vous propose pas la lecture, ni même à M. Tissot; mais la bonté qu'il a eue de m'envoyer ses ouvrages m'impose l'obligation de lui faire hommage des miens. J'ai même été deux fois l'été dernier sur le point d'employer à lui aller rendre sa visite un des pèlerinages que mes bons intervalles m'ont permis; mais quelque plaisir que ce devoir m'eût fait à remplir, je m'en suis abstenu pour ne pas le compromettre; et j'ai sacrifié mon désir à son repos.

Vous m'inspirez pour monsieur et madame de Gollowkin toute l'estime dont vous êtes pénétré pour eux; mais, flatté de l'approbation qu'ils donnent à mes maximes, je ne suis pas sans crainte que leur enfant ne soit peut-être un jour la victime de mes erreurs. Par bonheur je dois, sur le portrait que vous m'avez tracé, les supposer assez éclairés pour discerner le vrai et ne pratiquer que ce qui est bien. Cependant il me reste toujours une frayeur fondée sur l'extrême difficulté d'une telle éducation; c'est qu'elle n'est bonne que dans son tout, qu'autant qu'on y persévère, et que s'ils viennent à se relâcher ou à changer de système, tout ce qu'ils auront fait jusqu'alors gâtera tout ce qu'ils voudront faire à l'avenir. Si l'on ne va jusqu'au bout, c'est un grand mal d'avoir commencé.

J'ai relu plusieurs fois votre lettre, et je ne l'ai point lue sans émotion. Les chagrins, les maux, les ans, ont beau vieillir ma pauvre machine, mon cœur sera jeune jusqu'à la fin, et je sens que vous lui rendez sa première chaleur. Oserois-je vous demander si nous ne nous sommes jamais vus? N'est-ce point avec vous que j'ai eu l'honneur de causer un quart d'heure, il y a huit ou dix ans, à Passy, chez M. de La Poplinière? Je n'ai pas, comme vous voyez, oublié cet entretien; mais j'avoue qu'il m'eût fait une autre impression si j'avois prévu la correspondance que nous avons maintenant, et le sujet qui l'a fait naître.

Qu'ai-je fait pour mériter les bontés de madame la princesse? Rien n'est si commun que des barbouilleurs de papier : ce qui est si rare, c'est une femme de son rang qui aime et remplit ses devoirs de mère; et voilà ce qu'il faut admirer.

## LETTRE CDXLIX.

A MADAME LA MARQUISE DE VERDELIN.

Motiers, le 28 janvier 1764.

Vos regrets sont bien légitimes, madame; ce que vous me marquez des derniers moments de M. de Verdelin prouve qu'il vous étoit sincèrement attaché. Et combien ne devoit-il pas l'être ! Cependant, comme dans l'état où il étoit il a plus gagné que vous n'avez perdu, les sentiments qu'il vous laisse doivent être plus relatifs à lui qu'à vous. D'ailleurs moi qui sais combien vous êtes bonne mère, et qu'en le perdant vous avez pour ainsi dire acquis vos enfants, tout ce que je puis faire en cette circonstance, par respect pour votre bon cœur et pour sa mémoire, est de ne vous pas féliciter.

Il est vrai, madame, que, m'étant trouvé plus mal cet été, j'ai écrit à un curé qui avoit fait la route avec mademoiselle Le Vasseur, pour la lui recommander, sachant qu'elle ne se soucioit pas de retourner à Paris, où elle ne manqueroit pas d'être tyrannisée et dévalisée de nouveau par toute son avide famille. Sur les attentions qu'il avoit eues pour elle, sur les discours qu'il lui avoit tenus, j'avois pris la plus grande opinion de cet honnête homme, et je la lui recommandois, non pas pour lui être à charge, comme il paroît par ma lettre même, puisqu'elle a, par la pension de mon libraire, de quoi vivre en province avec économie, mais seulement pour diriger sa conduite et ses petites affaires dans un pays qui lui est inconnu. Mais le bon homme est parti de là pour supposer que j'implorois ses charités pour elle, et pour faire courir ma lettre partout Paris, au point de proposer à un libraire de l'imprimer. J'ai gagné par-là d'être instruit à temps et de pouvoir prendre d'autres mesures. J'ai la plus grande confiance en vous, madame, et l'intérêt que vous daignez prendre à elle et à moi fait la consolation de ma vie. Mais connoissant ses façons de penser, son état, ses inclinations, ce qui convient à son bonheur, je ne lui conseillerai jamais d'aller vivre à Paris ni dans la maison d'autrui, bien convaincu, par ma propre expérience, qu'on n'est jamais libre que chez soi. Du reste, je compte si parfaitement sur votre souvenir, qu'en quelque lieu qu'elle vive je ne doute point que vous n'ayez la bonté de la recommander, de la protéger, de vous intéresser à elle; et j'avois si peu de doute là-dessus, que, sans ce que vous m'en dites dans votre dernière lettre, je ne me serois pas même avisé de vous en parler.

Garderez-vous Soisi, madame, ou vivrez-vous toujours à Paris? Lesquelles de vos filles prendrez-vous auprès de vous? Resterez-vous à l'hôtel d'Aubeterre, ou prendrez-vous une maison à vous? Le voyage de Saintonge, que vous méditez, sera, selon moi, bien inutile; quelque tendresse qu'ait pour vous monsieur votre père, à son âge on n'aime guère à se déplacer. J'éprouve bien cette répugnance, moi que les infirmités ont déjà rendu si vieux. Je suis ici l'hiver au milieu des glaces, l'été en proie à mille importuns, très-chèrement pour la vie; en toute saison ma demeure a ses incommodités. Cependant je ne puis me résoudre à me déplacer; le moindre embarras m'effraie, et je crois que j'aurai moins de peine à déménager de de mon corps que de ma maison. Bonjour, madame.

## LETTRE CDL.

### A MADEMOISELLE JULIE BONDELI.

Motiers, le 28 janvier 1764.

Vous savez bien, mademoiselle, que les correspondants de votre ordre font toujours plaisir et n'incommodent jamais; mais je ne suis pas assez injuste pour exiger de vous une exactitude dont je ne me sens pas capable, et la mise est si peu égale entre nous, que, quand vous répondriez à dix de mes lettres par une des vôtres, vous seriez quitte avec moi tout au moins.

Je trouve M. Schulthess bien payé de son goût pour la vertu par l'intérêt qu'il vous inspire; et, si ce goût dégénère en passion près de vous, ce pourroit bien être un peu la faute du maître. Quoi qu'il en soit, je lui veux trop de bien pour le tirer de votre direction en le prenant sous la mienne; et jamais, ni pour le bonheur, ni pour la vertu, il n'aura regret à sa jeunesse, s'il la consacre à recevoir vos instructions. Au reste, si, comme vous le pensez, les passions sont la petite-vérole de l'ame, heureux qui, pouvant la prendre encore, iroit s'inoculer à Kœnitz! Le mal d'une opération si douce seroit le danger de n'en pas guérir. N'allez pas vous fâcher de mes douceurs, je vous prie, je ne les prodigue pas à toutes les femmes, et puis on peut être un peu vaine.

Je ne puis, mademoiselle, répondre à votre question sur les *Lettres d'un citoyen de Genève*[1], car cet ouvrage m'est parfaitement inconnu, et je ne sais que par vous qu'il existe. Il est vrai qu'en général je suis peu curieux de ces sortes d'écrits; et, quand ils seroient aussi obligeants qu'ils sont insultants pour l'ordinaire, je n'irois pas plus à la chasse des éloges que des injures. Du reste, sitôt qu'il est question de moi, tous les préjugés sont

[1] * C'est une misérable parodie de la *Nouvelle Héloïse*, qui parut sans nom d'auteur en 1763.

qu'en effet l'ouvrage est une satire ; mais les préjugés sont-ils faits pour l'emporter sur vos jugements ? D'ailleurs, je ne vois pas que ce livre soit annoncé dans la gazette de Berne ; grande preuve qu'il ne m'est pas injurieux.

Je n'ose vous parler de mon état, il contristeroit votre bon cœur. Je vous dirai seulement que je ne puis me procurer des nuits supportables qu'en fendant du bois tout le jour, malgré ma foiblesse, pour me maintenir dans une transpiration continuelle, dont la moindre suspension me fait cruellement souffrir. Vous avez raison toutefois de prendre quelque intérêt à mon existence : malgré tous mes maux, elle m'est chère encore par les sentiments d'estime et d'affection qui m'attachent au vrai mérite ; et voilà, mademoiselle, ce qui ne doit pas vous être indifférent.

Acceptez un barbouillage qui ne vaut pas la peine d'en parler, et dont je n'ose vous proposer la lecture que sous les auspices de l'ami Platon.

## LETTRE CDLI.

### A M. D'ESCHERNY.

Motiers, le 2 février 1764.

Je ne suis pas si pressé, monsieur, de juger, et surtout en mal, des personnes que je ne connois point; et j'aurois tort, plus que tout homme au monde, de donner un si grand poids aux imputations du tiers et du quart. L'estime des gens de mérite est toujours honorable, et, comme on vous a peint à moi comme tel, je ne puis que m'applaudir de la vôtre. Au reste, si notre goût commun pour la retraite ne nous rapproche pas l'un de l'autre, ayez-y peu de regret; j'y perds plus que vous, peut-être: on dit votre commerce fort agréable, et moi je suis un pauvre malade fort ennuyeux; ainsi, pour l'amour de vous, demeurons comme nous sommes, et soyez persuadé, je vous supplie, que je n'ai pas le moindre soupçon que vous pensiez du mal de moi, ni par conséquent que vous en vouliez dire.

Recevez, monsieur, je vous supplie, mes remerciements de votre lettre obligeante, et mes salutations.

## LETTRE CDLII.

### A MADAME LATOUR.

5 février 1764.

Je suis fort en peine de vous, madame. Quoique je n'aime pas à me savoir dans votre disgrâce, j'aime encore mieux regarder votre silence comme une punition que vous m'imposez, que comme un signe que vous êtes malade. Un mot, je vous supplie, sur la cause de ce silence, afin que si c'est le malheur de vous déplaire, je m'en afflige ; mais que je ne porte pas à la fois deux maux pour un.

Je reçois à l'instant votre lettre du 30 janvier ; j'y vois que mes pressentiments n'étoient que trop justes. J'espère que vous êtes bien rétablie ; toutefois votre lettre ne me rassure pas assez. Un mot sur votre état présent, je vous supplie. Je n'en puis dire aujourd'hui davantage ; le paquet de France ne m'arrive qu'au moment où je dois fermer le mien.

## LETTRE CDLIII.

### A M. PANCKOUCKE.

Motiers, le 12 février 1764.

Je vois avec plaisir, monsieur, par votre lettre du 25 janvier, que vous ne m'avez point oublié, et je vous prie de croire que, quant à moi, je me souviendrai de vous toute ma vie avec amitié.

Je regarde votre établissement à Paris comme un moyen presque assuré de parvenir promptement à votre bien-être du côté de la fortune, vu le goût effréné de littérature qui règne en cette grande ville, et qu'étant vous-même homme de lettres, vous saurez bien choisir vos entreprises.

Je ne refuse point, monsieur, le cadeau que vous voulez me faire de ce que vous avez imprimé ; il me sera précieux comme un témoignage de votre amitié : mais si vous exigez de moi de tout lire, ne m'envoyez rien ; car, dans l'état où je suis, je ne puis plus supporter aucune lecture sérieuse, et tout ouvrage de raisonnement m'ennuie à la mort. Des romans et des voyages, voilà désormais tout ce que je puis souffrir, et je m'imagine qu'un homme grave comme vous n'imprime rien de tout cela.

## LETTRE CDLIV.

### A M. PICTET.

Motiers, le 1$^{er}$ mars 1764.

Je suis flatté, monsieur, que, sans un fréquent commerce de lettres, vous rendiez justice à mes sentiments pour vous : ils seront aussi durables que l'estime sur laquelle ils sont fondés ; et j'espère que le retour dont vous m'honorez ne sera pas moins à l'épreuve du temps et du silence. La seule chose changée entre nous est l'espoir d'une connoissance personnelle. Cette attente, monsieur, m'étoit douce; mais il y faut renoncer, si je ne puis la remplir que sur les terres de Genève ou dans les environs. Là-dessus mon parti est pris pour la vie; et je puis vous assurer que vous êtes entré pour beaucoup dans ce qu'il m'en a coûté de le prendre. Du reste je sens avec surprise qu'il m'en coûtera moins de le tenir que je ne m'étois figuré. Je ne pense plus à mon ancienne patrie qu'avec indifférence; c'est même un aveu que je vous fais sans honte, sachant bien que nos sentiments ne dépendent pas de nous; et cette indifférence étoit peut-être le seul qui pouvoit rester pour elle dans un cœur qui ne sut jamais haïr. Ce n'est pas que je me croie quitte envers elle; on ne l'est jamais qu'à la mort. J'ai le zèle du devoir encore, mais j'ai perdu celui de l'attachement.

Mais où est-elle, cette patrie? Existe-t-elle encore? Votre lettre décide cette question. Ce ne sont ni les murs ni les hommes qui font la patrie; ce sont les lois, les mœurs, les coutumes, le gouvernement, la constitution, la manière d'être qui résulte de tout cela. La patrie est dans les relations de l'état à ses membres : quand ces relations changent ou s'anéantissent, la patrie s'évanouit. Ainsi, monsieur, pleurons la nôtre; elle a péri, et son simulacre qui reste encore ne sert plus qu'à la déshonorer.

Je me mets, monsieur, à votre place, et je comprends combien le spectacle que vous avez sous les yeux doit vous déchirer le cœur. Sans contredit on souffre moins loin de son pays que de le voir dans un état si déplorable ; mais les affections, quand la patrie n'est plus, se resserrent autour de la famille, et un bon père se console avec ses enfants de ne plus vivre avec ses frères. Cela me fait comprendre que des intérêts si chers, malgré les objets qui nous affligent, ne vous permettront pas de vous dépayser. Cependant, s'il arrivoit que par voyage ou par déplacement vous vous éloignassiez de Genève, il me seroit très-doux de vous embrasser ; car, bien que nous n'ayons plus de commune patrie, j'augure des sentiments qui nous animent que nous ne cesserons point d'être concitoyens ; et les liens de l'estime et de l'amitié demeurent toujours quand même on a rompu tous les autres. Je vous salue, monsieur, de tout mon cœur.

## LETTRE CDLV.

### A M. L'ABBÉ DE ***.

Motiers, le 4 mars 1764.

J'ai parcouru, monsieur, la longue lettre où vous m'exposez vos sentiments sur la nature de l'ame et sur l'existence de Dieu. Quoique j'eusse résolu de ne plus rien lire sur ces matières, j'ai cru vous devoir une exception pour la peine que vous avez prise, et dont il ne m'est pas aisé de démêler le but. Si c'est d'établir entre nous un commerce de dispute, je ne saurois en cela vous complaire; car je ne dispute jamais, persuadé que chaque homme a sa manière de raisonner qui lui est propre en quelque chose, et qui n'est bonne en tout à nul autre que lui. Si c'est de me guérir des erreurs où vous me jugez être, je vous remercie de vos bonnes intentions; mais je n'en puis faire aucun usage, ayant pris depuis long-temps mon parti sur ces choses-là. Ainsi, monsieur, votre zèle philosophique est à pure perte avec moi, et je ne serai pas plus votre prosélyte que votre missionnaire. Je ne condamne point vos façons de penser; mais daignez me laisser les miennes, car je vous déclare que je n'en veux pas changer.

Je vous dois encore des remerciements du soin que vous prenez dans la même lettre de m'ôter l'inquiétude que m'avoient données les premières sur les principes de la haute vertu dont vous faites profession. Sitôt que ces principes vous paroissent solides, le devoir qui en dérive doit avoir pour vous la même force que s'ils l'étoient en effet : ainsi mes doutes sur leur solidité n'ont rien d'offensant pour vous; mais je vous avoue que, quant à moi, de tels principes me paroîtroient frivoles;

et sitôt que je n'en admettrois pas d'autres, je sens que dans le secret de mon cœur ceux-là me mettroient fort à l'aise sur les vertus pénibles qu'ils paroîtroient m'imposer : tant il est vrai que les mêmes raisons ont rarement la même prise en diverses têtes, et qu'il ne faut jamais disputer de rien !

D'abord l'amour de l'ordre, en tant que cet ordre est étranger à moi, n'est point un sentiment qui puisse balancer en moi celui de mon intérêt propre ; une vue purement spéculative ne sauroit dans le cœur humain l'emporter sur les passions ; ce seroit à ce qui est moi préférer ce qui m'est étranger : ce sentiment n'est pas dans la nature. Quant à l'amour de l'ordre dont je fais partie, il ordonne tout par rapport à moi, et comme alors je suis seul le centre de cet ordre, il seroit absurde et contradictoire qu'il ne me fît pas rapporter toutes choses à mon bien particulier. Or la vertu suppose un combat contre nous-mêmes, et c'est la difficulté de la victoire qui en fait le mérite ; mais, dans la supposition, pourquoi ce combat ? Toute raison, tout motif y manque. Ainsi point de vertu possible par le seul amour de l'ordre.

Le sentiment intérieur est un motif très-puissant sans doute ; mais les passions et l'orgueil l'altèrent et l'étouffent de bonne heure dans presque tous les cœurs. De tous les sentiments que nous donne une conscience droite, les deux plus forts et les seuls fondements de tous les autres sont celui de la dispensation d'une providence et celui de l'immortalité de l'ame : quand ces deux-là sont détruits, je ne vois plus ce qui peut rester. Tant que le sentiment intérieur me diroit quelque chose, il me défendroit, si j'avois le malheur d'être sceptique, d'alarmer ma propre mère des doutes que je pourrois avoir.

L'amour de soi-même est le plus puissant, et, selon moi, le seul motif qui fait agir les hommes. Mais comment la vertu, prise absolument et comme un être métaphysique, se fonde-t-elle sur cet amour-là? c'est ce qui me passe. Le crime, dites-vous, est contraire à celui qui le commet; cela est toujours vrai dans mes principes, et souvent très-faux dans les vôtres. Il faut distinguer alors les tentations, les positions, l'espérance plus ou moins grande qu'on a qu'il reste inconnu ou impuni. Communément le crime a pour motif d'éviter un grand mal ou d'acquérir un grand bien; souvent il parvient à son but. Si ce sentiment n'est pas naturel, quel sentiment pourra l'être? Le crime adroit jouit dans cette vie de tous les avantages de la fortune et même de la gloire. La justice et les scrupules ne font ici-bas que des dupes. Otez la justice éternelle et la prolongation de mon être après cette vie, je ne vois plus dans la vertu qu'une folie à qui l'on donne un beau nom. Pour un matérialiste l'amour de soi-même n'est que l'amour de son corps. Or quand Régulus alloit, pour tenir sa foi, mourir dans les tourments à Carthage, je ne vois point ce que l'amour de son corps faisoit à cela.

Une considération plus forte encore confirme les précédentes; c'est que, dans votre système, le mot même de vertu ne peut avoir aucun sens; c'est un son qui bat l'oreille, et rien de plus. Car enfin, selon vous, tout est nécessaire : où tout est nécessaire il n'y a point de liberté; sans liberté, point de moralité dans les actions; sans la moralité des actions, où est la vertu? Pour moi, je ne le vois pas. En parlant du sentiment intérieur je devois mettre au premier rang celui du libre arbitre; mais il suffit de l'y renvoyer d'ici.

Ces raisons vous paroîtront très-foibles, je n'en doute pas; mais elles me paroissent fortes à moi; et cela suffit pour vous prouver que, si par hasard je devenois votre disciple, vos leçons n'auroient fait de moi qu'un fripon. Or un homme vertueux comme vous ne voudroit pas consacrer ses peines à mettre un fripon de plus dans le monde, car je crois qu'il y a bien autant de ces gens-là que d'hypocrites, et qu'il n'est pas plus à propos de les y multiplier.

Au reste je dois avouer que ma morale est bien moins sublime que la vôtre, et je sens que ce sera beaucoup même si elle me sauve de votre mépris. Je ne puis disconvenir que vos imputations d'hypocrisie ne portent un peu sur moi. Il est très-vrai que sans être en tout du sentiment de mes frères, et sans déguiser le mien dans l'occasion, je m'accommode très-bien du leur : d'accord avec eux sur les principes de nos devoirs, je ne dispute point sur le reste, qui me paroît très-peu important. En attendant que nous sachions certainement qui de nous a raison, tant qu'ils me souffriront dans leur communion je continuerai d'y vivre avec un véritable attachement. La vérité pour nous est couverte d'un voile, mais la paix et l'union sont des biens certains.

Il résulte de toutes ces réflexions que nos façons de penser sont trop différentes pour que nous puissions nous entendre, et que par conséquent un plus long commerce entre nous ne peut qu'être sans fruit. Le temps est si court, et nous en avons besoin pour tant de choses, qu'il ne faut pas l'employer inutilement. Je vous souhaite, monsieur, un bonheur solide, la paix de l'ame, qu'il me semble que vous n'avez pas, et je vous salue de tout mon cœur.

## LETTRE CDLVI.

A MADAME LATOUR.

A Motiers, le 10 mars 1764.

Quelque mécontente que vous soyez de moi, chère Marianne, vous ne sauriez l'être plus que je le suis moi-même. Mais des regrets stériles ne me rendront pas meilleur; mes plis sont pris, et je sens avec douleur qu'à mon âge et dans mon état on ne se corrige plus de rien. J'aurois désiré, tel que je suis, que vous ne m'eussiez pas tout-à-fait abandonné. Cependant, si vous ne me jugez plus digne de vos lettres ni de votre souvenir, j'en aurai de la douleur, mais je n'en murmurerai pas. Quant à moi, je ne vous oublierai de ma vie; et, dussiez-vous ne plus me répondre, je vous écrirai toujours quelquefois, mais sans gêne et sans règle, car je n'en puis mettre à rien.

## LETTRE CDLVII.

A M. LE PRINCE L. E. DE WIRTEMBERG.

11 mars 1764.

Qui, moi, des contes? à mon âge et dans mon état? Non, prince, je ne suis plus dans l'enfance, ou plutôt je n'y suis pas encore, et malheureusement je ne suis pas si gai dans mes maux que Scarron l'étoit dans les siens. Je dépéris tous les jours; j'ai des comptes à rendre, et point de contes à faire. Ceci m'a bien l'air d'un bruit préliminaire répandu par quelqu'un qui veut m'honorer d'une gentillesse de sa façon. Divers auteurs, non contents d'attaquer mes sottises, se sont mis à m'imputer les leurs. Paris est inondé d'ouvrages qui portent mon nom, et dont on a soin de faire des chefs-d'œuvre de bêtise, sans doute afin de mieux tromper les lecteurs. Vous n'imagineriez jamais quels coups détournés on porte à ma réputation, à mes mœurs, à mes principes. En voici un qui vous fera juger des autres.

Tous les amis de M. de Voltaire répandent à Paris qu'il s'intéresse tendrement à mon sort ( et il est vrai qu'il s'y intéresse ). Ils font entendre qu'il est avec moi dans la plus intime liaison. Sur ce bruit, une femme qui ne me connoît point me demande par écrit quelques éclaircissements sur la religion, et envoie sa lettre à M. de Voltaire, le priant de me la faire passer. M. de Voltaire garde la lettre qui m'est adressée, et renvoie à cette dame, comme en réponse, le *Sermon des cinquante*. Surprise d'un pareil envoi de ma part, cette femme m'écrit par une autre voie; et voilà comment j'apprends ce qui s'est passé [1].

Vous êtes surpris que ma Lettre sur la Providence n'ait pas empêché Candide de naître? C'est elle, au contraire, qui lui a donné naissance; Candide en est la réponse. L'auteur m'en fit une de deux pages, dans laquelle il battoit la campagne, et Candide parut dix mois après. Je voulois philosopher avec lui; en réponse il m'a persifflé. Je lui ai écrit une fois que je le haïssois, et je lui en ai dit les raisons. Il ne m'a pas écrit la même chose, mais il me l'a vivement fait sentir. Je me venge en profitant des excellentes leçons qui sont dans ses ouvrages, et je le force à continuer de me faire du bien malgré lui.

Pardon, prince : voilà trop de jérémiades; mais c'est un peu votre faute si je prends tant de plaisir à m'épancher avec vous. Que fait madame la princesse? Daignez me parler quelquefois de son état. Quand aurons-nous ce précieux enfant de l'amour qui sera l'élève de la vertu? Que ne devien-

---

[1] * Voyez ci-devant la lettre cdxxxviii à madame de B***, décembre 1763.

dra-t-il point sous de tels auspices! de quelles fleurs charmantes, de quels fruits délicieux ne couronnera-t-il point les liens de ses dignes parents! Mais cependant quels nouveaux soins vous sont imposés! Vos travaux vont redoubler; y pourrez-vous suffire? aurez-vous la force de persévérer jusqu'à la fin? Pardon, monsieur le duc; vos sentiments connus me sont garants de vos succès. Aussi mon inquiétude ne vient-elle pas de défiance, mais du vif intérêt que j'y prends.

## LETTRE CDLVIII.

### A MADAME DE LUZE.

Motiers, le 17 mars 1764.

Il est dit, madame, que j'aurai toujours besoin de votre indulgence, moi qui voudrois mériter toutes vos bontés. Si je pouvois changer une réponse en visite, vous n'auriez pas à vous plaindre de mon inexactitude, et vous me trouveriez peut-être aussi importun qu'à présent vous me trouvez négligent. Quand viendra ce temps précieux où je pourrai aller au Biez réparer mes fautes, ou du moins en implorer le pardon? Ce ne sera point, madame, pour voir ma mince figure que je ferai ce voyage; j'aurai un motif d'empressement plus satisfaisant et plus raisonnable. Mais permettez-moi de me plaindre de ce qu'ayant bien voulu loger ma ressemblance, vous n'avez pas voulu me faire la faveur tout entière en permettant qu'elle vous vînt de moi. Vous savez que c'est une vanité qui n'est pas permise d'oser offrir son portrait; mais vous avez craint peut-être que ce ne fût une trop grande faveur de le demander; votre but étoit d'avoir une image, et non d'enorgueillir l'original. Aussi pour me croire chez vous il faut que j'y sois en personne, et il faut tout l'accueil obligeant que vous daignez m'y faire pour ne pas me rendre jaloux de moi.

Permettez, madame, que je remercie ici madame de Faugnes de l'honneur de son souvenir, et que je l'assure de mon respect. Daignez agréer pour vous la même assurance, et présenter mes salutations à M. de Luze.

## LETTRE CDLIX.

### A MILORD MARÉCHAL.

25 mars 1764.

Enfin, milord, j'ai reçu dans son temps, par M. Rougemont, votre lettre du 2 février, et c'est de toutes les réponses dont vous me parlez la seule

qui me soit parvenue. J'y vois, par votre dégoût
de l'Écosse, par l'incertitude du choix de votre demeure, qu'une partie de nos châteaux en Espagne
est déjà détruite, et je crains bien que le progrès
de mon dépérissement, qui rend chaque jour mon
déplacement plus difficile, n'achève de renverser
l'autre. Que le cœur de l'homme est inquiet! Quand
j'étois près de vous, je soupirois, pour y être plus
à mon aise, après le séjour de l'Écosse; et maintenant je donnerois tout au monde pour vous voir
encore ici gouverneur de Neuchâtel. Mes vœux
sont divers, mais leur objet est toujours le même.
Revenez à Colombier, milord, cultiver votre jardin, et faire du bien à des ingrats, même malgré
eux; peut-on terminer plus dignement sa carrière?
Cette exhortation de ma part est intéressée, j'en
conviens; mais, si elle offensoit votre gloire,
le cœur de votre enfant ne se la permettroit
jamais.

J'ai beau vouloir me flatter, je vois, milord,
qu'il faut renoncer à vivre auprès de vous; et malheureusement je n'en perdrai pas si facilement
le besoin que l'espoir. La circonstance où vous
m'avez accueilli m'a fait une impression que les
jours passés avec vous ont rendue ineffaçable: il
me semble que je ne puis plus être libre que sous
vos yeux, ni valoir mon prix que dans votre estime. L'imagination du moins me rapprocheroit,
si je pouvois vous donner les bons moments qui

me restent : mais vous m'avez refusé des mémoires sur votre illustre frère. Vous avez eu peur que je ne fisse le bel esprit, et que je ne gâtasse la sublime simplicité du *probus vixit, fortis obiit*. Ah! milord, fiez-vous à mon cœur; il saura trouver un ton qui doit plaire au vôtre pour parler de ce qui vous appartient. Oui, je donnerois tout au monde pour que vous voulussiez me fournir des matériaux pour m'occuper de vous, de votre famille, pour pouvoir transmettre à la postérité quelque témoignage de mon attachement pour vous et de vos bontés pour moi. Si vous avez la complaisance de m'envoyer quelques mémoires, soyez persuadé que votre confiance ne sera point trompée : d'ailleurs vous serez le juge de mon travail : et comme je n'ai d'autre objet que de satisfaire un besoin qui me tourmente, si j'y parviens, j'aurai fait ce que j'ai voulu. Vous déciderez du reste, et rien ne sera publié que de votre aveu. Pensez à cela, milord, je vous conjure, et croyez que vous n'aurez pas peu fait pour le bonheur de ma vie, si vous me mettez à portée d'en consacrer le reste à m'occuper de vous.

Je suis touché de ce que vous avez écrit à M. le conseiller Rougemont au sujet de mon testament. Je compte, si je me remets un peu, l'aller voir cet été à Saint-Aubin pour en conférer avec lui. Je me détournerai pour passer à Colombier : j'y reverrai du moins ce jardin, ces allées, ces bords du lac où se sont faites de si douces promenades et où vous devriez venir les recommencer, pour réparer du moins, dans un climat qui vous étoit salutaire, l'altération que celui d'Édimbourg a faite à votre santé.

Vous me promettez, milord, de me donner de vos nouvelles et de m'instruire de vos directions itinéraires : ne l'oubliez pas, je vous en supplie. J'ai été cruellement tourmenté de ce long silence. Je ne craignois pas que vous m'eussiez oublié, mais je craignois pour vous la rigueur de l'hiver. L'été je craindrai la mer, les fatigues, les déplacements, et de ne savoir plus où vous écrire.

## LETTRE CDLX.

A MADAME ROGUIN, née bouquet.

A Motiers, le 31 mars 1764.

Assurément, madame, vous serez une bonne mère, et avec le zèle que vous me marquez pour les devoirs attachés à ce lien, c'eût été grand dommage que M. Roguin ne vous eût pas mise dans l'état de les remplir. Vous vous inquiétez déjà de votre enfant, du temps où vous pourrez commencer à le baigner dans l'eau froide, de la manière de parvenir graduellement à lui couvrir la tête, et il n'est pas encore né. C'est là, madame, une sollicitude maternelle très-bien placée à certains égards; à d'autres, un peu précoce; mais très-louable en tous sens et qui mérite que j'y réponde de mon mieux.

En premier lieu, il importe fort peu que l'enfant soit dans un panier d'osier ou dans autre chose. Qu'il soit couché un peu mollement, un peu de biais, et souvent au grand air. S'il est en liberté, il ne tardera pas d'acquérir la force nécessaire pour se donner l'attitude qui lui convient. Et d'ailleurs il ne sera pas toujours couché, puisqu'une aussi bonne nourrice que vous voulez l'être daignera bien le tenir quelquefois sur ses bras.

Vous désirez le baigner de très-bonne heure dans l'eau froide. C'est très-bien fait, madame. Mon avis est que, pour ne rien risquer, on commence dès le jour de sa naissance. Le quart du monde chrétien, c'est-à-dire tous les Russes et la plupart des Grecs baptisent les enfants nouveau-nés, en les plongeant trois fois de suite dans l'eau toute froide et même glacée. Faites la même chose, madame, baptisez votre enfant par immersion deux fois le jour, et n'ayez pas peur des rhumes.

Vous songez de trop loin au temps de lui couvrir la tête; mais je n'en vois pas bien la nécessité. Cette nécessité ne viendra sûrement jamais, si c'est un garçon. Si c'est une fille, vous pourrez y songer lors de sa première communion, et cela moins pour obéir à la raison qu'à saint Paul, qui veut que les femmes aient la tête couverte dans l'église. A la bonne heure donc, puisque saint Paul le veut comme cela. Mais le reste du temps, qu'elle soit toujours coiffée en cheveux jusqu'à l'âge de trente ans, qu'une pareille coiffure devient indécente et ridicule dans une femme. Comme un exemple dit plus sur tout ceci que cent pages d'explication, je joins ici, madame, l'extrait d'un mémoire où vous pourrez voir en faits les solutions de vos difficultés. Quoique les *Sophies* et les *Émiles* soient rares, comme vous dites fort bien, il s'en élève pourtant quelques-uns en Europe, même en Suisse, et même à votre voisinage; et le succès promet déjà à leurs dignes pères et mères le prix de la tendresse qui leur fait supporter les soins d'une éducation si pénible, et du courage qui leur fait braver les clabauderies des sots, des gens d'église, et les ricaneries encore plus sottes des beaux esprits.

Si vous voulez, madame, faire par vous-même les observations nécessaires, prenez la peine d'aller près de Lausanne voir M. le prince de Wirtemberg. C'est sa fille unique qu'il élève de la manière marquée dans le mémoire; et s'il vous faut là-dessus des explications plus détaillées, vous pourrez consulter l'illustre M. Tissot. Prenez ses avis, madame : c'est le meilleur que je puisse vous donner. Agréez, je vous supplie, mes salutations et mon respect.

## LETTRE CDLXI.

### A MILORD MARÉCHAL.

31 mars 1764.

Sur l'acquisition, milord, que vous avez faite, et sur l'avis que vous m'en avez donné, la meilleure réponse que j'aie à vous faire est de vous transcrire ici ce que j'écris sur ce sujet à la personne que je prie de donner cours à cette lettre, en lui parlant des acclamations de vos bons compatriotes.

« Tous les plaisirs ont beau être pour les mé-
« chants, en voilà pourtant un que je leur défie
« de goûter. Il n'a rien eu de plus pressé que de
« me donner avis du changement de sa fortune :
« vous devinez aisément pourquoi. Félicitez-moi
« de tous mes malheurs, madame; ils m'ont donné
« pour ami milord Maréchal. »

Sur vos offres, qui regardent mademoiselle Le Vasseur et moi, je commencerai, milord, par vous dire que, loin de mettre de l'amour-propre à me refuser à vos dons, j'en mettrois un très-noble à les recevoir. Ainsi là-dessus point de dispute; les preuves que vous vous intéressez à moi, de quelque genre qu'elles puissent être, sont plus propres à m'enorgueillir qu'à m'humilier, et je ne m'y refuserai jamais; soit dit une fois pour toutes.

Mais j'ai du pain quant à présent; et, au moyen des arrangements que je médite, j'en aurai pour le reste de mes jours. Que me serviroit le surplus? Rien ne me manque de ce que je désire et qu'on peut avoir avec de l'argent. Milord, il faut préférer ceux qui ont besoin à ceux qui n'ont pas besoin, et je suis dans ce dernier cas. D'ailleurs je n'aime point qu'on me parle de testaments. Je ne voudrois pas être, moi le sachant, dans celui d'un indifférent : jugez si je voudrois me savoir dans le vôtre.

Vous savez, milord, que mademoiselle Le Vasseur a une petite pension de mon libraire avec laquelle elle peut vivre quand elle ne m'aura plus. Cependant j'avoue que le bien que vous voulez lui faire m'est plus précieux que s'il me regardoit directement, et je suis extrêmement touché de ce moyen trouvé par votre cœur de contenter la bienveillance dont vous m'honorez. Mais s'il se pouvoit que vous lui assignassiez plutôt la rente de la somme que la somme même, cela m'éviteroit l'embarras de chercher à la placer, sorte d'affaire où je n'entends rien.

J'espère, milord, que vous aurez reçu ma précédente lettre. M'accordez-vous des mémoires ? Pourrai-je écrire l'histoire de votre maison ? Pourrai-je donner quelques éloges à ces bons Écossois à qui vous êtes si cher, et qui par-là me sont chers aussi ?

## LETTRE CDLXII.

### AU MÊME.

Avril 1764.

J'ai répondu très-exactement, milord, à chacune de vos deux lettres du 2 février et du 6 mars, et j'espère que vous serez content de ma façon de penser sur les bontés dont vous m'honorez dans la dernière. Je reçois à l'instant celle du 26 mars, et j'y vois que vous prenez le parti que j'ai toujours prévu que vous prendriez à la fin. En vous menaçant d'une descente, le roi l'a effectuée ; et, quelque redoutable qu'il soit, il vous a encore plus sûrement conquis par sa lettre [1] qu'il n'auroit

[1] * Voici cette lettre, d'après la version qu'en a publiée d'Alembert, dans son éloge de milord Maréchal.

« Je disputerois bien avec les habitants d'Édimbourg l'avantage
« de vous posséder : si j'avois des vaisseaux, je méditerois une des-
« cente en Écosse pour enlever mon cher milord, et pour l'em-
« mener ici ; mais nos barques de l'Elbe sont peu propres à une
« pareille expédition. Il n'y a que vous sur qui je puisse compter.

fait par ses armes. L'asile qu'il vous presse d'accepter est le seul digne de vous. Allez, milord, à votre destination; il vous convient de vivre auprès de Frédéric comme il m'eût convenu de vivre auprès de George Keith. Il n'est ni dans l'ordre de la justice ni dans celui de la fortune que mon bonheur soit préféré au vôtre. D'ailleurs mes maux empirent et deviennent presque insupportables : il ne me reste qu'à souffrir et mourir sur la terre ; et en vérité c'eût été dommage de n'aller vous joindre que pour cela.

Voilà donc ma dernière espérance évanouie.... Milord, puisque vous voilà devenu si riche et si ardent à verser sur moi vos dons, il en est un que j'ai souvent désiré, et qui malheureusement me devient plus désirable encore lorsque je perds l'espoir de vous revoir. Je vous laisse expliquer cette énigme; le cœur d'un père est fait pour la deviner.

Il est vrai que le trajet que vous préférez vous épargnera de la fatigue; mais si vous n'étiez pas bien fait à la mer elle pourroit vous éprouver beaucoup à votre âge, surtout s'il survenoit du gros temps. En ce cas le plus long trajet par terre

« J'étois ami de votre frère, je lui avois des obligations; je suis le
« vôtre de cœur et d'ame : voilà mes titres; voilà les droits que j'ai
« sur vous. Vous vivrez ici dans le sein de l'amitié, de la liberté et
« de la philosophie : il n'y a que cela dans le monde, mon cher
« milord; quand on a passé par toutes les métamorphoses des
« états, quand on a goûté de tout, on en revient là. »

me paroîtroit préférable, même au risque d'un peu de fatigue de plus. Comme j'espère aussi que vous attendrez pour vous embarquer que la saison soit moins rude, vous voulez bien, milord, que je compte encore sur une de vos lettres avant votre départ.

## LETTRE CDLXIII.

### A M. A.

Motiers-Travers, le 7 avril 1764.

L'état où j'étois, monsieur, au moment où votre lettre me parvint, m'a empêché de vous en accuser plus tôt la réception, et de vous remercier comme je fais aujourd'hui du plaisir que m'a fait ce témoignage de votre souvenir. J'en suis plus touché que surpris; et j'ai toujours bien cru que l'amitié dont vous m'honoriez dans mes jours prospères ne se refroidiroit ni par mes disgrâces ni par mon exil. De mon côté, sans avoir avec vous des relations suivies, je n'ai point cessé, monsieur, de prendre intérêt aux changements agréables que vous avez éprouvés depuis nos anciennes liaisons. Je ne doute point que vous ne soyez aussi bon mari et aussi digne père de famille que vous étiez homme aimable étant garçon, que vous ne vous appliquiez à donner à vos enfants une éducation raisonnable et vertueuse, et que vous ne fassiez le bonheur d'une femme de mérite qui doit faire le vôtre. Toutes ces idées, fruits de l'estime qui vous est due, me rendent la vôtre plus précieuse.

Je voudrois vous rendre compte de moi pour répondre à l'intérêt que vous daignez y prendre : mais que vous dirois-je? Je ne fus jamais bien grand'chose : maintenant je ne suis plus rien ; je me regarde comme ne vivant déjà plus. Ma pauvre machine délabrée me laissera jusqu'au bout, j'espère, une ame saine quant aux sentiments et à la volonté ; mais, du côté de l'entendement et des idées, je suis aussi malade de l'esprit que du corps. Peut-être est-ce un avantage pour ma situation. Mes maux me rendent mes malheurs peu sensibles. Le cœur se tourmente moins quand le corps souffre, et la nature me donne tant d'affaires que l'injustice des hommes ne me touche plus. Le remède est cruel, je l'avoue ; mais enfin c'en est un pour moi : car les plus vives douleurs me laissent toujours quelque relâche, au lieu que les grandes afflictions ne m'en laissent point. Il est donc bon que je souffre et que je dépérisse pour être moins attristé ; et j'aimerois mieux être Scarron malade que Timon en santé. Mais si je suis désormais peu sensible aux peines, je le suis encore aux consolations ; et c'en sera toujours une pour moi d'apprendre que vous vous portez bien, que vous êtes heureux, et que vous continuez de m'aimer. Je vous salue, monsieur, et vous embrasse de tout mon cœur.

## LETTRE CDLXIV.

### A M. LE PRINCE L. E. DE WIRTEMBERG.

Motiers, le 15 avril 1764.

Ne vous plaignez pas de vos disgrâces, prince. Comme elles sont l'ouvrage de votre courage et de vos vertus, elles sont aussi l'instrument de votre gloire et de votre bonheur. Vaincre Frédéric eût été beaucoup, sans doute ; mais vaincre dans son propre cœur les préjugés et les passions qui subjuguent les conquérants comme les autres hommes est plus encore. Et, dites la vérité, combien de batailles gagnées vous eussent donné dans l'opinion des hommes ce que vous donne au fond de votre cœur une heure de jouissance des plaisirs de l'amour conjugal et paternel ? Quand vos succès eussent fait aux hommes quelque vrai bien, ce qui me paroît fort douteux ; car qu'importe aux peuples qui perde ou qui gagne ? vous auriez méconnu les vrais biens pour vous-même ; et, séduit par les acclamations publiques, vous n'eussiez plus mis votre bonheur que dans les jugements d'autrui.

Vous avez appris à le trouver en vous, à en être maître, et à en jouir malgré la reine et malgré les jaloux. Vous l'avez conquis, pour ainsi dire; c'étoit la meilleure conquête à faire.

La fumée de la gloire est enivrante dans mon métier comme dans le vôtre. J'ignore si cette fumée m'a porté à la tête, mais elle m'a souvent fait mal au cœur; et il est bien difficile qu'au milieu des triomphes un guerrier ne sente pas quelquefois la même atteinte; car si les lauriers des héros sont plus brillants, la culture en est aussi plus pénible, plus dépendante, et souvent on la leur fait payer bien cher.

La manière de vivre isolé et sans prétention que j'ai choisie, et qui me rend à peu près nul sur la terre, m'a mis à portée d'observer et comparer toutes les conditions depuis les paysans jusqu'aux grands. J'ai pu facilement écarter l'apparence; car j'ai été partout admis dans le commerce et même dans la familiarité. Je me suis, pour ainsi dire, incorporé dans tous les états pour les bien étudier. J'ai vu leurs sentiments, leurs plaisirs, leurs désirs, leur manière interne d'être : j'ai toujours vu que ceux qui savoient rendre leur situation non la plus éclatante, mais la plus indépendante, étoient les plus près de toute la félicité permise à l'homme; que les sentiments libres qu'ils cultivoient, tels que l'amour, l'amitié, étoient tout autrement délicieux que ceux qui naissent des relations forcées que donnent l'état et le rang; que les affections enfin qui tenoient aux personnes et qui étoient du choix du cœur étoient infiniment plus douces que celles qui tenoient aux choses et que déterminoit la fortune.

Sur ce principe il m'a semblé, dès les premières lettres dont vous m'avez honoré, et toutes les suivantes confirment ce jugement, que vous aviez fait le plus grand pas pour arriver au bonheur; que de prince et de général se faire père, mari, véritable homme, n'étoit point aller aux privations, mais aux jouissances; que vos présentes occupations marquoient l'état de votre ame de la façon la moins équivoque; que votre respect pour le sublime Klyiogg[1] montroit combien vous en méritez vous-même; qu'enfin vous pouviez avoir des chagrins, parce que tout homme en a; mais que, si quelqu'un dans le monde approchoit par sa situation et par ses sentiments du vrai bonheur, ce devoit être vous; et que, sur la disgrâce qui vous avoit conduit à cet état simple et désirable, vous pouviez dire, comme Thémistocle : Nous périssions si nous n'eussions péri. Voilà, prince, ma façon de penser sur votre situation présente et passée. Si je me trompe, ne me détrompez pas.

Une femme du pays de Vaud, qui se prétend grosse, m'a écrit pour me demander des conseils sur l'éducation de son enfant. Sa lettre me paroît

---

[1] * Voyez ci-après la lettre à M. Hirzel, du 11 novembre 1764.

un persifflage perpétuel sur mes chimériques idées. J'ai pris la liberté de lui citer pour réponse votre petite Sophie et la manière dont vous avez le courage de l'élever. J'espère n'avoir point commis en cela d'indiscrétion; si je l'avois fait, je vous prierois de me le dire afin que je fusse plus retenu une autre fois.

Si vous approuviez que nos lettres finissent désormais sans formule et sans signature, il me semble que cela seroit plus commode. Quand les sentiments sont connus, quand l'écriture est connue, il ne reste à prendre sur cet article que des soins qui me semblent superflus : en attendant que votre exemple m'autorise avec vous à cet usage, agréez, M. le duc, je vous supplie, les assurances de mon profond respect.

## LETTRE CDLXV.

A M. LE MARÉCHAL DE LUXEMBOURG.

Motiers, le 21 avril 1764.

Je suis alarmé, monsieur le maréchal, d'apprendre à l'instant que vous n'êtes pas allé ce printemps à Montmorency. Je crains que la suite d'une indisposition qu'on m'avoit décrite comme légère, et dont je vous croyois rétabli, n'ait mis obstacle à ce voyage. Permettez que je vous supplie de me faire écrire un mot sur votre état présent. Je sais qu'il faudroit toujours savoir se retirer avant que d'être importun, et qu'on y est obligé, du moins quand on sent qu'on l'est devenu. Mais, monsieur le maréchal, comme les sentiments que vous daignâtes cultiver ne peuvent sortir de mon cœur, je ne puis perdre non plus les inquiétudes qui en sont inséparables. Je serai discret désormais sur tout autre article; mais je ne puis me résoudre à l'être quand je suis en peine de votre santé.

## LETTRE CDLXVI.

### A M. D'IVERNOIS.

Motiers, le 21 avril 1764.

Je me réjouis, monsieur, de vous savoir heureusement de retour de votre voyage; et je me réjouirois bien aussi de celui que vous avez la bonté de me proposer, si j'étois en état de l'accepter; mais c'est à quoi ma situation présente ne me permet pas de penser. D'ailleurs je vous avouerai franchement qu'il entre dans mes arrangements de ne dépendre que de ma volonté dans mes courses, de n'en faire par conséquent qu'avec gens qui n'ont point d'affaire, et qui n'ont une voiture ni devant ni derrière eux. Mais si je ne puis, monsieur, avoir le plaisir de vous suivre, j'attends du moins avec empressement celui de vous embrasser; ce seroit un bien de plus dans ma vie d'en pouvoir jouir plus souvent.

Oserois-je vous charger d'une petite commission? M. Deluc l'aîné a eu la bonté de m'envoyer un baril de miel de Chamouni, comme je l'en avois prié. Je lui ai écrit là-dessus sans recevoir de réponse. Vous m'obligeriez beaucoup, monsieur, si vous vouliez bien solder avec lui cette petite affaire, en y ajoutant quelques affranchissements de lettres que je lui dois aussi, et je vous rembourserois ici le tout à votre passage. Je vous connois trop obligeant pour croire avoir là-dessus d'excuse à vous faire. Recevez les remerciements et respects de mademoiselle Le Vasseur, et faites, je vous supplie, agréer les miens à madame d'Ivernois. Je vous salue, monsieur, de tout mon cœur.

## LETTRE CDLXVII.

### A MADAME LATOUR.

A Motiers, le 28 avril 1764.

Tant que ma situation ne changera pas, j'aurai, chère Marianne, avec le chagrin de ne pouvoir vous écrire que des lettres rares et courtes; celui de sentir que vous imputez toujours en vous-même mon malheur à mauvaise volonté; car je sais qu'il n'est pas dans le cœur humain de se mettre à la place des autres dans les choses qu'on exige eux. Au reste, un article de vos lettres, auquel je ne répondrois pas quand j'aurois le temps et la santé qui me manquent, est celui des louanges. Le silence est la seule bonne réponse que je sache faire à cet article-là.

Les pièces de mes écrits que vous avez in-12, et que vous me demandez in-8°, ont, pour la plupart, été imprimées, dans ce dernier format, chez Pissot, quai de Conti, à la descente du Pont-Neuf; le *Discours sur l'économie politique* a aussi été imprimé in-8° à Genève, chez Duvillard. Je n'ai aucune de ces pièces détachées de l'unique exemplaire que je me suis réservé de mes écrits, et je n'ai plus aucune relation avec les libraires qui les ont imprimées. Cependant ne vous mettez pas en quête de ces pièces de six semaines d'ici; car j'espère, avant ce terme, pouvoir vous les procurer toutes d'une bonne édition, et cela sans embarras. Voilà, chère Marianne, ce que j'ai quant à présent à vous répondre sur les éclaircissements que vous m'avez demandés. J'attends maintenant la question que vous avez à me faire; j'espère qu'elle n'a nul trait à mon sincère attachement pour vous; car, quelque mécontente que vous soyez de ma correspondance, je ne vous pardonnerois pas de rien mettre en doute qui pût se rapporter à cet objet-là.

## LETTRE CDLXVIII.

### A M. GUY.

A Motiers, le 6 mai 1764.

Puisque vous voulez bien que je dispose de quelques exemplaires du recueil que vous venez de faire imprimer, je vous prie de vouloir bien en faire porter un in-8° broché, chez *madame de L. T., rue de Richelieu, entre la rue Neuve-Saint-Augustin et les écuries de madame la duchesse d'Orléans;* et, si elle veut le payer, de défendre à celui qui le portera de recevoir l'argent.

## LETTRE CDLXIX.

### A MADEMOISELLE D. M.

Le 7 mai 1764.

Je ne prends pas le change, Henriette, sur l'objet de votre lettre, non plus que sur votre date de Paris. Vous recherchez moins mon avis sur le parti que vous avez à prendre que mon approbation pour celui que vous avez pris. Sur chacune de vos lignes je vois ces mots écrits en gros caractères : *Voyons si vous aurez le front de condamner à ne plus penser ni lire quelqu'un qui pense et écrit ainsi.* Cette interprétation n'est assurément pas un reproche, et je ne puis que vous savoir gré de me mettre au nombre de ceux dont les jugements vous importent. Mais en me flattant vous n'exigez pas, je crois, que je vous flatte; et vous déguiser mon sentiment, quand il y va du bonheur de votre vie, seroit mal répondre à l'honneur que vous m'avez fait.

Commençons par écarter les délibérations inutiles. Il ne s'agit plus de vous réduire à coudre et broder. Henriette, on ne quitte pas sa tête comme son bonnet, et l'on ne revient pas plus à la simplicité qu'à l'enfance; l'esprit une fois en effervescence y reste toujours, et quiconque a pensé pensera toute sa vie. C'est là le plus grand malheur de l'état de réflexion : plus on en sent les maux, plus on les augmente; et tous nos efforts pour en sortir ne font que nous y embourber plus profondément.

Ne parlons donc pas de changer d'état, mais du parti que vous pouvez tirer du vôtre. Cet état est malheureux, il doit toujours l'être. Vos maux sont grands et sans remède; vous les sentez, vous en gémissez; et, pour les rendre supportables, vous cherchez du moins un palliatif. N'est-ce pas là l'objet que vous vous proposez dans vos plans d'études et d'occupations?

Vos moyens peuvent être bons dans une autre vue, mais c'est votre fin qui vous trompe, parce que ne voyant pas la véritable source de vos maux, vous en cherchez l'adoucissement dans la cause qui les fit naître. Vous les cherchez dans votre situation, tandis qu'ils sont votre ouvrage. Combien de personnes de mérite nées dans le bien-être, et tombées dans l'indigence, l'ont supportée avec moins de succès et de bonheur que vous, et toutefois n'ont pas ces réveils tristes et cruels dont vous décrivez l'horreur avec tant d'énergie! Pourquoi cela? Sans doute elles n'auront pas, direz-vous, une ame aussi sensible. Je n'ai vu personne en ma vie qui n'en dît autant. Mais qu'est-ce enfin que cette sensibilité si vantée? Voulez-vous le savoir, Henriette? c'est en dernière analyse un amour-propre qui se compare. J'ai mis le doigt sur le siége du mal.

Toutes vos misères viennent et viendront de vous être affichée. Par cette manière de chercher le bonheur il est impossible qu'on le trouve. On n'obtient jamais dans l'opinion des autres la place qu'on y prétend. S'ils nous l'accordent à quelques égards, ils nous la refusent à mille autres, et une seule exclusion tourmente plus que ne flattent cent préférences. C'est bien pis encore dans une femme qui, voulant se faire homme, met d'abord tout son sexe contre elle, et n'est jamais prise au mot par le nôtre; en sorte que son orgueil est souvent aussi mortifié par les honneurs qu'on lui rend que par ceux qu'on lui refuse. Elle n'a jamais précisément ce qu'elle veut, parce qu'elle veut des choses contradictoires; et qu'usurpant les droits d'un sexe sans vouloir renoncer à ceux de l'autre, elle n'en possède aucun pleinement.

Mais le grand malheur d'une femme qui s'affiche est de n'attirer, ne voir que des gens qui font comme elle, et d'écarter le mérite solide et modeste, qui ne s'affiche point, et qui ne court point où s'assemble la foule. Personne ne juge si mal et si faussement des hommes que les gens à prétentions; car ils ne les jugent que d'après eux-mêmes et ce qui leur ressemble; et ce n'est certainement pas voir le genre humain par son beau côté. Vous êtes mécontente de toutes vos sociétés : je le crois bien; celles où vous avez vécu étoient les moins propres à vous rendre heureuse; vous n'y trouviez personne en qui vous puissiez prendre cette confiance qui soulage. Comment l'auriez-vous trouvée parmi des gens tout occupés d'eux seuls, à qui vous demandiez dans leur cœur la première place, et qui n'en ont pas même une seconde à donner? Vous vouliez briller, vous vouliez primer, et vous vouliez être aimée : ce sont des choses incompatibles. Il faut opter. Il n'y a point d'amitié sans égalité, et il n'y a jamais d'égalité reconnue entre gens à prétentions. Il ne suffit pas d'avoir besoin d'un ami pour en trouver, il faut encore avoir de quoi fournir aux besoins d'un autre. Parmi les provisions que vous avez faites, vous avez oublié celle-là.

La marche par laquelle vous avez acquis des connoissances n'en justifie ni l'objet ni l'usage. Vous avez voulu paroître philosophe; c'étoit renoncer à l'être; et il valoit beaucoup mieux avoir l'air d'une fille qui attend un mari, que d'un sage qui attend de l'encens. Loin de trouver le bonheur dans l'effet des soins que vous n'avez donnés qu'à la seule apparence, vous n'y avez trouvé que des biens apparents et des maux véritables. L'état de réflexion où vous vous êtes jetée vous a fait faire incessamment des retours douloureux sur vous-même; et vous voulez pourtant bannir ces idées par le même genre d'occupation qui vous les donna.

Vous voyez l'erreur de la route que vous avez prise, et, croyant en changer par votre projet, vous allez encore au même but par un détour. Ce n'est point pour vous que vous voulez revenir à l'étude, c'est encore pour les autres. Vous voulez faire des provisions de connoissances pour suppléer dans un autre âge à la figure : vous voulez substituer l'empire du savoir à celui des charmes.

Vous ne voulez pas devenir la complaisante

d'une autre femme, mais vous voulez avoir des complaisants. Vous voulez avoir des amis, c'est-à-dire une cour : car les amis d'une femme jeune ou vieille sont toujours ses courtisans; ils la servent ou la quittent, et vous prenez de loin des mesures pour les retenir, afin d'être toujours le centre d'une sphère, petite ou grande. Je crois sans cela que les provisions que vous voulez faire seroient la chose la plus inutile pour l'objet que vous croyez bonnement vous proposer. Vous voudriez, dites-vous, vous mettre en état d'entendre les autres. Avez-vous besoin d'un nouvel acquis pour cela? Je ne sais pas au vrai quelle opinion vous avez de votre intelligence actuelle; mais, dussiez-vous avoir pour amis des OEdipes, j'ai peine à croire que vous soyez fort curieuse de jamais entendre les gens que vous ne pouvez entendre aujourd'hui. Pourquoi donc tant de soins pour obtenir ce que vous avez déjà? Non, Henriette, ce n'est pas cela; mais, quand vous serez une sibylle, vous voulez prononcer des oracles; votre vrai projet n'est pas tant d'écouter les autres que d'avoir vous-même des auditeurs. Sous prétexte de travailler pour l'indépendance, vous travaillez encore pour la domination. C'est ainsi que, loin d'alléger le poids de l'opinion qui vous rend malheureuse, vous voulez en aggraver le joug. Ce n'est pas le moyen de vous procurer des réveils plus sereins.

Vous croyez que le seul soulagement du sentiment pénible qui vous tourmente est de vous éloigner de vous. Moi, tout au contraire, je crois que c'est de vous en rapprocher.

Toute votre lettre est pleine de preuves que jusqu'ici l'unique but de toute votre conduite a été de vous mettre avantageusement sous les yeux d'autrui. Comment, ayant réussi dans le public autant que personne, et en rapportant si peu de satisfaction intérieure, n'avez-vous pas senti que ce n'étoit pas là le bonheur qu'il vous falloit, et qu'il étoit temps de changer de plan? Le vôtre peut être bon pour la gloire, mais il est mauvais pour la félicité. Il ne faut point chercher à s'éloigner de soi, parce que cela n'est pas possible, et que tout nous y ramène malgré que nous en ayons. Vous convenez d'avoir passé des heures très-douces en m'écrivant et me parlant de vous. Il est étonnant que cette expérience ne vous mette pas sur la voie, et ne vous apprenne pas où vous devez chercher sinon le bonheur, au moins la paix.

Cependant, quoique mes idées en ceci diffèrent beaucoup des vôtres, nous sommes à peu près d'accord sur ce que vous devez faire. L'étude est désormais pour vous la lance d'Achille, qui doit guérir la blessure qu'elle a faite. Mais vous ne voulez qu'anéantir la douleur, et je voudrois ôter la cause du mal. Vous voulez vous distraire de vous par la philosophie; moi, je voudrois qu'elle vous détachât de tout, et vous rendît à vous-même. Soyez sûre que vous ne serez contente des autres que quand vous n'aurez plus besoin d'eux, et que la société ne peut vous devenir agréable qu'en cessant de vous être nécessaire. N'ayant jamais à vous plaindre de ceux dont vous n'exigerez rien, c'est vous alors qui leur serez nécessaire; et, sentant que vous vous suffisez à vous-même, ils vous sauront gré du mérite que vous voulez bien mettre en commun. Ils ne croiront plus vous faire grâce; ils la recevront toujours. Les agréments de la vie vous rechercheront par cela seul que vous ne les rechercherez pas; et c'est alors que, contente de vous sans pouvoir être mécontente des autres, vous aurez un sommeil paisible et un réveil délicieux.

Il est vrai que des études faites dans des vues si contraires ne doivent pas beaucoup se ressembler, et il y a bien de la différence entre la culture qui orne l'esprit et celle qui nourrit l'ame. Si vous aviez le courage de goûter un projet dont l'exécution vous sera d'abord très-pénible, il faudroit beaucoup changer ces directions. Cela demanderoit d'y bien penser avant de se mettre à l'ouvrage. Je suis malade, occupé, abattu, j'ai l'esprit lent; il me faut des efforts pénibles pour sortir du petit cercle d'idées qui me sont familières, et rien n'en est plus éloigné que votre situation. Il n'est pas juste que je me fatigue à pure perte; car j'ai peine à croire que vous vouliez entreprendre de refondre, pour ainsi dire, toute votre constitution morale. Vous avez trop de philosophie pour ne pas voir avec effroi cette entreprise. Je désespérerois de vous si vous vous y mettiez aisément. N'allons donc pas plus loin quant à présent ; il suffit que votre principale question est résolue : suivez la carrière des lettres ; il ne vous en reste plus d'autre à choisir.

Ces lignes que je vous écris à la hâte, distrait et souffrant, ne disent peut-être rien de ce qu'il faut dire : mais les erreurs que ma précipitation peut m'avoir fait faire ne sont pas irréparables. Ce qu'il falloit, avant toute chose, étoit de vous faire sentir combien vous m'intéressez ; et je crois que vous n'en douterez pas en lisant cette lettre. Je ne vous regardois jusqu'ici que comme une belle penseuse qui, si elle avoit reçu un caractère de la nature, avoit pris soin de l'étouffer, de l'anéantir sous l'extérieur, comme un de ces chefs-d'œuvre jetés en bronze, qu'on admire par les dehors et dont le dedans est vide. Mais si vous savez pleurer encore sur votre état, il n'est pas sans ressource ; tant qu'il reste au cœur un peu d'étoffe, il ne faut désespérer de rien.

## LETTRE CDLXX.

A MADAME DE VERDELIN.

Motiers, le 13 mai 1764.

Quoique tout ce que vous m'écrivez, madame, me soit intéressant, l'article le plus important de votre dernière lettre en mérite une tout entière, et fera l'unique sujet de celui-ci. Je parle des propositions qui vous ont fait hâter votre retraite à la campagne. La réponse négative que vous y avez faite et le motif qui vous l'a inspirée sont, comme tout ce que vous faites, marqués au coin de la sagesse et de la vertu; mais je vous avoue, mon aimable voisine, que les jugements que vous portez sur la conduite de la personne me paroissent bien sévères; et je ne puis vous dissimuler que, sachant combien sincèrement il vous étoit attaché, loin de voir dans son éloignement un signe de tiédeur, j'y ai bien plutôt vu les scrupules d'un cœur qui croit avoir à se défier de lui-même; et le genre de vie qu'il choisit à sa retraite montre assez ce qui l'y a déterminé. Si un amant quitté pour la dévotion ne doit pas se croire oublié, l'indice est bien plus fort dans les hommes; et, comme cette ressource leur est moins naturelle, il faut qu'un besoin plus puissant les force d'y recourir.

Ce qui m'a confirmé dans mon sentiment, c'est son empressement à revenir du moment qu'il a cru pouvoir écouter son penchant sans crime; et cette démarche, dont votre délicatesse me paroît offensée, est à mes yeux une preuve de la sienne, qui doit lui mériter toute votre estime, de quelque manière que vous envisagiez d'ailleurs son retour.

Ceci, madame, ne diminue absolument rien de la solidité de vos raisons quant à vos devoirs envers vos enfants. Le parti que vous prenez est sans contredit le seul dont ils n'aient pas à se plaindre et le plus digne de vous; mais ne gâtez pas un acte de vertu si grand et si pénible par un dépit déguisé, et par un sentiment injuste envers un homme aussi digne de votre estime par sa conduite que vous-même êtes par la vôtre digne de l'estime de tous les honnêtes gens. J'oserai dire plus: votre motif, fondé sur vos devoirs de mère, est grand et pressant, mais il peut n'être que secondaire. Vous êtes trop jeune encore, vous avez un cœur trop tendre et plein d'une inclination trop ancienne pour n'être pas obligée à compter avec vous-même dans ce que vous devez sur ce point à vos enfants. Pour bien remplir ses devoirs, il ne faut point s'en imposer d'insupportables: rien de ce qui est juste et honnête n'est illégitime; quelque chers que vous soient vos enfants, ce que vous leur devez sur cet article n'est point ce que vous deviez à votre mari. Pesez donc les choses en bonne mère, mais en personne libre. Consultez si bien votre cœur que vous fassiez leur avantage, mais sans vous rendre malheureuse, car vous ne leur devez pas jusque-là. Après cela, si vous persistez dans vos refus, je vous en respecterai davantage; mais si vous cédez, je ne vous en estimerai pas moins.

Je n'ai pu refuser à mon zèle de vous exposer mes sentiments sur une matière si importante et dans le moment où vous êtes à temps de délibérer. M. de *** ne m'a écrit ni fait écrire; je n'ai de ses nouvelles ni directement ni indirectement; et quoique nos anciennes liaisons m'aient laissé de l'attachement pour lui, je n'ai eu nul égard à son intérêt dans ce que je viens de vous dire. Mais moi que vous laissâtes lire dans votre cœur, et qui en vis si bien la tendresse et l'honnêteté; moi qui quelquefois vis couler vos larmes, je n'ai point oublié l'impression qu'elles m'ont faite, et je ne suis pas sans crainte sur celles qu'elles ont pu vous laisser. Mériterois-je l'amitié dont vous m'honorez si je négligeois en ce moment les devoirs qu'elle impose?

## LETTRE CDLXXI.

A MADEMOISELLE GALLEY,

En lui envoyant un lacet.

14 mai 1764.

Ce présent, ma bonne amie, vous fut destiné du moment que j'eus le bien de vous connoître, et, quoi qu'en pût dire votre modestie, j'étois sûr qu'il auroit dans peu son emploi. La récompense suit de près la bonne œuvre. Vous étiez cet hiver garde-malade, et ce printemps Dieu vous donne un mari : vous lui serez charitable, et Dieu vous donnera des enfants; vous les élèverez en sage mère, et ils vous rendront heureuse un jour. D'avance vous devez l'être par les soins d'un époux aimable et aimé, qui saura vous rendre le bonheur qu'il attend de vous. Tout ce qui promet un bon choix m'est garant du vôtre ; des liens d'amitié formés dès l'enfance, éprouvés par le temps, fondés sur la connoissance des caractères; l'union des cœurs que le mariage affermit, mais ne produit pas; l'accord des esprits où des deux parts la bonté domine, et où la gaieté de l'un, la solidité de l'autre, se tempérant mutuellement, rendront douce et chère à tous deux l'austère loi qui fait succéder aux jeux de l'adolescence des soins plus graves, mais plus touchants. Sans parler d'autres convenances, voilà de bonnes raisons de compter pour toute la vie sur un bonheur commun dans l'état où vous entrez, et que vous honorerez par votre conduite. Voir vérifier un augure si bien fondé sera, chère Isabelle, une consolation très-douce pour votre ami. Du reste, la connoissance que j'ai de vos principes, et l'exemple de madame votre sœur, me dispensent de faire avec vous des conditions. Si vous n'aimez pas les enfants, vous aimerez vos devoirs. Cet amour me répond de l'autre; et votre mari, dont vous fixerez les goûts sur divers articles, saura bien changer le vôtre sur celui-là.

En prenant la plume j'étois plein de ces idées. Les voilà pour tout compliment. Vous attendiez peut-être une lettre faite pour être montrée; mais auriez-vous dû me la pardonner, et reconnoîtriez-vous l'amitié que vous m'avez inspirée, dans une épître où je songerois au public en parlant à vous?

## LETTRE CDLXXII.

A M. DE SAUTTERSHEIM.

Motiers, le 20 mai 1764.

Mettez-vous à ma place, monsieur, et jugez-vous. Quand, trop facile à céder à vos avances, j'épanchois mon cœur avec vous, vous me trompiez. Qui me répondra qu'aujourd'hui vous ne me trompez pas encore? Inquiet de votre long silence, je me suis fait informer de vous à la cour de Vienne : votre nom n'y est connu de personne. Ici votre honneur est compromis, et, depuis votre départ, une salope, appuyée de certaines gens, vous a chargé d'un enfant. Qu'êtes-vous allé faire à Paris? Qu'y faites-vous maintenant, logé précisément dans la rue qui a le plus mauvais renom? Que voulez-vous que je pense? J'eus toujours du penchant à vous aimer; mais je dois subordonner mes goûts à la raison, et je ne veux pas être dupe. Je vous plains; mais je ne puis vous rendre ma confiance que je n'aie des preuves que vous ne me trompez plus.

Vous avez ici des effets dans deux malles dont une est à moi. Disposez de ces effets, je vous prie, puisqu'ils vous doivent être inutiles, et qu'ils m'embarrasseroient dans le transport des miens, si je quittois Motiers. Vous me paroissez être dans le besoin, je ne suis pas non plus trop à mon aise. Cependant, si vos besoins sont pressants, et que les dix louis que vous n'acceptâtes pas l'année dernière puissent y porter quelque remède, parlez-moi clairement. Si je connoissois mieux votre état, je vous préviendrois; mais je voudrois vous soulager, non vous offenser.

Vous êtes dans un âge où l'ame a déjà pris son pli, et où les retours à la vertu sont difficiles. Cependant les malheurs sont de grandes leçons : puissiez-vous en profiter pour rentrer en vous-même! Il est certain que vous étiez fait pour être un homme de mérite. Ce seroit grand dommage que vous trompassiez votre vocation. Quant à moi, je n'oublierai jamais l'attachement que j'eus pour vous; et si j'achevois de vous en croire indigne, je m'en consolerois difficilement.

## LETTRE CDLXXIII.

### A M. DE P.

23 mai 1764.

Je sais, monsieur, que, depuis deux ans, Paris fourmille d'écrits qui portent mon nom, mais dont heureusement peu de gens sont les dupes. Je n'ai ni écrit ni vu ma prétendue lettre à M. l'archevêque d'Auch, et la date de Neuchâtel prouve que l'auteur n'est pas même instruit de ma demeure.

Je n'avois pas attendu les exhortations des protestants de France pour réclamer contre les mauvais traitements qu'ils essuient. Ma lettre à M. l'archevêque de Paris porte un témoignage assèz éclatant du vif intérêt que je prends à leurs peines : il seroit difficile d'ajouter à la force des raisons que j'apporte pour engager le gouvernement à les tolérer, et j'ai même lieu de présumer qu'il y a fait quelque attention. Quel gré m'en ont-ils su? On diroit que cette lettre, qui a ramené tant de catholiques, n'a fait qu'achever d'aliéner les protestants; et combien d'entre eux ont osé m'en faire un nouveau crime ! Comment voudriez-vous, monsieur, que je prisse avec succès leur défense, lorsque j'ai moi-même à me défendre de leurs outrages ? Opprimé, persécuté, poursuivi chez eux de toutes parts comme un scélérat, je les ai vus tous réunis pour achever de m'accabler; et lorsqu'enfin la protection du roi a mis ma personne à couvert, ne pouvant plus autrement me nuire, ils n'ont cessé de m'injurier. Ouvrez jusqu'à vos Mercures, et vous verrez de quelle façon ces charitables chrétiens m'y traitent : si je continuois à prendre leur cause, ne me demanderoit-on pas

de quoi je me mêle? Ne jugeroit-on pas qu'apparemment je suis de ces braves qu'on mène au combat à coups de bâton? « Vous avez bonne grâce
« de venir nous prêcher la tolérance, me diroit-
« on, tandis que vos gens se montrent plus into-
« lérants que nous! Votre propre histoire dément
« vos principes, et prouve que les réformés, doux
« peut-être quand ils sont foibles, sont très-vio-
« lents sitôt qu'ils sont les plus forts. Les uns vous
« décrètent, les autres vous bannissent, les autres
« vous reçoivent en rechignant. Cependant vous
« voulez que nous les traitions sur des maximes
« de douceur qu'ils n'ont pas eux-mêmes! Non:
« puisqu'ils persécutent ils doivent être persécutés;
« c'est la loi de l'équité qui veut qu'on fasse à cha-
« cun comme il fait aux autres. Croyez-nous, ne
« vous mêlez plus de leurs affaires, car ce ne sont
« point les vôtres. Ils ont grand soin de le dé-
« clarer tous les jours en vous reniant pour leur
« frère, en protestant que votre religion n'est pas
« la leur. »

Si vous voyez, monsieur, ce que j'aurois de solide à répondre à ce discours, ayez la bonté de me le dire; quant à moi, je ne le vois pas. Et puis, que sais-je encore? peut-être, en voulant les défendre, avancerois-je par mégarde quelque hérésie, pour laquelle on me feroit saintement brûler. Enfin, je suis abattu, découragé, souffrant, et l'on me donne tant d'affaires à moi-même, que je n'ai plus le temps de me mêler de celles d'autrui.

Recevez mes salutations, monsieur, je vous supplie, et les assurances de mon respect.

~~~~~~~~~~~~~~~~~~~~~~~~

## LETTRE CDLXXIV.

### A M. PANCKOUCKE.

Motiers-Travers, le 25 mai 1764.

Je lirai avec grand plaisir les écrits de M. Beaurieu, et, sur votre exhortation, j'ai déjà commencé par l'*Élève de la nature*. On ne peut pas en effet, penser avec plus d'esprit, ni dire plus agréablement. Je lui conseille toutefois de s'attacher toujours plus aux sujets qu'on peut traiter en descriptions et en images qu'à ceux de discussion et d'analyse, et qu'en général aux matières de raisonnement. Un traité d'agriculture sera tout-à-fait de son genre; et, s'il choisit bien ses matériaux, il peut à un livre très-utile donner tout l'agrément des Géorgiques.

Je me fais bien du scrupule de toucher aux ouvrages de Richardson, surtout pour les abréger; car je n'aimerois guère être abrégé moi-même, bien que je sente le besoin qu'en auroient plusieurs de mes écrits; ceux de Richardson en ont besoin incontestablement. Ses entretiens de cercle sont surtout insupportables; car, comme il n'avoit pas vu le grand monde, il en ignoroit entièrement le ton : j'oserois tenter de faire ce que vous me proposez; mais n'exigez pas que je fasse vite; car, malade et paresseux, occupé d'ailleurs à préparer l'édition générale par laquelle je me propose d'achever ma carrière littéraire, je n'aurai de long-temps, si je vis, que très-peu de temps à donner à une compilation : d'ailleurs, n'entendant pas l'anglais, il me faudroit toutes les traductions qui ont été faites, pour les comparer et choisir; et tout cela est embarrassant pour vous, pour moi, ou plutôt pour tous les deux. Si j'achève jamais ma grande édition, et que je lui survive, alors seulement je pourrai m'occuper uniquement de ces choses-là, et je me ferai un plaisir d'entrer dans vos vues autant que ma situation, ma santé et mon esprit indolent me le permettront.

J'oubliois de vous dire que le recueil que vous avez vu ne s'est point fait sous mes yeux. C'est M. l'abbé de La Porte qui l'a fait[1]; je n'ai su les pièces qu'il contenoit qu'à la réception des exemplaires qui m'ont été envoyés. J'en ai pourtant fourni quelques-unes, mais non pas votre *Prédiction*[2], que je n'ai même jamais communiquée

---

[1] * Voyez ci-devant la lettre à l'abbé de La Porte, du 4 avril 1763.

[2] * C'est le titre d'un petit écrit apologétique publié par

à personne, non que je ne m'en fasse honneur, mais parce que je n'en aurois pas disposé sans votre permission.

Je vous suis obligé de faire assez de cas de mes écrits pour leur donner dans votre cabinet une place de prédilection. Je serai fort aise qu'ils vous fassent quelquefois souvenir de leur auteur, qui vous aime depuis long-temps, et qui désire être toujours aimé de vous.

## LETTRE CDLXXV.

A M. LE PRINCE L. E. DE WIRTEMBERG.

Motiers, le 26 mai 1764.

Je reçois avec reconnoissance le livre que vous avez eu la bonté de m'envoyer; et lorsque je relirai cet ouvrage, ce qui, j'espère, m'arrivera quelquefois encore, ce sera toujours dans l'exemplaire que je tiens de vous. Ces entretiens ne sont point de Phocion, ils sont de l'abbé de Mably, frère de l'abbé de Condillac, célèbre par d'excellents livres de métaphysique, et connu lui-même par divers ouvrages de politique, très-bons aussi dans leur genre. Cependant on retrouve quelquefois dans

---

Panckoucke, et que l'abbé de La Porte a fait réimprimer à la suite de l'édition qu'il a donnée de la *Nouvelle Héloïse*, en 1764.

ceux-ci de ces principes de la politique moderne qu'il seroit à désirer que tous les hommes de votre rang blâmassent ainsi que vous. Aussi, quoique l'abbé de Mably soit un honnête homme rempli de vues très-saines, j'ai pourtant été surpris de le voir s'élever, dans ce dernier ouvrage, à une morale si pure et si sublime. C'est pour cela sans doute que ces entretiens, d'ailleurs très-bien faits, n'ont eu qu'un succès médiocre en France; mais ils en ont eu un très-grand en Suisse, où je vois avec plaisir qu'ils ont été réimprimés.

J'ai le cœur plein de vos deux dernières lettres. Je n'en reçois pas une qui n'augmente mon respect et, si j'ose le dire, mon attachement pour vous. L'homme vertueux, le grand homme élevé par les disgrâces, me fait tout-à-fait oublier le prince et le frère d'un souverain, et, vu l'antipathie pour cet état qui m'est naturelle, ce n'est pas peu de m'avoir amené là. Nous pourrions bien cependant n'être pas toujours de même avis en toute chose; et, par exemple, je ne suis pas trop convaincu qu'il suffise pour être heureux de bien remplir les devoirs de son emploi. Sûrement Turenne, en brûlant le Palatinat par l'ordre de son prince, ne jouissoit pas du vrai bonheur; et je ne crois pas que les fermiers généraux les plus appliqués autour de leur tapis vert en jouissent davantage : mais si ce sentiment est une erreur, elle est plus belle en vous que la vérité même; elle est digne de qui sut se choisir un état dont tous les devoirs sont des vertus.

Le cœur me bat à chaque ordinaire dans l'attente du moment désiré qui doit tripler votre être. Tendres époux, que vous êtes heureux! Que vous allez le devenir encore, en voyant multiplier des devoirs si charmants à remplir! Dans la disposition d'ame où je vous vois tous les deux, non, je n'imagine aucun bonheur pareil au vôtre. Hélas! quoi qu'on en puisse dire, la vertu seule ne le donne pas, mais elle seule nous le fait connoître, et nous apprend à le goûter.

## LETTRE CDLXXVI.

### A M. ***.

A Motiers, le 28 mai 1764.

C'est rendre un vrai service à un solitaire éloigné de tout que de l'avertir de ce qui se passe par rapport à lui. Voilà, monsieur, ce que vous avez très-obligeamment fait en m'envoyant un exemplaire de ma prétendue lettre à M. l'archevêque d'Auch.

Cette lettre, comme vous l'avez deviné, n'est pas plus de moi que tous ces écrits pseudonymes qui courent Paris sous mon nom. Je n'ai point vu le mandement auquel elle répond, je n'en ai même jamais ouï parler, et il y a huit jours que j'ignorois qu'il y eût un M. du Tillet au monde. J'ai peine à croire que l'auteur de cette lettre ait voulu persuader sérieusement qu'elle étoit de moi. N'ai-je pas assez des affaires qu'on me suscite, sans m'aller mêler de celles d'autrui? Depuis quand m'a-t-on vu devenir homme de parti? Quel nouvel intérêt m'auroit fait changer si brusquement de maximes? Les jésuites sont-ils en meilleur état que quand je refusois d'écrire contre eux dans leurs disgrâces? Quelqu'un me connoît-il assez lâche, assez vil pour insulter aux malheureux? Eh! si j'oubliois les égards qui leur sont dus, de qui pourroient-ils en attendre? Que m'importe enfin le sort des jésuites, quel qu'i puisse être? Leurs ennemis se sont-ils montrés pour moi plus tolérants qu'eux? La triste vérité délaissée est-elle plus chère aux uns qu'aux autres? et, soit qu'ils triomphent ou qu'ils succombent, en serai-je moins persécuté? D'ailleurs, pour peu qu'on lise attentivement cette lettre, qui ne sentira pas comme vous que je n'en suis point l'auteur? Les maladresses y sont entassées : elle est datée de Neuchâtel où je n'ai pas mis le pied; on y emploie la formule du *très-humble serviteur*, dont je n'use avec personne; on m'y fait prendre le titre de citoyen de Genève auquel j'ai renoncé; tout en commençant on s'échauffe pour M. de Voltaire, le plus ardent, le plus adroit de mes persécuteurs, et qui se passe bien, je crois, d'un défenseur tel que moi : on affecte quelques imitations de mes phrases, et ces imitations se démentent l'instant après : le style de la lettre peut être meilleur que le mien, mais enfin ce n'est pas le mien ; on m'y prête des expressions basses ; on m'y fait dire des grossièretés qu'on ne trouvera certainement dans aucun de mes écrits : on m'y fait dire *vous* à Dieu ; usage que je ne blâme pas, mais qui n'est pas le nôtre. Pour me supposer l'auteur de cette lettre, il faut supposer aussi que j'ai voulu me déguiser. Il n'y falloit donc pas mettre mon nom ; et alors on auroit pu persuader aux sots qu'elle étoit de moi.

Telles sont, monsieur, les armes dignes de mes adversaires dont ils achèvent de m'accabler. Non contents de m'outrager dans mes ouvrages, ils prennent le parti plus cruel encore de m'attribuer les leurs. A la vérité le public jusqu'ici n'a pas pris le change, et il faudroit qu'il fût bien aveuglé pour le prendre aujourd'hui. La justice que j'en attends sur ce point est une consolation bien foible pour tant de maux. Vous savez la nouvelle affliction qui m'accable : la perte de M. de Luxembourg met le comble à toutes les autres ; je la sentirai jusqu'au tombeau. Il fut mon consolateur durant sa vie, il sera mon protecteur après sa mort : sa chère et honorable mémoire défendra la mienne des insultes de mes ennemis ; et quand ils voudront la souiller par leurs calomnies, on leur dira : Comment cela pourroit-il être? le plus honnête homme de France fut son ami.

Je vous remercie et vous salue, monsieur, de tout mon cœur.

## LETTRE CDLXXVII.

### A M. DELEYRE.

Motiers, le 3 juin 1764.

J'avois reçu toutes vos lettres, cher Deleyre, et j'ai aussi reçu celle que m'a fait passer en dernier lieu M. Sabattier. Je ne crois pas vous avoir proposé d'établir entre nous une correspondance suivie ; non qu'elle ne me soit agréable, mais parce que ma paresse naturelle, mon état languissant, les lettres dont je suis accablé, les survenants dont ma maison ne désemplit point, m'empêcheroient de la suivre régulièrement. Mais, comme je vous aime et que je désire que vous m'aimiez, je recevrai toujours avec plaisir les détails que vous voudrez me faire de la situation de votre ame et de vos affaires, des marques de votre confiance et de votre amitié. Je me ménagerai aussi par intervalles le plaisir de vous écrire ; et quand j'aurai le temps d'épancher mon cœur avec vous, ce sera un soulagement pour moi. Voilà ce que je puis vous promettre; mais je ne vous promets point dans mes réponses une exactitude que je n'y sus jamais mettre. On n'a que trop de devoirs à remplir dans la vie sans s'en imposer encore de nouveaux.

Vos deux dernières lettres me fourniroient ample matière à disserter, tant sur vos dispositions actuelles que sur votre manière d'envisager l'histoire grecque et romaine : comme si, commençant cette étude, vous y eussiez cherché d'autres êtres que des hommes, et que ce ne fût pas bien assez d'y en trouver de meilleurs dans leurs étoffes que ne sont nos contemporains. Mais, mon cher, l'accablement où me jettent les maux du corps et de l'ame, et tout récemment la perte de M. de Luxembourg, qui m'a porté le dernier coup, m'ôtent la force de penser et d'écrire. Vous le savez, j'avois pour amis tout ce qu'il y avoit d'illustre parmi les gens de lettres; je les ai tous perdus pleins de vie; aucun, pas même Duclos, ne m'est resté dans mes disgrâces. J'en fais un parmi les grands : c'est celui qui se trouve à l'épreuve; et la mort vient me l'ôter. Quel renversement d'idées! Sur quels nouveaux principes faut-il donc remonter ma raison? Je suis trop vieux pour supporter un tel bouleversement; je suis trop sensible pour philosopher uniquement sur mes pertes. Ma tête n'y est plus; je ne sens plus que mes douleurs, je ne vois plus qu'un chaos. Cher Deleyre, j'ai trop vécu.

Avant de finir, reparlons de la manière de lier notre correspondance, au moins telle que je puis l'entretenir. Puisque vous avez reçu la lettre que je vous ai écrite directement, et que j'ai reçu la vôtre, nous ne sommes point fondés par notre expérience à nous défier des postes d'Italie[1]. La médiation de M. Sabattier, plus embarrassante, ne fait qu'augmenter la peine et la dépense, puisqu'il faut multiplier les enveloppes, lui écrire à lui-même, affranchir pour Turin comme pour Parme, payer des ports plus forts encore. En tout ma peine me coûte plus que mon argent. Ainsi je suis d'avis que nous revenions au plus simple, en nous écrivant directement. Si l'on ouvre nos lettres, que nous importe? nous ne tramons pas des conspirations. Si nous trouvons qu'elles se perdent, il sera temps alors de prendre d'autres mesures. Quant à présent, contentons-nous de les numéroter, comme je fais celle-ci, ce sera le moyen de reconnoître si l'on en a intercepté quelqu'une. Je ne croyois vous écrire qu'un mot, et me voilà à la troisième page. La conséquence est facile à tirer. Mon respect, je vous prie, à madame Deleyre, et mes salutations à M. l'abbé de Condillac. Je vous embasse de tout mon cœur.

[1] * Deleyre étoit à cette époque bibliothécaire de l'infant duc de Parme, dont l'abbé de Condillac étoit précepteur.

# LETTRE CDLXXVIII.

## A MADAME LA MARÉCHALE DE LUXEMBOURG.

Motiers, le 5 juin 1764.

C'est en vain que je lutte contre moi-même pour vous épargner les importunités d'un malheureux ; la douleur qui me déchire ne connoît plus de discrétion. Ce n'est pas à vous que je m'adresserois, madame la maréchale, si je connoissois quelqu'un qui eût été plus cher au digne ami que j'ai perdu. Mais avec qui puis-je mieux déplorer cette perte qu'avec la personne du monde qui la sent le plus? et comment ceux qu'il aima peuvent-ils rester divisés? Leurs cœurs ne devroient-ils pas se réunir pour le pleurer? Si le vôtre ne vous dit plus rien pour moi, prenez du moins quelque intérêt à mes misères par celui que vous savez qu'il y prenoit.

Mais c'est trop me flatter, sans doute : il avoit cessé d'y en prendre, à votre exemple il m'avoit oublié. Hélas? qu'ai-je fait? Quel est mon crime, si ce n'est de vous avoir trop aimés l'un et l'autre, et de m'être apprêté ainsi les regrets dont je suis consumé? Jusqu'au dernier instant vous avez joui de sa plus tendre affection; la mort seule a pu vous l'ôter : mais moi, je vous ai perdus tous deux pleins de vie ; je suis plus à plaindre que vous.

## LETTRE CDLXXIX.

### A LA MÊME.

Motiers, le 17 juin 1764.

Que mon état est affreux ! et que votre lettre m'a soulagé ! Oui, madame la maréchale, la certitude d'avoir été aimé de M. le maréchal, sans me consoler de sa perte, en adoucit l'amertume, et fait succéder à mon désespoir des larmes précieuses et douces dont je ne cesserai d'honorer sa mémoire tous les jours de ma vie. J'ose dire qu'il me la devoit cette amitié sincère que vous m'assurez qu'il eut toujours pour moi; car mon cœur n'eut jamais d'attachement plus vrai, plus vif, plus tendre, que celui qu'il m'avoit inspiré. C'est encore un de mes regrets que les tristes bienséances m'aient souvent empêché de lui faire connoître jusqu'à quel point il m'étoit cher. J'en puis dire autant à votre égard, madame la maréchale, et j'en ai pour preuve bien cruelle les déchiremens que j'ai sentis dans la persuasion d'être oublié de vous. Mon dessein n'est point d'entrer en explication sur le passé. Vous dites m'avoir écrit la dernière : nous sommes là-dessus bien loin de compte; mais vos bontés me sont si précieuses, que, pourvu qu'elles me soient rendues, je me chargerai volontiers d'un tort que mon cœur n'eut jamais, et qu'il saura bien vous faire oublier. Je consens que vous ne m'accordiez rien qu'à titre de grâce. Mais, si je n'ai point mérité votre amitié, songez, je vous supplie, que, de votre propre aveu, M. le maréchal m'accordoit la sienne. C'est en son nom, c'est au nom de sa mémoire qui nous est si chère à tous deux, que je réclame de votre part les sentiments qu'il eut pour moi, et que, de mon côté, je voue à la personne qu'il aima le plus tous ceux que j'avois pour lui. Il est impossible de dire davantage. Je ne demande ni de fréquentes lettres, ni des réponses exactes ; mais quand vous sentirez que je dois être inquiet ( et, quand on aime les gens, cela se devine), faites-moi dire un mot par M. de La Roche, et je suis content.

## LETTRE CDLXXX.

### A M. DE SAUTTERSHEIM.

Motiers, le 21 juin 1764.

Je suis honteux d'avoir tardé si long-temps, monsieur, à vous répondre. Je sais mieux que personne quels privilèges d'attention méritent les infortunés; mais, à ce même titre, je mérite aussi quelque indulgence, et je ne différois que pour pouvoir vous dire quelque chose de positif sur les dix louis dont vous craignez de vous prévaloir, de peur de n'être pas en état de me les rendre. Mais soyez bien tranquille sur cet article, puisque ma plus constante maxime, quand je prête ( ce qui, vu ma situation, m'arrive rarement ), est de ne compter jamais sur la restitution, et même de ne la pas exiger. Ce qui retarde à cet égard l'exécution de ma promesse est un événement malheureux qui ne me laisse pas disposer dans le moment d'un argent qui m'appartient. Sitôt que je le pourrai, je n'oublierai pas qu'une chose offerte est une chose due, quand il n'y a que l'impuissance de rendre qui empêche d'accepter.

J'ai du penchant à croire que pour le présent vous me parlez sincèrement; mais à moins d'en être sûr, je ne puis continuer avec vous une correspondance qui, aux termes où nous avons été, ne pourroit qu'être désagréable à tous deux sans une confiance réciproque. Malheureusement ma santé est si mauvaise, mon état est si triste, et j'ai tant d'embarras plus pressants, que je ne puis vaquer maintenant aux recherches nécessaires pour vérifier votre histoire et votre conduite, ni demeurer avec vous en liaisons que cette vérification ne soit faite ; ce qui emporte de votre côté la nécessité de disposer de ce que vous avez laissé chez moi, et que je souhaite de ne pas garder plus long-temps. Je voudrois donc, monsieur, vous faire acheter une autre malle à la place de la mienne, dont j'ai besoin, et que vous trouvassiez un autre dépositaire qui se chargeât de vos effets, ou que vous me marquassiez par quelle voie je dois vous les envoyer.

Mon dessein n'est pas d'entrer en discussion sur les explications de votre dernière lettre. Vous demandez, par exemple, si la servante de la maison-de-ville a des preuves que l'enfant qu'elle vous donne est de vous : ordinairement on ne prend pas des témoins dans ces sortes d'affaires. Mais elle a fait ses déclarations juridiques, et prêté serment au moment de l'accouchement, selon la forme prescrite en ce pays par la loi; et cela fait foi, en justice et dans le public, par défaut d'opposition de votre part.

Quelles qu'aient été vos mœurs jusqu'ici, vous êtes à portée encore de rentrer en vous-même; et l'adversité, qui achève de perdre ceux qui ont un penchant décidé au mal, peut, si vous en faites un bon usage, vous ramener au bien, pour lequel il m'a toujours paru que vous étiez né. L'épreuve est rude et pénible; mais quand le mal est grand le remède y doit être proportionné. Adieu, monsieur. Je comprends que votre situation demanderoit de ma part autre chose que des discours; mais la mienne me tient enchaîné pour le présent. Prenez, s'il est possible, un peu de patience, et soyez persuadé qu'au moment que je pourrai disposer de la bagatelle en question, vous aurez de mes nouvelles. Je vous salue, monsieur, de tout mon cœur.

## LETTRE CDLXXXI.

### A M. CHAMFORT.

Le 24 juin 1764.

J'ai toujours désiré, monsieur, d'être oublié de la tourbe insolente et vile qui ne songe aux infortunés que pour insulter à leur misère ; mais l'estime des hommes de mérite est un précieux dédommagement de ses outrages, et je ne puis qu'être flatté de l'honneur que vous m'avez fait en m'envoyant votre pièce [1]. Quoique accueillie du public, elle doit l'être des connoisseurs et des gens sensibles aux vrais charmes de la nature. L'effet le plus sûr de mes maximes, qui est de m'attirer la haine des méchants et l'affection des gens de bien, et qui se marque autant par mes malheurs que par mes succès, m'apprend, par l'approbation dont vous

[1] * *La jeune Indienne,* comédie en un acte, en vers, représentée en 1764.

honorez mes écrits, ce qu'on doit attendre des vôtres, et me fait désirer, pour l'utilité publique, qu'ils tiennent tout ce que promet votre début. Je vous salue, monsieur, de tout mon cœur.

## LETTRE CDLXXXII.

### A M. D'IVERNOIS.

Motiers, le 6 juillet 1764.

J'apprends, monsieur, avec grand plaisir votre heureuse arrivée à Genève, et je vous remercie de l'inquiétude que vous donne ma sciatique naissante. Des personnes à qui je suis attaché, et qui me marquent qu'elles me viennent voir, m'ôtent la liberté de partir pour Aix. Je vous prie de ne pas envoyer la flanelle, dont je vous remercie, mais dont il seroit impossible de faire un usage assez suivi pour m'en ressentir. Les soins qui gênent et qui durent m'importunent plus que les maux, et en toute chose j'aime mieux souffrir qu'agir.

La réponse du Conseil aux dernières représentations ne m'étonne point; mais ce qui m'étonne, c'est la persévérance des citoyens et bourgeois à faire des représentations.

La brochure que vous m'avez envoyée me paroît d'un homme qui a trop d'étoffe dans la tête pour n'en avoir pas un peu dans le cœur. Si jamais il prend part à quelque affaire, il fera poids dans le parti qu'il embrassera.

Celui à qui je me suis adressé pour les airs de mandoline m'a marqué qu'il les ferait graver. Ainsi, il ne me reste qu'à vous remercier pour cela de la peine que vous avez bien voulu prendre.

Mademoiselle Le Vasseur vous remercie de l'honneur de votre souvenir, et vous assure de son respect. Je vous prie d'assurer du mien madame d'Ivernois. J'embrasse M. Deluc, et vous salue, monsieur, de tout mon cœur.

Je reçois à l'instant la flanelle, et vous en remercie, en attendant le plaisir de vous voir.

## LETTRE CDLXXXIII.

A M. H. D. P. [1].

Motiers, le 15 juillet 1764.

Si mes raisons, monsieur, contre la proposition qui m'a été faite par le canal de M. P\*\*\*, vous paroissent mauvaises, celles que vous m'objectez ne me semblent pas meilleures; et dans ce qui regarde

---

[1] * Cette lettre paroît faire suite à la lettre CDLXXIII, du 23 mai même année.

ma conduite, je crois pouvoir rester juge des motifs qui doivent me déterminer.

Il ne s'agit pas, je le sais, de ce que tel ou tel peut mériter par la loi du talion, mais il s'agit de l'objection par laquelle les catholiques me fermeroient la bouche en m'accusant de combattre ma propre religion. Vous écrivez contre les persécuteurs, me diroient-ils, et vous vous dites protestant! Vous avez donc tort; car les protestants sont tout aussi persécuteurs que nous, et c'est pour cela que nous ne devons point les tolérer, bien sûrs que, s'ils devenoient les plus forts, ils ne nous toléreroient pas nous-mêmes. Vous nous trompez, ajouteroient-ils, ou vous vous trompez en vous mettant en contradiction avec les vôtres, et nous prêchant d'autres maximes que les leurs. Ainsi l'ordre veut qu'avant d'attaquer les catholiques je commence par attaquer les protestants, et par leur montrer qu'ils ne savent pas leur propre religion. Est-ce là, monsieur, ce que vous m'ordonnez de faire? Cette entreprise préliminaire rejetteroit l'autre encore loin; et il me paroît que la grandeur de la tâche ne vous effraie guère, quand il n'est question que de l'imposer.

Que si les arguments *ad hominem* qu'on m'objecteroit vous paroissent peu embarrassants, ils me le paroissent beaucoup à moi; et, dans ce cas, c'est à celui qui sait les résoudre d'en prendre le soin.

Il y a encore, ce me semble, quelque chose de

dur et d'injuste de compter pour rien tout ce que j'ai fait, et de regarder ce qu'on me prescrit comme un nouveau travail à faire. Quand on a bien établi une vérité par cent preuves invincibles, ce n'est pas un si grand crime, à mon avis, de ne pas courir après la cent et unième, surtout si elle n'existe pas. J'aime à dire des choses utiles, mais je n'aime pas à les répéter ; et ceux qui veulent absolument des redites n'ont qu'à prendre plusieurs exemplaires du même écrit. Les protestants de France jouissent maintenant d'un repos auquel je puis avoir contribué, non par de vaines déclamations comme tant d'autres, mais par de fortes raisons politiques bien exposées. Cependant voilà qu'ils me pressent d'écrire en leur faveur : c'est faire trop de cas de ce que je puis faire, ou trop peu de ce que j'ai fait. Ils avouent qu'ils sont tranquilles ; mais ils veulent être mieux que bien, et c'est après que je les ai servis de toutes mes forces qu'ils me reprochent de ne les pas servir au-delà de mes forces.

Ce reproche, monsieur, me paroît peu reconnoissant de leur part, et peu raisonné de la vôtre. Quand un homme revient d'un long combat, hors d'haleine et couvert de blessures, est-il temps de l'exhorter gravement à prendre les armes, tandis qu'on se tient soi-même en repos? Eh ! messieurs, chacun son tour, je vous prie. Si vous êtes si curieux des coups, allez en chercher votre part : quant à moi, j'en ai bien la mienne ; il est temps de songer à la retraite : mes cheveux gris m'avertissent que je ne suis plus qu'un vétéran ; mes maux et mes malheurs me prescrivent le repos, et je ne sors point de la lice sans y avoir payé de ma personne. *Sat patriæ Priamoque datum.* Prenez mon rang, jeunes gens, je vous le cède ; gardez-le seulement comme j'ai fait, et après cela ne vous tourmentez pas plus des exhortations indiscrètes et des reproches déplacés, que je ne m'en tourmenterai désormais.

Ainsi, monsieur, je confirme à loisir ce que vous m'accusez d'avoir écrit à la hâte, et que vous jugez n'être pas digne de moi ; jugement auquel j'éviterai de répondre, faute de l'entendre suffisamment.

Recevez, monsieur, je vous supplie, les assurances de tout mon respect.

## LETTRE CDLXXXIV.

### A MADAME DE CRÉQUI.

Motiers-Traevrs, 21 juillet 1764.

Vous ne m'auriez pas prévenu, madame, si ma situation m'eût permis de vous faire souvenir de moi ; mais si dans la prospérité l'on doit aller au-devant de ses amis, dans l'adversité il n'est permis que d'attendre. Mes malheurs, l'absence et la mort, qui ne cessent de m'en ôter, me rendent plus précieux ceux qui me restent. Je n'avois pas besoin d'un si triste motif pour faire valoir votre lettre; mais j'avoue, madame, que la circonstance où elle m'est venue ajoute encore au plaisir qu'en tout autre temps j'aurois eu de la recevoir. Je reconnois avec joie toutes vos anciennes bontés pour moi dans les vœux que vous daignez faire pour ma conversion. Mais, quoique je sois trop bon chrétien pour être jamais catholique, je ne m'en crois pas moins de la même religion que vous: car la bonne religion consiste beaucoup moins dans ce qu'on croit que dans ce qu'on fait. Ainsi, madame, restons comme nous sommes; et quoi que vous en puissiez dire, nous nous reverrons bien plus purement dans l'autre monde que dans celui-ci. C'eût été un très-grand honneur pour votre gouvernement que J. J. Rousseau y vécût et mourût tranquille; mais l'esprit étroit de vos petits parlementaires ne leur a pas permis de voir jusque-là; et, quand ils l'auroient vu, l'intérêt particulier ne leur eût pas permis de chercher la gloire nationale au préjudice de leur vengeance jésuitique et des petits moyens qui tenoient à ce projet. Je connois trop leur portée pour les exposer à faire une seconde sottise: la première a suffi pour me rendre sage. L'air de ce lieu-ci me tuera, je le sais; mais n'importe, j'aime mieux mourir sous l'autorité des lois que de vivre éternel jouet des petites passions des hommes. Madame, Paris ne me reverra jamais : voilà sur quoi vous pouvez compter. Je suis bien fâché que cette certitude m'ôte l'espoir de vous revoir jamais qu'en esprit ; car je crois qu'avec toute votre dévotion vous ne pensez pas qu'on se revoie autrement dans l'autre vie. Recevez, madame, mes salutations et mon respect, et soyez bien persuadée, je vous supplie, que, mort ou vif, je ne vous oublierai jamais.

## LETTRE CDLXXXV.

### A M. SÉGUIER DE SAINT-BRISSON [1].

Motiers, le 22 juillet 1763.

Je crains, monsieur, que vous n'alliez un peu vite en besogne dans vos projets ; il faudroit, quand rien ne vous presse, proportionner la maturité des délibérations à l'importance des résolutions. Pourquoi quitter si brusquement l'état que vous aviez embrassé, tandis que vous pouviez à loisir vous arranger pour en prendre un autre, si tant est qu'on puisse appeler un état le genre de vie que vous vous êtes choisi, et dont vous serez peut-être aus-

[1] * Voyez les *Confessions*, livre XII.

sitôt rebuté que du premier? Que risquiez-vous à mettre un peu moins d'impétuosité dans vos démarches, et à tirer parti de ce retard, pour vous confirmer dans vos principes, et pour assurer vos résolutions par une plus mûre étude de vous-même? Vous voilà seul sur la terre dans l'âge où l'homme doit tenir à tout; je vous plains, et c'est pour cela que je ne puis vous approuver, puisque vous avez voulu vous isoler vous-même au moment où cela vous convenoit le moins. Si vous croyez avoir suivi mes principes, vous vous trompez : vous avez suivi l'impétuosité de votre âge; une démarche d'un tel éclat valoit assurément la peine d'être bien pesée avant d'en venir à l'exécution. C'est une chose faite, je le sais : je veux seulement vous faire entendre que la manière de la soutenir et d'en revenir demande un peu plus d'examen que vous n'en avez mis à la faire.

Voici pis. L'effet naturel de cette conduite a été de vous brouiller avec madame votre mère. Je vois, sans que vous me le montriez, le fil de tout cela; et, quand il n'y auroit que ce que vous me dites, à quoi bon aller effaroucher la conscience tranquille d'une mère, en lui montrant sans nécessité des sentiments différents des siens? Il falloit, monsieur, garder ces sentiments au-dedans de vous pour la règle de votre conduite, et leur premier effet devoit être de vous faire endurer avec patience les tracasseries de vos prêtres, et de ne pas changer ces tracasseries en persécutions, en voulant secouer hautement le joug de la religion où vous étiez né. Je pense si peu comme vous sur cet article, que quoique le clergé protestant me fasse une guerre ouverte, et que je sois fort éloigné de penser comme lui sur tous les points, je n'en demeure pas moins sincèrement uni à la communion de notre Église, bien résolu d'y vivre et d'y mourir s'il dépend de moi : car il est très-consolant pour un croyant affligé de rester en communauté de culte avec ses frères, et de servir Dieu conjointement avec eux. Je vous dirai plus, et je vous déclare que si j'étois né catholique, je demeurerois catholique, sachant bien que votre Église met un frein très-salutaire aux écarts de la raison humaine, qui ne trouve ni fond ni rive quand elle veut sonder l'abîme des choses; et je suis si convaincu de l'utilité de ce frein, que je m'en suis moi-même imposé un semblable, en me prescrivant, pour le reste de ma vie, des règles de foi dont je ne me permets plus de sortir. Aussi je vous jure que je ne suis tranquille que depuis ce temps-là, bien convaincu que, sans cette précaution, je ne l'aurois été de ma vie. Je vous parle, monsieur, avec effusion de cœur, et comme un père parleroit à son enfant. Votre brouillerie avec madame votre mère me navre. J'avois dans mes malheurs la consolation de croire que mes écrits ne pouvoient faire que du bien ; voulez-vous m'ôter encore cette consolation? Je sais que s'ils font du mal, ce n'est que faute d'être entendus; mais j'aurai toujours le regret de n'avoir pu me faire entendre. Cher Saint-Brisson, un fils brouillé avec sa mère a toujours tort : de tous les sentiments naturels, le seul demeuré parmi nous est l'affection maternelle. Le droit des mères est le plus sacré que je connoisse; en aucun cas on ne peut le violer sans crime : raccommodez-vous donc avec la vôtre. Allez vous jeter à ses pieds; à quelque prix que ce soit, apaisez-la : soyez sûr que son cœur vous sera rouvert si le vôtre vous ramène à elle. Ne pouvez-vous sans fausseté lui faire le sacrifice de quelques opinions inutiles, ou du moins les dissimuler? Vous ne serez jamais appelé à persécuter personne; que vous importe le reste? Il n'y a pas deux morales. Celle du christianisme et celle de la philosophie sont la même, l'une et l'autre vous imposent ici le même devoir; vous pouvez le remplir, vous le devez; la raison, l'honneur, votre intérêt, tout le veut : moi, je l'exige pour répondre aux sentiments dont vous m'honorez. Si vous le faites, comptez sur mon amitié, sur toute mon estime, sur mes soins, si jamais ils vous sont bons à quelque chose. Si vous ne le faites pas, vous n'avez qu'une mauvaise tête; ou, qui pis est, votre cœur vous conduit mal, et je ne veux conserver des liaisons qu'avec des gens dont la tête et le cœur soient sains.

## LETTRE CDLXXXVI.

### A M. D'IVERNOIS.

Yverdun, le mercredi 1<sup>er</sup> août 1764.

Le voyage, monsieur, qui doit me rapprocher de vous est commencé; mais je ne sais quand il s'achèvera, vu les pluies qui tombent actuellement, et qui rendent les chemins désagréables pour un piéton. Toutefois, supposant que la pluie cesse et que le chemin se ressuie passablement d'ici à demain après dîner, je me propose d'aller coucher à Goumoins, après-demain à Morges, où j'attendrai peut-être un jour ou deux. Comme j'en crois les cabarets mauvais et le séjour ennuyeux, je tâcherai de trouver un bateau pour traverser à Thonon, où je séjournerai quelques jours attendant de vos nouvelles. Je vous marque ma marche un peu en détail, afin que, si vous vouliez me joindre à Morges, vous puissiez savoir quand m'y trouver : mais encore une fois, ma manière de voyager fait que tous mes arrangements dépendent du temps. Je serai charmé de vous voir et nos amis, à condition que je ne serai point gêné dans ma manière de vivre, et qu'on n'amènera point de femme, quelque plaisir que j'eusse en tout autre temps de faire connoissance avec madame d'Ivernois. Je lui présente mon respect, et vous salue, monsieur, de tout mon cœur.

## LETTRE CDLXXXVII.

### AU MÊME.

Motiers, le 20 mars 1764.

En arrivant ici avant-hier, monsieur, en médiocre état, je reçus avec des centaines de lettres la vôtre pour m'en consoler, mais à laquelle l'importunité des autres m'empêche de répondre en détail aujourd'hui.

Je suis très-sensible à la grâce que veut me faire M. Guyot; ce seroit en abuser que de prendre toutes ses bougies au prix auquel il veut bien me les passer. D'ailleurs, il ne me paroît pas que celle que vous m'avez envoyée soit exactement semblable aux miennes; il faudroit, pour en faire l'essai convenablement, et plus de loisir et un plus grand nombre. A tout événement, si de ces cinq douzaines M. Guyot vouloit bien en céder deux, je pourrois, sur ces vingt-quatre bougies, faire cet hiver des essais qui me décideroient sur ce qui pourroit lui en rester au printemps; et, si pour ce nombre il permet le choix, je les aimerois mieux grises ou noires que rouges, et surtout des plus longues qu'il ait, puisque je suis obligé de mettre à toutes des alonges qui m'incommodent beaucoup, mais qui sont nécessaires pour que la bougie pénètre jusqu'à l'obstacle.

Vous aurez *la Nouvelle Héloïse*; mais, comme je suppose que vous n'êtes pas pressé, j'attendrai que les tracas me laissent respirer. Du reste, ne vous faites pas tant valoir pour m'avoir demandé cette bagatelle; votre intention se pénètre aisément. Les autres donnent pour recevoir; vous faites tout le contraire, et même vous abusez de ma facilité. Ne m'envoyez point de l'eau d'Auguste, parce qu'en vérité je n'en saurois que faire, ne la trouvant pas fort agréable, et n'ayant pas grand'-foi à ses vertus. Quant à la truite, l'assaisonnement et la main qui l'a préparée doivent rendre excellente une chose naturellement aussi bonne; mais mon état présent m'interdit l'usage de ces sortes de mets. Toutefois ce présent vient d'une part qui m'empêche de le refuser, et j'ai grand'-peur que ma gourmandise ne m'empêche de m'en abstenir.

Je dois vous avertir, par rapport à l'eau d'Auguste, de ne plus vous servir d'une aiguille de cuivre, ou de vous abstenir d'en boire; car la liqueur doit dissoudre assez de cuivre pour rendre cette boisson pernicieuse et pour en faire même un poison. Ne négligez pas cet avis.

J'aurois cent choses à vous dire; mais le temps me presse, il faut finir : ce ne seroit pas sans vous faire tous les remerciements que je vous dois, si des paroles y pouvoient suffire. Bien des respects à madame, je vous supplie; mille choses à nos amis; recevez les remerciements et les salutations de mademoiselle Le Vasseur, et d'un homme dont le cœur est plein de vous.

Je ne puis m'empêcher de vous réitérer que l'idée d'adresser *D* à *B* est une chose excellente; c'est une mine d'or que cette idée entre des mains qui sauront l'exploiter.

---

## LETTRE CDLXXXVIII.

### A MILORD MARÉCHAL.

Motiers, le 21 août 1764.

Le plaisir que m'a causé, milord, la nouvelle de votre heureuse arrivée à Berlin par votre lettre du mois dernier, a été retardé par un voyage que j'avois entrepris, et que la lassitude et le mauvais temps m'ont fait abandonner à moitié chemin. Un premier ressentiment de sciatique, mal héréditaire dans ma famille, m'effrayoit avec raison. Car jugez de ce que deviendroit, cloué dans sa chambre, un pauvre malheureux qui n'a d'autre soulagement ni d'autre plaisir dans la vie que la promenade, et qui n'est plus qu'une machine ambulante ! Je m'étois donc mis en chemin pour Aix dans l'intention d'y prendre la douche et aussi d'y voir mes bons amis les Savoyards, le meilleur peuple, à mon avis, qui soit sur la terre. J'ai fait la route jusqu'à Morges pédestrement, à mon ordinaire, assez caressé partout. En traversant le lac, et voyant de loin les clochers de Genève, je me suis surpris à soupirer aussi lâchement que j'aurois fait jadis pour une perfide maîtresse. Arrivé à Thonon, il a fallu rétrograder, malade et sous une pluie continuelle. Enfin me voici de retour, non cocu à la vérité, mais battu, mais content, puisque j'apprends votre heureux retour auprès du roi, et que mon protecteur et mon père aime toujours son enfant.

Ce que vous m'apprenez de l'affranchissement des paysans de Poméranie, joint à tous les autres traits pareils que vous m'avez ci-devant rapportés, me montre partout deux choses également belles ; savoir, dans l'objet le génie de Frédéric, et dans le choix le cœur de George. On feroit une histoire digne d'immortaliser le roi sans autres mémoires que vos lettres.

A propos de mémoires, j'attends avec impatience ceux que vous m'avez promis. J'abandonnerois volontiers la vie particulière de votre frère si vous les rendiez assez amples pour en pouvoir tirer l'histoire de votre maison. J'y pourrois parler au long de l'Écosse que vous aimez tant, et de votre illustre frère et de son illustre frère, par lequel tout cela m'est devenu cher. Il est vrai que cette entreprise seroit immense et fort au-dessus de mes forces, surtout dans l'état où je suis; mais il s'agit moins de faire un ouvrage que de m'occuper de vous, et de fixer mes indociles idées qui voudroient aller leur train malgré moi. Si vous voulez que j'écrive la vie de l'ami dont vous me parlez, que votre volonté soit faite; la mienne y trouvera toujours son compte, puisqu'en vous obéissant je m'occuperai de vous. Bonjour, milord.

## LETTRE CDLXXXIX.

A MADAME LA COMTESSE DE BOUFFLERS.

Motiers, le 26 août 1764.

Après les preuves touchantes, madame, que j'ai eues de votre amitié dans les plus cruels moments de ma vie, il y auroit à moi de l'ingratitude de n'y pas compter toujours; mais il faut pardonner beaucoup à mon état: la confiance abandonne les malheureux, et je sens, au plaisir que m'a fait votre lettre, que j'ai besoin d'être ainsi rassuré quelquefois. Cette consolation ne pouvoit me venir plus à propos : après tant de pertes irréparables, et en dernier lieu celle de M. de Luxembourg, il m'importe de sentir qu'il me reste des biens assez précieux pour valoir la peine de vivre. Le moment où j'eus le bonheur de le connoître ressembloit beaucoup à celui où je l'ai perdu ; dans l'un et dans l'autre, j'étois affligé, délaissé, malade : il me consola de tout ; qui me consolera de lui ? Les amis que j'avois avant de le perdre ; car mon cœur, usé par les maux, et déjà durci par les ans, est fermé désormais à tout nouvel attachement.

Je ne puis penser, madame, que dans les critiques qui regardent l'éducation de M. votre fils, vous compreniez ce que, sur le parti que vous avez pris de l'envoyer à Leyde, j'ai écrit au chevalier de L\*\*\*. Critiquer quelqu'un, c'est blâmer dans le public sa conduite ; mais dire son sentiment à un ami commun sur un pareil sujet ne s'appellera jamais critiquer, à moins que l'amitié n'impose la loi de ne dire jamais ce qu'on pense, même en choses où les gens du meilleur sens peuvent n'être pas du même avis. Après la manière dont j'ai constamment pensé et parlé de vous, madame, je me décrierois moi-même si je m'avisois de vous critiquer. Je trouve à la vérité beaucoup d'inconvénient à envoyer les jeunes gens dans les universités ; mais je trouve aussi que, selon les circonstances, il peut y en avoir davantage à ne pas le faire, et l'on n'a pas toujours en ceci le choix du plus grand bien, mais du moindre mal. D'ailleurs une fois la nécessité de ce parti supposée, je crois comme vous qu'il y a moins de danger en Hollande que partout ailleurs.

Je suis ému de ce que vous m'avez marqué de messieurs les comtes de B*** : jugez, madame, si la bienveillance des hommes de ce mérite m'est précieuse, à moi, que celle même des gens que je n'estime pas subjugue toujours. Je ne sais ce qu'on eût fait de moi par les caresses : heureusement on ne s'est pas avisé de me gâter là-dessus. On a travaillé sans relâche à donner à mon cœur, et peut-être à mon génie, le ressort que naturellement ils n'avoient pas. J'étois né foible ; les mauvais traitements m'ont fortifié : à force de vouloir m'avilir, on m'a rendu fier.

Vous avez la bonté, madame, de vouloir des détails sur ce qui me regarde. Que vous dirai-je ? rien n'est plus uni que ma vie, rien n'est plus borné que mes projets ; je vis au jour la journée sans souci du lendemain, ou plutôt j'achève de vivre avec plus de lenteur que je n'avois compté. Je ne m'en irai pas plus tôt qu'il ne plaît à la nature ; mais ses longueurs ne laissent pas de m'embarrasser, car je n'ai plus rien à faire ici. Le dégoût de toutes choses me livre toujours plus à l'indolence et à l'oisiveté. Les maux physiques me donnent seuls un peu d'activité. Le séjour que j'habite, quoique assez sain pour les autres hommes, est pernicieux pour mon état : ce qui fait que, pour me dérober aux injures de l'air et à l'importunité des désœuvrés, je vais errant par le pays durant la belle saison; mais aux approches de l'hiver, qui est ici très-rude et très-long, il faut revenir et souffrir. Il y a long-temps que je cherche à déloger : mais où aller? comment m'arranger? J'ai tout à la fois l'embarras de l'indigence et celui des richesses : toute espèce de soin m'effraie; le transport de mes guenilles et de mes livres par ces montagnes est pénible et coûteux : c'est bien la peine de déloger de ma maison, dans l'attente de déloger bientôt de mon corps! Au lieu que, restant où je suis, j'ai des journées délicieuses, errant, sans souci, sans projet, sans affaires, de bois en bois et de rochers en rochers, rêvant toujours et ne pensant point. Je donnerois tout au monde pour savoir la botanique; c'est la véritable occupation d'un corps ambulant et d'un esprit paresseux : je ne répondrois pas que je n'eusse la folie d'essayer de l'apprendre, si je savois par où commencer. Quant à ma situation du côté des ressources, n'en soyez pas en peine; le nécessaire, même abondant, ne m'a point manqué jusqu'ici, et probablement ne me manquera pas si tôt. Loin de vous gronder de vos offres, madame, je vous en remercie; mais vous conviendrez qu'elles seroient mal placées si je m'en prévalois avant le besoin.

Vous vouliez des détails; vous devez être contente. Je suis très-content des vôtres, à cela près que je n'ai jamais pu lire le nom du lieu que vous habitez. Peut-être le connois-je; et il me seroit bien doux de vous y suivre, du moins par l'imagination. Au reste, je vous plains de n'en être encore qu'à la philosophie. Je suis bien plus avancé que vous, madame; sauf mon devoir et mes amis, me voilà revenu à rien.

Je ne trouve pas le chevalier si déraisonnable, puisqu'il vous divertit; s'il n'étoit que déraisonnable, il n'y parviendroit sûrement pas. Il est bien à plaindre dans les accès de sa goutte, car on souffre cruellement; mais il a du moins l'avantage de souffrir sans risque. Des scélérats ne l'assassineront pas, et personne n'a intérêt à le tuer. Êtes-vous à portée, madame, de voir souvent madame la maréchale? Dans les tristes circonstances où elle se trouve, elle a bien besoin de tous ses amis, et surtout de vous.

## LETTRE CDXC.

### A M. LE PRINCE L. E. DE WIRTEMBERG.

Motiers, le 3 septembre 1764.

J'apprends avec plus de chagrin que de surprise l'accident qui vous a forcé d'ôter à votre second enfant sa nourrice naturelle. Ces refus de lait sont assez communs; mais ils ne sont pas tous sur le compte de la nature, les mères pour l'ordinaire y ont bonne part. Cependant, en cette occasion, mes soupçons tombent plus sur le père que sur la mère. Vous me parlez de ce joli sein en époux jaloux de lui conserver toute sa fraîcheur, et qui, au pis aller, aime mieux que le dégât qui peut s'y faire soit de sa façon que de celle de l'enfant : mais les voluptés conjugales sont passagères, et les plaisirs de l'amant ne font le bonheur ni du père ni de l'époux.

Rien de plus intéressant que les détails des progrès de Sophie. Ces premiers actes d'autorité ont été très-bien vus et très-bien réprimés. Ce qu'il y a de plus difficile dans l'éducation est de ne donner aux pleurs des enfants ni plus ni moins d'attention qu'il n'est nécessaire. Il faut que l'enfant demande, et non qu'il commande; il faut que la mère accorde souvent, mais qu'elle ne cède jamais. Je vois que Sophie sera très-rusée; et tant mieux, pourvu qu'elle ne soit ni capricieuse ni impérieuse; mais je vois qu'elle aura grand besoin de la vigilance paternelle et maternelle, et de l'esprit de discernement que vous y joignez. Je sens, au plaisir et à l'inquiétude que me donnent toutes vos lettres, que le succès de l'éducation de cette chère enfant m'intéresse presque autant que vous.

## LETTRE CDXCI.

### A MADAME LATOUR.

Au Champ-du-Moulin, le 9 septembre 1764.

J'ai reçu toutes vos lettres, chère Marianne, je sens tous mes torts; pourtant j'ai raison. Dans les tracas où je suis, l'aversion d'écrire des lettres s'étend jusqu'aux personnes à qui je suis forcé de les adresser, et vous êtes, en pareil cas, une de celles à qui je me sens le moins disposé d'écrire. Si ce sont absolument des lettres que vous voulez, rien ne m'excuse; mais si l'amitié vous suffit, restez en repos sur ce point. Au surplus, daignez attendre, je vous écrirai quand je pourrai.

Mille choses, je vous supplie, au papa, s'il est encore auprès de vous.

## LETTRE CDXCII.

### A M. DU PEYROU.

12 septembre 1764.

Je prends le parti, monsieur, suivant votre idée, d'attendre ici votre passage : s'il arrive que vous alliez à Cressier, je pourrai prendre celui de vous y prendre, et c'est de tous les arrangements celui qui me plaira le plus. En ce cas-là j'irai seul, c'est-à-dire sans mademoiselle Le Vasseur, et je resterai seulement deux ou trois jours pour essai, ne pouvant guère m'éloigner en ce moment plus long-temps d'ici. Je comprends, au temps que demande la dame Guinchard pour ses préparatifs, qu'elle me prend pour un Sybarite. Peut-être aussi veut-elle soutenir la réputation du cabaret de Cressier; mais cela lui sera difficile, puisque les plats, quoique bons, n'en font pas bonne chère, et qu'on n'y remplace pas l'hôte par un cuisinier. Vous aurez à Monlezi un autre hôte qui n'est pas plus facile à remplacer, et des hôtesses qui le sont encore moins. Monlezi doit être une espèce de mont Olympe pour tout ce qui l'habite en pareille compagnie. Bonjour, monsieur : quand vous reviendrez parmi les mortels, n'oubliez pas, je vous prie, celui de tous qui vous honore le plus, et qui veut vous offrir, au lieu d'encens, des sentiments qui le valent bien.

## LETTRE CDXCIII.

### AU MÊME.

*Ce dimanche matin, septembre 1764.*

Mon état met encore plus d'obstacles que le temps à mon départ. Ainsi j'abandonne, pour le présent, mon premier projet de voyage, qui ne me permettroit pas d'être ici de retour à la fin du mois, ce qu'il faut absolument; mais, au lieu de cela, je prendrai le parti de descendre à Neuchâtel, et d'y passer quelques jours avec vous; ainsi, vous pouvez, si vous y descendez, me prendre avec vous, ou nous descendrons séparément, toujours en supposant que mon état le permette.

Je fais mille salutations et respects à tous les habitants et habitantes de Monlezi. Je ne dois entrer pour rien dans l'arrangement de voyage de M. Chaillet, parce que je ne prévois pas pouvoir descendre aussitôt que lui. Madame Boy de La Tour me charge de lui marquer, de même qu'à madame, l'empressement qu'elle a de les voir ici. Elle leur fait dire aussi pour nouvelle que madame de Froment est arrivée hier à Colombier. Nous verrons votre besogne quand nous nous verrons, et c'est surtout pour en conférer ensemble que je veux passer deux ou trois jours avec vous.

J'écris si à la hâte, que je ne sais ce que je dis, sinon quand je vous assure que je vous aime de tout mon cœur.

Le portrait est fait, et on le trouve assez ressemblant ; mais le peintre n'en est pas content.

## LETTRE CDXCIV.

### A M. DIVERNOIS.

Motiers, le 15 septembre 1764.

La difficulté, monsieur, de trouver un logement qui me convienne me force à demeurer ici cet hiver ; ainsi vous m'y trouverez à votre passage. Je viens de recevoir, avec votre lettre du 11, le mémoire que vous m'y annoncez : je n'ai point celui de $E$ à $G$, et je n'ai aucune nouvelle de $C$, ce qui me confirme dans l'opinion où j'étois sur son sort.

Je suis charmé, mais non surpris, de ce que vous me marquez de la part de M. Abauzit. Cet homme vénérable est trop éclairé pour ne pas voir mes intentions, et trop vertueux pour ne pas les approuver.

Je savois le voyage de M. le duc de Randan : deux carrossées d'officiers du régiment du Roi, qui l'ont accompagné, et qui me sont venus voir, m'en ont dit des détails. On leur avoit assuré à Genève que j'étois un loup-garou inabordable. Ils ne sont pas édifiés de ce qu'on leur a dit de moi dans ce pays-là.

J'aurai soin de mettre une marque distinctive aux papiers qui me viennent de vous, mais je vous avertis que, si j'en dois faire usage, il faudra qu'ils me restent très-long-temps, aussi bien que tout ce qui est entre mes mains et tout ce dont j'ai besoin encore. Nous en causerons quand j'aurai le plaisir de vous voir, moment que j'attends avec un véritable empressement. Mes respects à madame d'Ivernois et mes salutations à nos amis. Je vous embrasse.

Je crois vous avoir marqué que j'avois ici la harangue de M. Chouet.

## LETTRE CDXCV.

### A M. DU PEYROU.

Le 17 septembre 1764.

Le temps qu'il fait ni mon état présent ne me permettent pas, monsieur, de fixer le jour auquel il me sera possible d'aller à Cressier. Mais s'il faisoit beau et que je fusse mieux, je tâcherois, d'aujourd'hui ou de demain en huit, d'aller coucher à

Neuchâtel; et de là, si votre carrosse étoit chez vous, je pourrois, puisque vous le permettez, le prendre pour aller à Cressier. Mon désir d'aller passer quelques jours près de vous est certain; mais je suis si accoutumé à voir contrarier mes projets, que je n'ose presque plus en faire; toutefois voilà le mien quant à présent, et s'il arrive que j'y renonce, j'aurai sûrement regret de n'avoir pu l'exécuter. Mille remerciements, monsieur, et salutations de tout mon cœur.

Je ne comprends pas bien, monsieur, pourquoi vous avez affranchi votre lettre. Comme je n'aime pas pointiller, je n'affranchis pas la mienne. Quand on s'écarte de l'usage, il faut avoir des raisons; j'en aurois une, et vous n'en aviez point que je sache.

## LETTRE CDXCVI.

### A M. DANIEL ROGUIN.

Motiers, le 22 septembre 1764.

Je suis vivement touché, très-cher papa, de la perte que nous venons de faire; car, outre que nul évènement dans votre famille ne m'est étranger, j'ai pour ma part à regretter toutes les bontés dont m'honoroit M. le banneret. La tranquillité de ses derniers moments nous montre bien que l'horreur qu'on y trouve est moins dans la chose que dans la manière de l'envisager. Une vie intègre est à tout évènement un grand moyen de paix dans ces moments-là, et la sérénité avec laquelle vous philosophez sur cette matière vient autant de votre cœur que de votre raison. Cher papa, nous n'abrégerons pas, comme le défunt, notre carrière à force de vouloir la prolonger; nous laisserons disposer de nous à la nature et à son auteur, sans troubler notre vie par l'effroi de la perdre. Quand les maux ou les ans auront mûri ce fruit éphémère, nous le laisserons tomber sans murmure; et tout ce qu'il peut arriver de pis en toute supposition est que nous cesserons alors moi d'aimer le bien, vous d'en faire.

## LETTRE CDXCVII.

### A M. CHAMFORT.

Motiers, le 6 octobre 1764.

Je vous remercie, monsieur, de votre dernière pièce [1] et du plaisir que m'a fait sa lecture. Elle décide le talent qu'annonçoit la première, et déjà l'auteur m'inspire assez d'estime pour oser lui dire du mal de son ouvrage. Je n'aime pas trop qu'à

[1] * *Épitre d'un père à son fils sur la naissance d'un petit-fils.*

votre âge vous fassiez le grand-père, que vous me donniez un intérêt si tendre pour le petit-fils que vous n'avez point, et que, dans une épître où vous dites de si belles choses, je sente que ce n'est pas vous qui parlez. Évitez cette métaphysique à la mode, qui depuis quelque temps obscurcit tellement les vers françois, qu'on ne peut les lire qu'avec contention d'esprit. Les vôtres ne sont pas dans ce cas encore; mais ils y tomberoient si la différence qu'on sent entre votre première pièce et la seconde alloit en augmentant. Votre épître abonde non seulement en grands sentiments, mais en pensées philosophiques auxquelles je reprocherois quelquefois de l'être trop. Par exemple, en louant dans les jeunes gens la foi qu'ils ont et qu'on doit à la vertu, croyez-vous que leur faire entendre que cette foi n'est qu'une erreur de leur âge soit un bon moyen de la leur conserver? Il ne faut pas, monsieur, pour paroître au-dessus des préjugés, saper les fondements de la morale. Quoiqu'il n'y ait aucune parfaite vertu sur la terre, il n'y a peut-être aucun homme qui ne surmonte ses penchants en quelque chose, et qui par conséquent n'ait quelque vertu; les uns en ont plus, les autres moins : mais si la mesure est indéterminée, est-ce à dire que la chose n'existe point? C'est ce qu'assurément vous ne croyez point, et que pourtant vous faites entendre. Je vous condamne, pour réparer cette faute, à faire une pièce où vous prouverez que, malgré les vices des hommes, il y a parmi eux des vertus, et même de la vertu, et qu'il y en aura toujours. Voilà, monsieur, de quoi s'élever à la plus haute philosophie. Il y en a davantage à combattre les préjugés philosophiques qui sont nuisibles qu'à combattre les préjugés populaires qui sont utiles. Entreprenez hardiment cet ouvrage; et si vous le traitez comme vous le pouvez faire, un prix ne sauroit vous manquer [1].

En vous parlant des gens qui m'accablent dans mes malheurs et qui me portent leurs coups en secret, j'étois bien éloigné, monsieur, de songer à rien qui eût le moindre rapport au parlement de Paris. J'ai pour cet illustre corps les mêmes sentiments qu'avant ma disgrâce, et je rends toujours la même justice à ses membres, quoiqu'ils me l'aient si mal rendue. Je veux même penser qu'ils ont cru faire envers moi leur devoir d'hommes publics; mais c'en étoit un pour eux de mieux l'apprendre. On trouveroit difficilement un fait où le droit des gens fût violé de tant de manières: mais quoique les suites de cette affaire m'aient plongé dans un gouffre de malheurs d'où je ne sortirai de ma vie, je n'en sais nul mauvais gré à ces messieurs. Je sais que leur but n'étoit point de me nuire, mais seulement d'aller à leurs fins. Je

---

[1] * Chamfort avoit envoyé son épître au concours pour le prix de poésie proposé par l'Académie françoise.

sais qu'ils n'ont pour moi ni amitié ni haine, que mon être et mon sort est la chose du monde qui les intéresse le moins. Je me suis trouvé sur leur passage comme un caillou qu'on pousse avec le pied sans y regarder. Je connois à peu près leur portée et leurs principes. Ils ne doivent pas dire qu'ils ont fait leur devoir, mais qu'ils ont fait leur métier.

Lorsque vous voudrez m'honorer de quelque témoignage de souvenir et me faire quelque part de vos travaux littéraires, je les recevrai toujours avec intérêt et reconnoissance. Je vous salue, monsieur, de tout mon cœur.

## LETTRE CDXCVIII.

### A M. DU PEYROU.

Le 10 octobre 1764.

*Traité historique des plantes qui croissent dans la Lorraine et les Trois-Évéchés; par M. P. J. Buchoz, avocat au parlement de Metz, docteur en médecine, etc.*

Cet ouvrage, dont deux volumes ont déjà paru, en aura vingt in-8º, avec des planches gravées.

J'en étois ici, monsieur, quand j'ai reçu votre docte lettre; je suis charmé de vos progrès; je vous exhorte à continuer; vous serez notre maître, et vous aurez tout l'honneur de notre futur savoir. Je vous conseille pourtant de consulter M. Marais sur les noms des plantes, plus que sur leur étymologie; car *asphodelos*, et non pas *asphodeilos*, n'a pour racine aucun mot qui signifie ni *mort* ni *herbe*, mais tout au plus un verbe, qui signifie *je tue*, parce que les pétales de l'asphodèle ont quelque ressemblance à des fers de pique. Au reste, j'ai connu des asphodèles qui avoient de longues tiges, et des feuilles semblables à celles des lis. Peut-être faut-il dire correctement : *du genre des asphodèles*. La plante aquatique est bien nénuphar, autrement *nymphœa*, comme je disois. Il faut redresser ma faute sur le calament, qui ne s'appelle pas en latin *calamentum*, mais *calamentha*, comme qui diroit belle menthe.

Le temps ni mon état présent ne m'en laissent pas dire davantage. Puisque mon silence doit parler pour moi, vous savez, monsieur, combien j'ai a me taire.

## LETTRE CDXCIX.

A M. MARTEAU.

Motiers, le 14 octobre 1764.

J'ai reçu, monsieur, au retour d'une tournée que j'ai faite dans nos montagnes, votre lettre du 4 août et l'ouvrage que vous y avez joint. J'y ai trouvé des sentiments, de l'honnêteté, du goût; et il m'a rappelé avec plaisir notre ancienne connoissance. Je ne voudrois pourtant pas qu'avec le talent que vous paroissez avoir, vous en bornassiez l'emploi à de pareilles bagatelles.

Ne songez pas, monsieur, à venir ici avec une femme et douze cents livres de rente viagère pour toute fortune. La liberté met ici tout le monde à son aise; le commerce qu'on ne gêne point y fleurit; on y a beaucoup d'argent et peu de denrées : ce n'est pas le moyen d'y vivre à bon marché. Je vous conseille aussi de bien songer, avant de vous marier, à ce que vous allez faire. Une rente viagère n'est pas une grande ressource pour une famille. Je remarque d'ailleurs que tous les jeunes gens à marier trouvent des Sophies; mais je n'entends plus parler de Sophies aussitôt qu'ils sont mariés.

Je vous salue, monsieur, de tout mon cœur.

## LETTRE D.

### A M. LALIAUD.

Motiers, le 14 octobre 1764.

Voici, monsieur, celle des trois estampes que vous m'avez envoyées qui, dans le nombre des gens que j'ai consultés, a eu la pluralité des voix. Plusieurs cependant préfèrent celle qui est en habit françois, et l'on peut balancer avec raison, puisque l'une et l'autre ont été gravées sur le même portrait, peint par M. de La Tour. Quant à l'estampe où le visage est de profil, elle n'a pas la moindre ressemblance : il paroît que celui qui l'a faite ne m'avoit jamais vu, et il s'est même trompé sur mon âge.

Je voudrois, monsieur, être digne de l'honneur que vous me faites. Mon portrait figure mal parmi ceux des grands philosophes dont vous me parlez : mais j'ose croire qu'il n'est pas déplacé parmi ceux des amis de la justice et de la vérité. Je vous salue, monsieur, de tout mon cœur.

## LETTRE DI.

A M. LE PRINCE L. E. DE WIRTEMBERG.

Motiers, le 14 octobre 1764.

C'est à regret, prince, que je me prévaux quelquefois des conditions que mon état et la nécessité, plus que ma paresse, m'ont forcé de faire avec vous. Je vous écris rarement; mais j'ai toujours le cœur plein de vous et de tout ce qui vous est cher. Votre constance à suivre le genre de vie si sage et si simple que vous avez choisi me fait voir que vous avez tout ce qu'il faut pour l'aimer toujours; et cela m'attache et m'intéresse à vous comme si j'étois votre égal, ou plutôt comme si vous étiez le mien; car ce n'est que dans les conditions privées que l'on connoît l'amitié.

Le sujet des deux épitaphes que vous m'avez envoyées est bien moral : la pensée en est fort belle; mais avouez que les vers de l'une et de l'autre sont bien mauvais. Des vers plats sur une plate pensée font du moins un tout assorti; au lieu qu'à mal dire une belle chose on a le double tort de mal dire et de la gâter.

Il me vient une idée en écrivant ceci : ne seriez-vous point l'auteur d'une de ces deux pièces? Cela seroit plaisant, et je le voudrois un peu. Que n'avez-vous fait quatre mauvais vers, afin que je pusse vous le dire, et que vous m'en aimassiez encore plus !

## LETTRE DII.

### A M. DE LATOUR.

Motiers, le 14 octobre 1764.

Oui, monsieur, j'accepte encore mon second portrait. Vous savez que j'ai fait du premier un usage aussi honorable à vous qu'à moi et bien précieux à mon cœur. M. le maréchal de Luxembourg daigna l'accepter : madame la maréchale a daigné le recueillir. Ce monument de votre amitié, de votre générosité, de vos rares talents, occupe une place digne de la main dont il est sorti. J'en destine au second une plus humble, mais dont le même sentiment a fait choix. Il ne me quittera point, monsieur, cet admirable portrait qui me rend en quelque façon l'original respectable ; il sera sous mes yeux chaque jour de ma vie ; il parlera sans cesse à mon cœur ; il sera transmis après moi dans ma famille : et ce qui me flatte le plus dans cette idée est qu'on s'y souviendra toujours de notre amitié.

Je vous prie instamment de vouloir bien donner

à M. Le Nieps vos directions pour l'emballage. Je tremble que cet ouvrage, que je me réjouis de faire admirer en Suisse, ne souffre quelque atteinte dans le transport.

## LETTRE DIII.

### A M. LE NIEPS.

Motiers, le 14 octobre 1764.

Puisque, malgré ce que je vous avois marqué ci-devant, mon bon ami, vous avez jugé à propos de recevoir pour moi mon second portrait de M. de La Tour, je ne vous en dédirai pas. L'honneur qu'il m'a fait, l'estime et l'amitié réciproque, la consolation que je reçois de son souvenir dans mes malheurs, ne me laissent pas écouter dans cette occasion une délicatesse qui, vis-à-vis de lui, seroit une espèce d'ingratitude. J'accepte ce second présent, et il ne m'est point pénible de joindre pour lui la reconnoissance à l'attachement. Faites-moi le plaisir, cher ami, de lui remettre l'incluse, et priez-le, comme je fais, de vous donner ses avis sur la manière d'emballer et voiturer ce bel ouvrage, afin qu'il ne s'endommage pas dans le transport. Employez quelqu'un d'entendu pour cet emballage, et prenez la peine aussi de prier

MM. Rougemont de vous indiquer des voituriers de confiance à qui l'on puisse remettre la caisse pour qu'elle me parvienne sûrement, et que ce qu'elle contiendra ne soit point tourmenté. Comme il ne vient pas de voituriers de Paris jusqu'ici, il faut l'adresser, par lettre de voiture, à M. Junet, directeur des postes à Pontarlier, avec prière de me la faire parvenir. Vous ferez, s'il vous plaît, une note exacte de vos déboursés, et je vous les ferai rembourser aussitôt. Je suis impatient de m'honorer en ce pays du travail d'un aussi illustre artiste, et des dons d'un homme aussi vertueux.

Le mauvais temps ne me permit pas de suivre cet été ma route jusqu'à Aix, pour une misérable sciatique dont les premières atteintes, jointes à mes autres maux, m'ont fort effrayé. Je vis à Thonon quelques Génevois, et entre autres celui dont vous parlez; et en ce point vous avez été très-bien informé, mais non sur le reste, puisque nous nous séparâmes tous fort contents les uns des autres. M. D. a des défauts qui sont assez désagréables; mais c'est un honnête homme, bon citoyen, qui, sans cagoterie, a de la religion, et des mœurs sans âpreté. Je vous dirai qu'à mon voyage de Genève, en 1754, il me parut désirer de se raccommoder avec vous; mais je n'osai vous en parler, voyant l'éloignement que vous aviez pour lui : cependant il me seroit fort doux de voir tous ceux que j'aime s'aimer entre eux.

Après avoir cherché dans tout le pays une habitation qui me convînt mieux que celle-ci, j'ai partout trouvé des inconvénients qui m'ont retenu, et sur lesquels je me suis enfin déterminé à revenir passer l'hiver ici. Bien sûr que je ne trouverai la santé nulle part, j'aime autant trouver ici qu'ailleurs la fin de mes misères. Les maux, les ennuis, les années qui s'accumulent, me rendent moins ardent dans mes désirs, et moins actif à les satisfaire; puisque le bonheur n'est pas dans cette vie, n'y multiplions pas du moins les tracas.

Nous avons perdu le banneret Roguin, homme de grand mérite, proche parent de notre ami, et très-regretté de sa famille, de sa ville et de tous les gens de bien. C'est encore, en mon particulier, un ami de moins; hélas! ils s'en vont tous, et moi je reste pour survivre à tant de pertes et pour les sentir. Il ne m'en demeure plus guère à faire, mais elles me seroient bien cruelles. Cher ami, conservez-vous.

## LETTRE DIV.

### A M. MOULTOU.

Motiers, le 15 octobre 1764.

Voici la lettre que vous m'avez envoyée. Je suis peu surpris de ce qu'elle contient, mais vous paroissiez avoir une si grande opinion de celui à qui vous vous adressiez, qu'il peut vous être bon d'avoir vu ce qu'il en étoit.

Vous songez à changer de pays; c'est fort bien fait, à mon avis; mais il eût été mieux encore de commencer par changer de robe, puisque celle que vous portez ne peut plus que vous déshonorer. Je vous aimerai toujours, et je n'ai point cessé de vous estimer; mais je veux que mes amis sentent ce qu'ils se doivent, et qu'ils fassent leur devoir pour eux-mêmes aussi bien qu'ils le font pour moi. Adieu, cher Moultou; je vous embrasse de tout mon cœur.

## LETTRE DV.

### A M. DELEYRE.

Motiers, le 17 octobre 1764.

J'ai le cœur surchargé de mes torts, cher Deleyre; je comprends par votre lettre qu'il m'est échappé dans un moment d'humeur des expressions désobligeantes, dont vous auriez raison d'être offensé, s'il ne falloit pardonner beaucoup à mon tempérament et à ma situation. Je sens que je me suis mis en colère sans sujet et dans une occasion où vous méritiez d'être désabusé et non querellé. Si j'ai plus fait et que je vous aie outragé, comme il semble par vos reproches, j'ai fait dans un emportement ridicule ce que dans nul autre temps je n'aurois fait avec personne, et bien moins encore avec vous. Je suis inexcusable, je l'avoue, mais je vous ai offensé sans le vouloir. Voyez moins l'action que l'intention, je vous en supplie. Il est permis aux autres hommes de n'être que justes, mais les amis doivent être cléments.

Je reviens de longues courses que j'ai faites dans nos montagnes, et même jusqu'en Savoie, où je comptois aller prendre à Aix les bains pour une sciatique naissante qui, par son progrès, m'ôtoit le seul plaisir qui me reste dans la vie, savoir, la promenade. Il a fallu revenir sans avoir été jusque-là. Je trouve en rentrant chez moi des tas de paquets et de lettres à faire tourner la tête. Il faut absolument répondre au tiers de tout cela pour le moins. Quelle tâche! Pour surcroît, je commence à sentir cruellement les approches de l'hiver, souffrant, occupé, surtout ennuyé : jugez de ma situation! N'attendez donc de moi, jusqu'à ce qu'elle change, ni de fréquentes ni de longues lettres; mais soyez bien convaincu que je vous aime, que je suis fâché de vous avoir offensé, et que je ne puis être bien avec moi-même jusqu'à ce que j'aie fait ma paix avec vous.

## LETTRE DVI.

A M. FOULQUIER,

Au sujet du Mémoire de M. de J....., sur les Mariages des Protestants.

Motiers, 18 octobre 1764.

Voici, monsieur, le mémoire que vous avez eu la bonté de m'envoyer. Il m'a paru fort bien fait; il dit assez et ne dit rien de trop. Il y auroit seulement quelques petites fautes de langue à corriger, si l'on vouloit le donner au public : mais ce n'est rien; l'ouvrage est bon, et ne sent point trop son théologien.

Il me paroît que depuis quelque temps le gouvernement de France, éclairé par quelques bons écrits, se rapproche assez d'une tolérance tacite en faveur des protestants. Mais je pense aussi que le moment de l'expulsion des jésuites le force à plus de circonspection que dans un autre temps, de peur que ces pères et leurs amis ne se prévalent de cette indulgence pour confondre leur cause avec celle de la religion. Cela étant, ce moment ne seroit pas le plus favorable pour agir à la cour; mais, en attendant qu'il vînt, on pourroit continuer d'instruire et d'intéresser le public par des écrits sages et modérés, forts de raisons d'état claires et précises, et dépouillées de toutes ces aigres et puériles déclamations trop ordinaires aux gens d'église. Je crois même qu'on doit éviter d'irriter trop le clergé catholique : il faut dire les faits sans les charger de réflexions offensantes. Concevez, au contraire, un mémoire adressé aux évêques de France en termes décents et respectueux, et où, sur des principes qu'ils n'oseroient désavouer, on interpelleroit leur équité, leur charité, leur commisération, leur patriotisme, et même leur christianisme. Ce mémoire, je le sais bien, ne changeroit pas leur volonté ; mais il leur feroit honte de la montrer, et les empêcheroit peut-être de persécuter si ouvertement et si durement nos malheureux frères. Je puis me tromper ; voilà ce que je pense. Pour moi je n'écrirai point, cela ne m'est pas possible, mais partout où mes soins et mes conseils pourront être utiles aux opprimés, ils trouveront toujours en moi, dans leur malheur, l'intérêt et le zèle que dans les miens je n'ai trouvé chez personne.

## LETTRE DVII.

A M. LE COMTE CHARLES DE ZINZENDORF.

A Motiers, le 20 octobre 1764.

J'avois résolu, monsieur, de vous écrire. Je suis fâché que vous m'ayez prévenu; mais je n'ai pu trouver jusqu'ici le temps de chercher dans des tas de lettres la matière du mémoire dont vous vouliez bien vous charger. Tout ce que je me rappelle à ce sujet est que l'homme en question s'appelle M. de Sauttersheim, fils d'un bourgmestre de Bude, et qu'il a été employé durant deux ans dans une des chambres dont sont composés à Vienne les différents conseils de la reine. C'est un homme d'environ trente ans, d'une bonne taille, ayant assez d'embonpoint pour son âge, brun, portant ses cheveux, d'un visage assez agréable, ne manquant pas d'esprit. Je ne sais de lui que des choses honnêtes, et qui ne sont point d'un aventurier.

J'étois bien sûr, monsieur, que lorsque vous auriez vu M. le prince de Wirtemberg, vous changeriez de sentiment sur son compte, et je suis bien sûr maintenant que vous n'en changerez plus. Il y a long-temps qu'à force de m'inspirer du respect il m'a fait oublier sa naissance; ou si je m'en souviens quelquefois encore, c'est pour honorer tant plus sa vertu.

Les Corses, par leur valeur, ayant acquis l'indépendance, osent aspirer encore à la liberté. Pour l'établir, ils s'adressent au seul ami qu'ils lui connoissent. Puisse-t-il justifier l'honneur de leur choix!

Je recevrai toujours, monsieur, avec empressement, des témoignages de votre souvenir, et j'y répondrai de même. Ils ne peuvent que me rappeler la journée agréable que j'ai passée avec vous, et nourrir le désir d'en avoir encore de pareilles. Agréez, monsieur, mes salutations et mon respect.

Je suis bien aise que vous connoissiez M. Deluc; c'est un digne citoyen. Il a été l'utile défenseur de la liberté de sa patrie; maintenant il voudroit courir encore après cette liberté qui n'est plus: il perd son temps.

## LETTRE DVIII.

### A MADAME LATOUR.

A Motiers, le 21 octobre 1764.

La fin de votre dernière lettre, chère Marianne, m'a fait penser que je pourrois peut-être vous obliger, en vous mettant à portée de me rendre un bon office. Voici de quoi il s'agit : Mon portrait, peint en pastel par M. de La Tour, qui m'en a fait présent, a été remis par lui à M. Le Nieps, rue de Savoie, pour me le faire parvenir. Comme je ne voudrois pas exposer ce bel ouvrage à être gâté dans la route par des rouliers, j'ai pensé que si votre bon papa étoit encore à Paris, et qu'il pût, sans incommodité, mettre la caisse sur sa voiture, il voudroit bien peut-être, en votre faveur, se charger de cet embarras. Cependant, comme il se présentera dans peu quelque autre occasion non moins favorable, je vous prie de ne faire usage de celle-ci qu'en toute discrétion.

Je rends justice à vos sentiments, chère Marianne; je vous prie de la rendre aux miens, malgré mes torts; le premier effet des approches de l'hiver sur ma pauvre machine délabrée, un surcroît d'occupations inopinément survenues, de nouveaux inconnus qui m'écrivent, de nouveaux survenants qui m'arrivent, tout cela ne me permet pas d'espérer de mieux faire à l'avenir, et cela même est mon excuse. Si le tout venoit de mon cœur, il finiroit; mais venant de ma situation, il faut qu'il dure autant qu'elle. Au reste, à quelque chose malheur est bon : vous écrire plus souvent me seroit sans doute une occupation bien douce, mais j'y perdrois aussi le plaisir de voir avec quelle prodigieuse variété de tours élégants vous savez me reprocher la rareté de mes lettres, sans que jamais les vôtres se ressemblent. Je n'en lis pas une sans me voir coupable sous un nouveau point de vue. En achevant de lire, je pense à vous, et je me trouve innocent.

## LETTRE DIX.

### A MADAME P***.

Motiers, 24 octobre 1764.

J'ai reçu vos deux lettres, madame ; c'est avouer tous mes torts : ils sont grands, mais involontaires; ils tiennent aux désagrémens de mon état. Tous les jours je voulois vous répondre, et tous les jours des réponses plus indispensables venoient renvoyer celle-là ; car enfin, avec la meilleure volonté du monde, on ne sauroit passer la vie à faire des réponses du matin jusqu'au soir. Dailleurs je n'en connois point de meilleure aux sentimens obligeans dont vous m'honorez que de tâcher d'en être digne, et de vous rendre ceux qui vous sont dus. Quant aux opinions sur lesquelles vous me marquez que nous ne sommes pas d'accord, qu'aurois-je à dire, moi qui ne dispute jamais avec personne, qui trouve très-bon que chacun ait ses idées, et qui ne veux pas plus qu'on se soumette aux miennes que me soumettre à celles d'autrui ? Ce qui me semble utile et vrai, j'ai cru de mon devoir de le dire ; mais je n'eus jamais la manie de vouloir le faire adopter, et je réclame pour moi la liberté que je laisse à tout le monde. Nous sommes d'accord, madame, sur les devoirs des gens de bien, je n'en doute point. Gardons, au reste, vous vos sentiments, moi les miens, et vivons en paix. Voilà mon avis. Je vous salue, madame, avec respect et de tout mon cœur.

## LETTRE DX.

### A MADAME DE LUZE.

Motiers, le 27 octobre 1764.

Vous me faites, madame, vous et mademoiselle Bondeli, bien plus d'honneur que je n'en mérite. Il y a long-temps que mes maux et ma barbe grise m'avertissent que je n'ai plus le droit de braver la neige et les frimas pour aller voir les dames. J'honore beaucoup mademoiselle Bondeli, et je fais grand cas de son éloquence, mais elle me persuadera difficilement que, parce qu'elle a toujours le printemps avec elle, l'hiver et ses glaces ne sont pas autour de moi. Loin de pouvoir en ce moment faire des visites, je ne suis pas même en état d'en recevoir. Me voilà comme une marmotte, terré pour sept mois au moins. Si j'arrive au bout de ce temps, j'irai volontiers, madame, au milieu des fleurs et de la verdure, me réveiller auprès de vous; mais maintenant je m'engourdis avec la nature : jusqu'à ce qu'elle renaisse, je ne vis plus.

## LETTRE DXI.

### A MILORD MARÉCHAL.

Motiers-Travers, le 29 octobre 1764.

Je voudrois, milord, pouvoir supposer que vous n'avez point reçu mes lettres, je serois beaucoup moins attristé; mais, outre qu'il n'est pas possible qu'il ne vous en soit parvenu quelqu'une, si le cas pouvoit être, les bontés dont vous m'honoriez vous auroient à vous-même inspiré quelque inquiétude; vous vous seriez informé de moi; vous m'auriez fait dire au moins quelques mots par quelqu'un : mais point; mille gens en ce pays ont de vos nouvelles, et je suis le seul oublié. Cela m'apprend mon malheur; mais, qui m'en apprendra la cause? je cesse de la chercher, n'en trouvant aucune qui soit digne de vous.

Milord, les sentiments que je vous dois et que je vous ai voués dureront toute ma vie; je ne penserai jamais à vous sans attendrissement : je vous regarderai toujours comme mon protecteur et mon père. Mais comme je ne crains rien tant que d'être importun, et que je ne sais pas nourrir seul une correspondance, je cesserai de vous écrire jusqu'à ce que vous m'ayez permis de continuer.

Daignez, milord, je vous supplie, agréer mon profond respect.

## LETTRE DXII.

### A M. THÉODORE ROUSSEAU.

Motiers, le 31 octobre 1764.

Si j'avois, mon cher cousin, dix mains, dix secrétaires, une santé robuste et beaucoup de loisirs, je serois inexcusable envers vous, envers M. Chirol et beaucoup d'autres ; mais ne pouvant suffire à tout, je me borne aux choses indispensables, et quant aux simples lettres de souvenir, je m'en dispense, bien sûr que mes parents et mes amis n'ont pas besoin de ce témoignage du mien. Si j'avois pu faire ce que souhaitoit M. Chirol, je l'aurois fait tout de suite ; mais il m'a paru peu nécessaire de lui marquer que je ne le pouvois pas ; je voudrois de tout mon cœur pouvoir contribuer à ses avantages, mais je n'ai rien à lui fournir pour imprimer. Quant à vous, mon cher cousin, j'espère que vous voudrez bien pardonner quelque inexactitude dans mes réponses, qui marque bien plus la confiance que j'ai dans votre amitié que l'attiédissement de la mienne. Je salue avec respect ma cousine votre mère, et vous embrasse, mon cher cousin, de tout mon cœur.

## LETTRE DXIII.

### A MADEMOISELLE D. M.

Motiers, le 4 novembre 1764.

Si votre situation, mademoiselle, vous laisse à à peine le temps de m'écrire, vous devez concevoir que la mienne m'en laisse encore moins pour vous répondre. Vous n'êtes que dans la dépendance de vos affaires et des gens à qui vous tenez; et moi je suis dans celle de toutes les affaires et de tout le monde, parce que chacun, me jugeant libre, veut par droit de premier occupant disposer de moi. D'ailleurs, toujours harcelé, toujours souffrant, accablé d'ennuis, et dans un état pire que le vôtre, j'emploie à respirer le peu de moments qu'on me laisse; je suis trop occupé pour n'être pas paresseux. Depuis un mois je cherche un moment pour vous écrire à mon aise : ce moment ne vient point; il faut donc vous écrire à la dérobée, car vous m'intéressez trop pour vous laisser sans réponse. Je connois peu de gens qui m'attachent davantage, et personne qui m'étonne autant que vous.

Si vous avez trouvé dans ma lettre beaucoup de choses qui ne cadroient pas à la vôtre, c'est qu'elle étoit écrite pour une autre que vous. Il y a dans votre situation des rapports si frappants avec celle d'une autre personne, qui précisément étoit à Neuchâtel quand je reçus votre lettre, que je ne doutai point que cette lettre ne vînt d'elle ; et je pris le change dans l'idée qu'on cherchoit à me le donner. Je vous parlai donc moins sur ce que vous me disiez de votre caractère, que sur ce qui m'étoit connu du sien. Je crus trouver dans sa manie de s'afficher, car c'est une savante et un bel esprit en titre, la raison du malaise intérieur dont vous me faisiez le détail : je commençai par attaquer cette manie, comme si c'eût été la vôtre, et je ne doutai point qu'en vous ramenant à vous-même je ne vous rapprochasse du repos, dont rien n'est plus éloigné, selon moi, que l'état d'une femme qui s'affiche.

Une lettre faite sur un pareil quiproquo doit contenir bien des balourdises. Cependant il y avoit cela de bon dans mon erreur, qu'elle me donnoit la clef de l'état moral de celle à qui je pensois écrire ; et, sur cet état supposé, je croyois entrevoir un projet à suivre pour vous tirer des angoisses que vous me décriviez, sans recourir aux distractions qui, selon vous, en sont le seul remède, et qui, selon moi, ne sont pas même un palliatif. Vous m'apprenez que je me suis trompé, et que je n'ai rien vu de ce que je croyois voir. Comment trouverois-je un remède à votre état, puisque cet état m'est inconcevable ? Vous m'êtes une énigme affligeante et humiliante. Je croyois connoître le cœur humain, et je ne connois rien au vôtre. Vous souffrez, et je ne puis vous soulager.

Quoi ! parce que rien d'étranger à vous ne vous contente, vous voulez vous fuir ; et, parce que vous avez à vous plaindre des autres, parce que vous les méprisez, qu'ils vous en ont donné le droit, que vous sentez en vous une ame digne d'estime, vous ne voulez pas vous consoler avec elle du mépris que vous inspirent celles qui ne lui ressemblent pas ? Non, je n'entends rien à cette bizarrerie, elle me passe.

Cette sensibilité qui vous rend mécontente de tout ne devoit-elle pas se replier sur elle-même ? ne devoit-elle pas nourrir votre cœur d'un sentiment sublime et délicieux d'amour-propre ? n'a-t-on pas toujours en lui la ressource contre l'injustice et le dédommagement de l'insensibilité ? Il est si rare, dites-vous, de rencontrer une ame. Il est vrai ; mais comment peut-on en avoir une et ne pas se complaire avec elle? Si l'on sent, à la sonde, les autres étroites et resserrées, on s'en rebute, on s'en détache; mais après s'être si mal trouvé chez les autres, quel plaisir n'a-t-on pas de rentrer dans sa maison! Je sais combien le besoin d'attachement rend affligeante aux cœurs sensibles l'impossibilité d'en former; je sais combien cet état est triste : mais je sais qu'il a pourtant des douceurs; il fait verser des ruisseaux de larmes; il donne une mélancolie qui nous rend témoignage de nous-mêmes et qu'on ne voudroit pas ne pas avoir; il fait rechercher la solitude comme le seul asile où l'on se retrouve avec tout ce qu'on a raison d'aimer. Je ne puis trop vous le redire, je ne connois ni bonheur ni repos dans l'éloignement de soi-même : et, au contraire, je sens mieux, de jour en jour, qu'on ne peut être heureux sur la terre qu'à proportion qu'on s'éloigne des choses et qu'on se rapproche de soi. S'il y a quelque sentiment plus doux que l'estime de soi-même, s'il y a quelque occupation plus aimable que celle d'augmenter ce sentiment, je puis avoir tort, mais voilà comme je pense : jugez sur cela s'il m'est possible d'entrer dans vos vues, et même de concevoir votre état.

Je ne puis m'empêcher d'espérer encore que vous vous trompez sur le principe de votre malaise, et qu'au lieu de venir du sentiment qui réfléchit sur vous-même, il vient au contraire de celui qui vous lie encore à votre insu aux choses dont vous vous croyez détachée, et dont peut-être vous désespérez seulement de jouir. Je voudrois que cela fût, je verrois une prise pour agir ; mais, si vous accusez juste, je n'en vois point. Si j'avois actuellement sous les yeux votre première lettre, et plus de loisir pour y réfléchir, peut-être parviendrois-je à vous comprendre, et je n'y épargnerois pas ma peine, car vous m'inquiétez véritablement ; mais cette lettre est noyée dans des tas de papiers ; il me faudroit pour la retrouver plus de temps qu'on ne m'en laisse ; je suis forcé de renvoyer cette recherche à d'autres moments. Si l'inutilité de notre correspondance ne vous rebutoit pas de m'écrire, ce seroit vraisemblablement un moyen de vous entendre à la fin. Mais je ne puis vous promettre plus d'exactitude dans mes réponses que je ne suis en état d'y en mettre ; ce que je vous promets et que je tiendrai bien, c'est de m'occuper beaucoup de vous et de ne vous oublier de ma vie. Votre dernière lettre, pleine de traits de lumière et de sentiments profonds, m'affecte encore plus que la précédente. Quoi que vous en puissiez dire, je croirai toujours qu'il ne tient qu'à celle qui l'a écrite de se plaire avec elle-même, et de se dédommager par là des rigueurs de son sort.

## LETTRE DXIV.

### A. M. D***.

Motiers, le 4 novembre 1764.

Bien des remerciements, monsieur, du *Dictionnaire philosophique*. Il est agréable à lire : il y règne une bonne morale : il seroit à souhaiter qu'elle fût dans le cœur de l'auteur et de tous les hommes. Mais ce même auteur est presque toujours de mauvaise foi dans les extraits de l'écriture, il raisonne souvent fort mal : et l'air de ridicule et de mépris qu'il jette sur des sentiments respectés des hommes, rejaillissant sur les hommes mêmes, me paroît un outrage fait à la société. Voilà mon sentiment, et peut-être mon erreur, que je me crois permis de dire, mais que je n'entends faire adopter à qui que ce soit.

Je suis fort touché de ce que vous me marquez de la part de monsieur et de madame de Buffon. Je suis bien aise de vous avoir dit ce que je pensois de cet homme illustre avant que son souvenir réchauffât mes sentiments pour lui, afin d'avoir tout l'honneur de la justice que j'aime à lui rendre, sans que mon amour-propre s'en soit mêlé. Ses écrits m'instruiront et me plairont toute ma vie. Je lui crois des égaux parmi ses contemporains en qualité de penseur et de philosophe ; mais en qualité d'écrivain je ne lui en connois point : c'est la plus belle plume de son siècle ; je ne doute point que ce ne soit là le jugement de la postérité. Un de mes regrets est de n'avoir pas été à portée de le voir davantage et de profiter de ses obligeantes invitations ; je sens combien ma tête et mes écrits auroient gagné dans son commerce. Je quittai Paris au moment de son mariage ; ainsi je n'ai point eu le bonheur de connoître madame de Buffon ; mais je sais qu'il a trouvé dans sa personne et dans son mérite l'aimable et digne récompense du sien. Que Dieu les bénisse l'un et l'autre de vouloir bien s'intéresser à ce pauvre proscrit ! Leurs bontés sont une des consolations de ma vie : qu'ils sachent, je vous en supplie, que je les honore et les aime de tout mon cœur.

Je suis bien éloigné, monsieur, de renoncer aux pèlerinages projetés. Si la ferveur de la botanique vous dure encore, et que vous ne rebutiez pas un élève à barbe grise, je compte plus que jamais aller herboriser cet été sur vos pas. Mes pauvres Corses ont bien maintenant d'autres affaires que d'aller établir l'utopie au milieu d'eux. Vous savez la marche des troupes françoises : il faut savoir ce qu'il en résultera. En attendant, il faut gémir tout bas et aller herboriser.

Vous me rendez fier en me marquant que mademoiselle B\*\*\* n'ose me venir voir à cause des bienséances de son sexe, et qu'elle a peur de moi comme d'un circoncis. Il y a plus de quinze ans que les jolies femmes me faisoient en France l'affront de me traiter comme un bon homme sans conséquence, jusqu'à venir dîner avec moi tête-à-tête dans la plus insultante familiarité, jusqu'à m'embrasser dédaigneusement devant tout le monde, comme le grand-père de leur nourrice. Grâces au ciel, me voilà bien rétabli dans ma dignité, puisque les demoiselles me font l'honneur de ne m'oser venir voir.

## LETTRE DXV.

### A M. L'ABBÉ DE \*\*\*.

Motiers-Travers, le 11 novembre 1764.

Vous voilà donc, monsieur, tout d'un coup devenu croyant. Je vous félicite de ce miracle; car c'en est sans doute un de la grâce, et la raison pour l'ordinaire n'opère pas si subitement. Mais ne me faites pas honneur de votre conversion, je vous prie; je sens que cet honneur ne m'appartient point. Un homme qui ne croit guère aux miracles n'est pas fort propre à en faire. Un homme qui ne dogmatise ni ne dispute n'est pas un fort bon convertisseur. Je dis quelquefois mon avis quand on me le demande, et que je crois que c'est à bonne intention; mais je n'ai point la folie d'en vouloir faire une loi pour d'autres, et quand ils m'en veulent faire une du leur, je m'en défends du mieux que je puis sans chercher à les convaincre. Je n'ai rien fait de plus avec vous : ainsi, monsieur, vous avez seul tout le mérite de votre résipiscence, et je ne songeois sûrement point à vous catéchiser.

Mais voici maintenant les scrupules qui s'élèvent. Les vôtres m'inspirent du respect pour vos sentiments sublimes, et je vous avoue ingénument que, quant à moi, qui marche un peu plus terre à terre, je serois beaucoup moins tourmenté. Je me dirois d'abord que de confesser mes fautes est une chose utile pour m'en corriger, parce que, me faisant une loi de dire tout et de dire vrai, je serois souvent retenu d'en commettre par la honte de les révéler.

Il est vrai qu'il pourroit y avoir quelque embarras sur la foi robuste qu'on exige dans votre Église, et que chacun n'est pas maître d'avoir comme il lui plaît. Mais de quoi s'agit-il au fond dans cette affaire? du sincère désir de croire, d'une soumission du cœur plus que de la raison : car enfin la raison ne dépend pas de nous, mais la volonté en dépend; et c'est par la seule volonté qu'on peut être soumis ou rebelle à l'Église. Je commencerois donc par me choisir pour confesseur un bon prêtre, un homme sage et sensé, tel qu'on en trouve partout quand on les cherche. Je lui dirois : Je vois l'océan de difficultés où nage l'esprit humain dans ces matières; le mien ne cherche point à s'y noyer; je cherche ce qui est vrai et bon; je le cherche sincèrement; je sens que la docilité qu'exige l'Église est un état désirable pour être en paix avec soi : j'aime cet état, j'y veux vivre; mon esprit murmure, il est vrai, mais mon cœur lui impose silence, et mes sentiments sont tous contre mes raisons. Je ne crois pas, mais je veux croire, et je le veux de tout mon cœur. Soumis à la foi malgré mes lumières, quel argument puis-je avoir à craindre? Je suis plus fidèle que si j'étois convaincu.

Si mon confesseur n'est pas un sot, que voulez-vous qu'il me dise? Voulez-vous qu'il exige bêtement de moi l'impossible? qu'il m'ordonne de voir du rouge où je vois du bleu? Il me dira, Soumettez-vous. Je répondrai, C'est ce que je fais. Il priera pour moi, et me donnera l'absolution sans balancer; car il la doit à celui qui croit de toute sa force, et qui suit la loi de tout son cœur.

Mais supposons qu'un scrupule mal entendu le retienne, il se contentera de m'exhorter en secret et de me plaindre; il m'aimera même : je suis sûr que ma bonne foi lui gagnera le cœur. Vous supposez qu'il m'ira dénoncer à l'official; et pourquoi?

qu'a-t-il à me reprocher? de quoi voulez-vous qu'il m'accuse? d'avoir trop fidèlement rempli mon devoir? Vous supposez un extravagant, un frénétique; ce n'est pas l'homme que j'ai choisi. Vous supposez de plus un scélérat abominable que je peux poursuivre, démentir, faire pendre peut-être, pour avoir sapé le sacrement par sa base, pour avoir causé le plus dangereux scandale, pour avoir violé sans nécessité, sans utilité, le plus saint de tous les devoirs, quand j'étois si bien dans le mien, que je n'ai mérité que des éloges. Cette supposition, je l'avoue, une fois admise, paroît avoir ses difficultés.

Je trouve en général que vous les pressez en homme qui n'est pas fâché d'en faire naître. Si tout se réunit contre vous, si les prêtres vous poursuivent, si le peuple vous maudit, si la douleur fait descendre vos parents au tombeau, voilà, je l'avoue, des inconvénients bien terribles pour n'avoir pas voulu prendre en cérémonie un morceau de pain. Mais que faire enfin? me demandez-vous. Là-dessus voici, monsieur, ce que j'ai à vous dire :

Tant qu'on peut être juste et vrai dans la société des hommes, il est des devoirs difficiles sur lesquels un ami désintéressé peut être utilement consulté.

Mais quand une fois les institutions humaines sont à tel point de dépravation qu'il n'est plus possible d'y vivre et d'y prendre un parti sans malfaire, alors on ne doit plus consulter personne; il faut n'écouter que son propre cœur, parce qu'il est injuste et malhonnête de forcer un honnête homme à nous conseiller le mal. Tel est mon avis.

Je vous salue, monsieur, de tout mon cœur.

## LETTRE DXVI.

### A M. HIRZEL¹.

11 novembre 1764.

Je reçois, monsieur, avec reconnoissance, la seconde édition du *Socrate rustique*, et les bontés dont m'honore son digne historien. Quelque étonnant que soit le héros de votre livre, l'auteur ne l'est pas moins à mes yeux. Il y a plus de paysans respectables que de savants qui les respectent et qui l'osent dire. Heureux le pays où des Klyioggs cultivent la terre, et où des Hirzels cultivent les lettres! l'abondance y règne et les vertus y sont en honneur.

Recevez, monsieur, je vous supplie, mes remerciements et mes salutations.

¹ * Jean-Gaspard Hirzel, médecin de Zurich, mort en 1803, auteur de l'ouvrage qui a pour titre : *Socrate rustique*, ou *Description de la conduite économique et morale d'un paysan philosophe*, livre qui a été traduit dans presque toutes les langues de l'Europe.

## LETTRE DXVII.

A M. DE MALESHERBES.

Motiers-Travers, par Pontarlier, le 11 novembre 1764.

J'use rarement, monsieur, de la permission que vous m'avez donnée de vous écrire; mais les malheureux doivent être discrets. Mon cœur n'est pas plus changé que mon sort; et, plongé dans un abîme de maux dont je ne sortirai de ma vie, j'ai beau sentir mes misères, je sens toujours vos bontés.

En apprenant votre retraite, monsieur, j'ai plaint les gens de lettres; mais je vous ai félicité. En cessant d'être à leur tête par votre place, vous y serez toujours par vos talents; par eux, vous embellissez votre ame et votre asile. Occupé des charmes de la littérature, vous n'êtes plus forcé d'en voir les calamités : vous philosophez plus à votre aise, et votre cœur a moins à souffrir. C'est un moyen d'émulation, selon moi, bien plus sûr, bien plus digne d'accueillir et distinguer le mérite à Malesherbes que de le protéger à Paris.

Où est-il, où est-il, ce chateau de Malesherbes, que j'ai tant désiré de voir ? Les bois, les jardins, auroient maintenant un attrait de plus pour moi dans le nouveau goût qui me gagne. Je suis tenté d'essayer de la botanique, non comme vous, monsieur, en grand et comme une branche de l'histoire naturelle, mais tout au plus en garçon apothicaire, pour savoir faire ma tisane et mes bouillons. C'est le véritable amusement d'un solitaire qui se promène et qui ne veut penser à rien. Il ne me vient jamais une idée vertueuse et utile que je ne voie à côté de moi la potence ou l'échafaud : avec un Linnæus dans la poche et du foin dans la tête, j'espère qu'on ne me pendra pas. Je m'attends à faire les progrès d'un écolier à barbe grise : mais qu'importe? Je ne veux pas savoir, mais étudier ; et cette étude, si conforme à ma vie ambulante, m'amusera beaucoup et me sera salutaire : on n'étudie pas toujours si utilement que cela.

Je viens, à la prière de mes anciens concitoyens, de faire imprimer en Hollande une espèce de réfutation des *Lettres de la campagne*, écrit que peut-être vous aurez vu. Le mien n'a trait absolument qu'à la procédure faite à Genève contre moi et à ses suites : je n'y parle des François qu'avec éloge, de la médiation de la France qu'avec respect ; il n'y a pas un mot contre les catholiques ni leur clergé ; les rieurs y sont toujours pour lui contre nos ministres. Enfin cet ouvrage auroit pu s'imprimer à Paris avec privilége du roi, et le gouvernement auroit dû en être bien aise. M. de Sartine en a défendu l'entrée. J'en suis fâché,

parce que cette défense me met hors d'état de faire
passser sous vos yeux cet écrit dans sa nouveauté,
n'osant, sans votre permission, vous le faire envoyer par la poste.

Agréez, monsieur, je vous supplie, mon profond respect.

On dit que la raison pour laquelle M. de Sartine
a défendu l'entrée de mon ouvrage est que j'ose
m'y justifier contre l'accusation d'avoir rejeté les
miracles. Ce M. de Sartine m'a bien l'air d'un
homme qui ne seroit pas fâché de me faire pendre,
uniquement pour avoir prouvé que je ne méritois
pas d'être pendu. France, France, vous dédaignez
trop dans votre gloire les hommes qui vous aiment
et qui savent écrire ! Quelque méprisables qu'ils
vous paroissent, ce seroit toujours plus sagement
fait de ne pas les pousser à bout.

## LETTRE DXVIII.

### A M. LE PRINCE L. E. DE WIRTEMBERG.

Motiers, le 15 novembre 1764.

Il est certain que vos vers ne sont pas bons, et
il est certain de plus, que, si vous vous piquiez
d'en faire de tels ou même de vous y trop bien
connoître, il faudroit vous dire comme un musi-

cien disoit à Philippe de Macédoine, qui critiquoit ses airs de flûte : A Dieu ne plaise, sire, que tu saches ces choses-là mieux que moi! Du reste, quand on ne croit pas faire de bons vers, il est toujours permis d'en faire, pourvu qu'on ne les estime que ce qu'ils valent, et qu'on ne les montre qu'à ses amis.

Il y a bien du temps que je n'ai des nouvelles de nos petites élèves, de leur digne précepteur, et de leur aimable gouvernante. De grâce, une petite relation de l'état présent des choses. J'aime à suivre les progrès de ces chers enfants dans tout leur détail.

Il est vrai que les Corses m'ont fait proposer de travailler à leur dresser un plan de gouvernement. Si ce travail est au-dessus de mes forces, il n'est pas au-dessus de mon zèle. Du reste, c'est une entreprise à méditer long-temps, qui demande bien des préliminaires; et avant d'y songer il faut voir d'abord ce que la France veut faire de ces pauvres gens. En attendant, je crois que le général Paoli mérite l'estime et le respect de toute la terre, puisqu'étant le maître il n'a pas craint de s'adresser à quelqu'un qu'il sait bien, la guerre exceptée, ne vouloir laisser personne au-dessus des lois. Je suis prêt à consacrer ma vie à leur service; mais, pour ne pas m'exposer à perdre mon temps, j'ai débuté par toucher l'endroit sensible. Nous verrons ce que cela produira.

## LETTRE DXIX.

A M. D'IVERNOIS.

Motiers, le 29 novembre 1764.

Je m'aperçois à l'instant, monsieur, d'un quiproquo que je viens de faire, en prenant dans votre lettre le 6 décembre pour le 6 janvier. Cela me donne l'espoir de vous voir un mois plus tôt que je n'avois cru, et je prends le parti de vous l'écrire, de peur que vous n'imaginiez peut-être sur ma lettre d'aujourd'hui que je voudrois renvoyer aux Rois votre visite, de quoi je serois bien fâché. M. de Payraube sort d'ici, et m'a apporté votre lettre et vos nouveaux cadeaux. Nous avons pour le présent beaucoup de comptes à faire, et d'autres arrangements à prendre pour l'avenir. D'aujourd'hui en huit donc, j'attends, monsieur, le plaisir de vous embrasser; et en attendant je vous souhaite un bon voyage et vous salue de tout mon cœur.

## LETTRE DXX.

### A M. DU PEYROU.

Motiers, le 29 novembre 1764.

Le temps et mes tracas ne me permettent pas, monsieur, de répondre à présent à votre dernière lettre, dont plusieurs articles m'ont ému et pénétré : je destine uniquement celle-ci à vous consulter sur un article qui m'intéresse, et sur lequel je vous épargnerois cette importunité, si je connoissois quelqu'un qui me parût plus digne que vous de toute ma confiance.

Vous savez que je médite depuis long-temps de prendre le dernier congé du public par une édition générale de mes écrits, pour passer dans la retraite et le repos le reste des jours qu'il plaira à la Providence de me départir. Cette entreprise doit m'assurer du pain, sans lequel il n'y a ni repos ni liberté parmi les hommes : le recueil sera d'ailleurs le monument sur lequel je compte obtenir de la postérité le redressement des jugements iniques de mes contemporains. Jugez par-là si je dois regarder comme importante pour moi une entreprise sur laquelle mon indépendance et ma réputation sont fondées.

Le libraire Fauche, aidé d'un associé, jugeant

que cette affaire lui peut être avantageuse, désire de s'en charger; et, pressentant l'obstacle que la pédanterie de vos ministraux peut mettre à son exécution dans Neuchâtel, il projette, en supposant l'agrément du Conseil d'état, dont pourtant je doute, d'établir son imprimerie à Motiers, ce qui me seroit très-commode; et il est certain qu'à considérer la chose en homme d'état, tous les membres du gouvernement doivent favoriser cette entreprise, qui versera peut-être cent mille écus dans le pays.

Cet agrément donc supposé (c'est son affaire), il reste à savoir si ce sera la mienne de consentir à cette proposition, et de me lier par un traité en forme. Voilà, monsieur, sur quoi je vous consulte. Premièrement, croyez-vous que ces gens-là puissent être en état de consommer cette affaire avec honneur, soit du côté de la dépense, soit du côté de l'exécution? car l'édition que je propose de faire, étant destinée aux grandes bibliothèques, doit être un chef-d'œuvre de typographie, et je n'épargnerai point ma peine pour que c'en soit un de correction. En second lieu, croyez-vous que les engagements qu'ils prendront avec moi soient assez sûrs pour que je puisse y compter, et n'avoir plus de souci là-dessus le reste de ma vie? En supposant que oui, voudrez-vous bien m'aider de vos soins et de vos conseils pour établir mes sûretés sur un fondement solide? Vous sentez que mes infirmités croissant, et la vieillesse avançant par-dessus le marché, il ne faut pas que, hors d'état de gagner mon pain, je m'expose au danger d'en manquer. Voilà l'examen que je soumets à vos lumières, et je vous prie de vous en occuper par amitié pour moi. Votre réponse, monsieur, réglera la mienne. J'ai promis de la donner dans quinze jours. Marquez-moi, je vous prie, avant ce temps-là, votre sentiment sur cette affaire, afin que je puisse me déterminer.

## LETTRE DXXI.

### A M. DUCLOS.

Motiers, le 2 décembre 1764.

Je crois, mon cher ami, qu'au point où nous en sommes, la rareté des lettres est plus une marque de confiance que de négligence : votre silence peut m'inquiéter sur votre santé, mais non sur votre amitié, et j'ai lieu d'attendre de vous la même sécurité sur la mienne. Je suis errant tout l'été, malade tout l'hiver, et en tout temps si surchargé de désœuvrés, qu'à peine ai-je un moment de relâche pour écrire à mes amis.

Le recueil fait par Duchesne est en effet incomplet, et, qui pis est, très-fautif; mais il n'y manque rien que vous ne connoissiez, excepté ma réponse aux Lettres écrites de la campagne, qui n'est pas encore publique. J'espérois vous la faire remettre aussitôt qu'elle seroit à Paris; mais on m'apprend que M. de Sartine en a défendu l'entrée, quoique assurément il n'y ait pas un mot dans cet ouvrage qui puisse déplaire à la France ni aux François, et que le clergé catholique y ait à son tour les rieurs aux dépens du nôtre. Malheur aux opprimés! surtout quand ils le sont injustement, car alors ils n'ont pas même le droit de se plaindre; et je ne serois pas étonné qu'on me fît pendre uniquement pour avoir dit et prouvé que je ne méritois pas d'être décrété. Je pressens le contre-coup de cette défense en ce pays. Je vois d'avance le parti qu'en vont tirer mes implacables ennemis, et surtout *ipse doli fabricator Epeus.*

J'ai toujours le projet de faire enfin moi-même un recueil de mes écrits, dans lequel je pourrai faire entrer quelques chiffons qui sont encore en manuscrits, et entre autres le petit conte [1] dont vous parlez, puisque vous jugez qu'il en vaut la peine. Mais outre que cette entreprise m'effraie, surtout dans l'état où je suis, je ne sais pas trop où la faire. En France il n'y faut pas songer. La Hollande est trop loin de moi. Les libraires de ce pays n'ont pas d'assez vastes débouchés pour cette entreprise; les profits en seroient peu de chose, et

[1] * La Reine fantasque.

je vous avoue que je n'y songe que pour me procurer du pain durant le reste de mes malheureux jours ; ne me sentant plus en état d'en gagner. Quant aux mémoires de ma vie, dont vous parlez, ils sont trop difficiles à faire sans compromettre personne ; pour y songer, il faut plus de tranquillité qu'on ne m'en laisse, et que je n'en aurai probablement jamais : si je vis toutefois, je n'y renonce pas. Vous avez toute ma confiance, mais vous sentez qu'il y a des choses qui ne se disent pas de si loin.

Mes courses dans nos montagnes, si riches en plantes, m'ont donné du goût pour la botanique : cette occupation convient fort à une machine ambulante à laquelle il est interdit de penser. Ne pouvant laisser ma tête vide, je la veux empailler ; c'est de foin qu'il faut l'avoir pleine pour être libre et vrai, sans crainte d'être décrété. J'ai l'avantage de ne connoître encore que dix plantes, en comptant l'hysope ; j'aurai long-temps du plaisir à prendre avant d'en être aux arbres de nos forêts.

J'attends avec impatience votre nouvelle édition des *Considérations sur les mœurs*. Puisque vous avez des facilités pour tout le royaume, adressez le paquet à Pontarlier, à moi directement, ce qui suffit ; ou à M. Junet, directeur des postes ; il me le fera parvenir. Vous pouvez aussi le remettre à Duchesne, qui me le fera passer avec d'autres envois. Je vous demanderai même, sans façon, de faire relier l'exemplaire; ce que je ne puis faire ici sans le gâter; je le prendrai secrètement dans ma poche en allant herboriser; et, quand je ne verrai point d'archers autour de moi, j'y jetterai les yeux à la dérobée. Mon cher ami, comment faites-vous pour penser, être honnête homme, et ne vous pas faire pendre? Cela me paroît difficile, en vérité. Je vous embrasse de tout mon cœur.

## LETTRE DXXII.

### A MILORD MARÉCHAL.

8 décembre 1764.

Sur la dernière lettre, milord, que vous avez dû recevoir de moi, vous aurez pu juger du plaisir que m'a causé celle dont vous m'avez honoré le 24 octobre. Vous m'avez fait sentir un peu cruellement à quel point je vous suis attaché, et trois mois de silence de votre part m'ont plus affecté et navré que ne fit le décret du Conseil de Genève. Tant de malheurs ont rendu mon cœur inquiet, et je crains toujours de perdre ce que je désire si ardemment de conserver. Vous êtes mon seul protecteur, le seul homme à qui j'aie de véritables obligations, le seul ami sur lequel je compte, le dernier auquel je me sois attaché, et auquel il n'en succédera jamais d'autres. Jugez sur cela si vos bontés me sont chères, et si votre oubli m'est facile à supporter.

Je suis fâché que vous ne puissiez habiter votre maison que dans un an. Tant qu'on en est encore aux châteaux en Espagne, toute habitation nous est bonne en attendant; mais quand enfin l'expérience et la raison nous ont appris qu'il n'y a de véritable jouissance que celle de soi-même, un logement commode et un corps sain deviennent les seuls biens de la vie, et dont le prix se fait sentir de jour en jour, à mesure qu'on est détaché du reste. Comme il n'a pas fallu si long-temps pour faire votre jardin, j'espère que dès à présent il vous amuse, et que vous en tirez déjà de quoi fournir ces *oilles* si savoureuses, que, sans être fort gourmand, je regrette tous les jours.

Que ne puis-je m'instruire auprès de vous dans une culture plus utile, quoique plus ingrate! Que mes bons et infortunés Corses ne peuvent-ils, par mon entremise, profiter de vos longues et profondes observations sur les hommes et les gouvernements! mais je suis loin de vous. N'importe ; sans songer à l'impossibilité du succès, je m'occuperai de ces pauvres gens comme si mes rêveries leur pouvoient être utiles. Puisque je suis dévoué aux chimères, je veux du moins m'en forger d'agréables. En songeant à ce que les hommes pourroient être, je tâcherai d'oublier ce qu'ils sont. Les Corses sont, comme vous le dites fort bien, plus près de cet état désirable qu'aucun autre peuple. Par exemple, je ne crois pas que la dissolubilité des mariages, très-utile dans le Brandebourg, le fût de long-temps en Corse, où la simplicité des mœurs et la pauvreté générale rendent encore les grandes passions inactives et les mariages paisibles et heureux. Les femmes sont laborieuses et chastes; les hommes n'ont de plaisirs que dans leur maison: dans cet état, il n'est pas bon de leur faire envisager comme possible une séparation qu'ils n'ont nulle occasion de désirer.

Je n'ai point encore reçu la lettre avec la traduction de Fletcher que vous m'annoncez. Je l'attendois pour vous écrire; mais, voyant que le paquet ne vient point, je ne puis différer plus long-temps. Milord, j'ai le cœur plein de vous sans cesse. Songez quelquefois à votre fils le cadet.

## LETTRE DXXIII.

### A M. DU PEYROU.

8 décembre 1764.

Quoique les affaires et les visites dont je suis accablé ne me laissent presque aucun moment à moi, et que d'ailleurs celle qui m'occupe en ce moment me rende nécessaire d'en délibérer avec vous, monsieur, puisque vous y consentez, ne pouvant me ménager du temps pour suffire à tout, je donne la préférence au soin de vous tranquilliser sur ce terrible B qui vous inquiète, et qui vous a paru suffisant pour effacer ou balancer le témoignage de tous mes écrits et de ma vie entière, sur les sentiments que j'ai constamment professés et que je professerai jusqu'à mon dernier soupir. Puisqu'une seule lettre de l'alphabet a tant de puissance il faut croire désormais aux vertus des talismans. Ce B signifie *Bon*, cela est certain; mais comme vous m'en demandez l'explication, sans me transcrire les passages auxquels il se rapporte, et dont je n'ai pas le moindre souvenir, je ne puis vous satisfaire que préalablement vous n'ayez eu la bonté de m'envoyer ces passages, en y ajoutant le sens que vous donnez au B qui vous inquiète; car il est à présumer que ce sens n'est pas le mien. Peut-être alors, en vous développant ma pensée, viendrai-je à bout de vous édifier sur ce point. Tout ce que je puis vous dire d'avance est que non seulement je ne suis pas matérialiste, mais que je ne me souviens pas même d'avoir été un seul moment de ma vie tenté de le devenir. Bien est-il vrai que sur un grand nombre de propositions, je suis d'accord avec les matérialistes, et celle où vous avez vu des B sont apparemment de ce nombre; mais il ne s'ensuit nullement que ma méthode de déduction et la leur soient la même, et me conduise aux mêmes conclusions. Je ne puis, quant à présent, vous en dire davantage, et il faut savoir sur quoi roulent vos difficultés avant de songer à les résoudre. En attendant, j'ai des excuses à vous faire du souci que vous a causé mon indiscrétion, et je vous promets que si jamais je suis tenté de barbouiller des marges de livres je me souviendrai de cette leçon.

## LETTRE DXXIV.

### A M. LALIAUD.

Motiers, le 9 décembre 1764.

Je voudrois, monsieur, pour contenter votre obligeante fantaisie, pouvoir vous envoyer le profil que vous me demandez; mais je ne suis pas en lieu à trouver aisément quelqu'un qui le sache tracer. J'espérois me prévaloir pour cela de la visite qu'un graveur hollandois, qui va s'établir à Morat, avoit dessein de me faire; mais il vient de me marquer que des affaires indispensables ne lui en laissoient pas le temps. Si M. Liotard fait un tour jusqu'ici, comme il paroît le désirer, c'est une autre occasion dont je profiterai pour vous complaire, pour peu que l'état cruel où je suis m'en laisse le pouvoir. Si cette seconde occasion me manque, je n'en vois pas de prochaine qui puisse y suppléer. Au reste, je prends peu d'intérêt à ma figure, j'en prends peu même à mes livres; mais j'en prends beaucoup à l'estime des honnêtes gens, dont les cœurs ont lu dans le mien. C'est dans le vif amour du juste et du vrai, c'est dans des penchants bons et honnêtes, qui sans doute m'attacheroient à vous, que je voudrois vous faire aimer ce qui est véritablement moi, et vous laisser de mon effigie intérieure un souvenir qui vous fût intéressant. Je vous salue, monsieur, de tout mon cœur.

## LETTRE DXXV.

### A M. ABAUZIT,

En lui envoyant les Lettres de la Montagne.

Motiers, le 9 décembre 1764.

Daignez, vénérable Abauzit, écouter mes justes plaintes. Combien j'ai gémi que le conseil et les ministres de Genève m'aient mis en droit de leur dire des vérités si dures! Mais puisque enfin je leur dois ces vérités, je veux payer ma dette. Ils ont rebuté mon respect, ils auront désormais toute ma franchise. Pesez mes raisons et prononcez. Ces dieux de chair ont pu me punir si j'étois coupable; mais si Caton m'absout, ils n'ont pu que m'opprimer.

## LETTRE DXXVI.

A M. MONTPEROUX, RÉSIDENT DE FRANCE A GENÈVE.

Motiers, le 9 décembre 1764.

L'écrit, monsieur, qui vous est présenté de ma part, contient mon apologie et celle de nombre d'honnêtes gens offensés dans leurs droits par l'infraction des miens. La place que vous remplissez, monsieur, et vos anciennes bontés pour moi, m'engagent également à mettre sous vos yeux cet écrit. Il peut devenir une des pièces d'un procès au jugement duquel vous présiderez peut-être. D'ailleurs, aussi zélé sujet que bon patriote, vous aimerez me voir célébrer dans ces lettres [1] le plus beau monument du règne de Louis XV, et rendre aux François, malgré mes malheurs, toute la justice qui leur est due.

Je vous supplie, monsieur, d'agréer mon respect.

[1] * Les Lettres de la Montagne.

## LETTRE DXXVII.

### À M. DU PEYROU.

Motiers, le 13 décembre 1764.

Je vous parlerai maintenant, monsieur, de mon affaire, puisque vous voulez bien vous charger de mes intérêts. J'ai revu mes gens : leur société est augmentée d'un libraire de France, homme entendu, qui aura l'inspection de la partie typographique. Ils sont en état de faire les fonds nécessaires sans avoir besoin de souscription, et c'est d'ailleurs une voie à laquelle je ne consentirai jamais par de très-bonnes raisons, trop longues à détailler dans une lettre.

En combinant toutes les parties de l'entreprise, et supposant un plein succès, j'estime qu'elle doit donner un profit net de cent mille francs. Pour aller d'abord au rabais, réduisons-le à cinquante. Je crois que, sans être déraisonnable, je puis porter mes prétentions au quart de cette somme; d'autant plus que cette entreprise demande de ma part un travail assidu de trois ou quatre ans, qui sans doute achèvera de m'épuiser, et me coûtera plus de peine à préparer et revoir mes feuilles que je n'en eus à les composer.

Sur cette considération, et laissant à part celle

du profit, pour ne songer qu'à mes besoins, je vois que ma dépense ordinaire depuis vingt ans a été, l'un dans l'autre, de soixante louis par an. Cette dépense deviendra moindre lorsqu'absolument séquestré du public je ne serai plus accablé de ports de lettres et de visites, qui, par la loi de l'hospitalité, me forcent d'avoir une table pour les survenants.

Je pars de ce petit calcul pour fixer ce qui m'est nécessaire pour vivre en paix le reste de mes jours, sans manger le pain de personne; résolution formée depuis long-temps, et dont, quoi qu'il arrive, je ne me départirai jamais.

Je compte pour ma part sur un fonds de dix à douze mille livres; et j'aime mieux ne pas faire l'entreprise s'il faut me réduire à moins, parce qu'il n'y a que le repos du reste de mes jours que je veuille acheter par quatre ans d'esclavage.

Si ces messieurs peuvent me faire cette somme, mon dessein est de la placer en rentes viagères; et, puisque vous voulez bien vous charger de cet emploi, elle vous sera comptée, et tout est dit. Il convient seulement, pour la sûreté de la chose, que tout soit payé avant que l'on commence l'impression du dernier volume, parce que je n'ai pas le temps d'attendre le débit de l'édition pour assurer mon état.

Mais comme une telle somme en argent comptant pourroit gêner les entrepreneurs, vu les grandes avances qui leur sont nécessaires, ils aimeront mieux me faire une rente viagère; ce qui, vu mon âge et l'état de ma santé, leur doit probablement tourner plus à compte. Ainsi, moyennant des sûretés dont vous soyez content, j'accepterai la rente viagère, sauf une somme en argent comptant lorsqu'on commencera l'édition; et, pourvu que cette somme ne soit pas moindre que cinquante louis, je m'en contente, en déduction du capital dont on me fera la rente.

Voilà, monsieur, les divers arrangements dont je leur laisserois le choix si je traitois directement avec eux : mais, comme il se peut que je me trompe, ou que j'exige trop, ou qu'il y ait quelque meilleur parti à prendre pour eux ou pour moi, je n'entends point vous donner en cela des règles auxquelles vous deviez vous tenir dans cette négociation. Agissez pour moi comme un bon tuteur pour son pupille; mais ne chargez pas ces messieurs d'un traité qui leur soit onéreux. Cette entreprise n'a de leur part qu'un objet de profit, il faut qu'ils gagnent; de ma part elle a un autre objet, il suffit que je vive; et, toute réflexion faite, je puis bien vivre à moins de ce que je vous ai marqué. Ainsi n'abusons pas de la résolution où ils paroissent être d'entreprendre cette affaire à quelque prix que ce soit : comme tout le risque demeure de leur côté, il doit être compensé par les avantages. Faites l'accord dans cet esprit, et soyez sûr que de ma part il sera ratifié.

Je vous vois avec plaisir prendre cette peine : voilà, monsieur, le seul compliment que je vous ferai jamais.

## LETTRE DXXVIII.

### A MADAME LATOUR.

A Motiers, le 16 décembre 1764.

Je n'ai pas eu, chère Marianne, en recevant mon portrait, que M. Breguet a eu la bonté de m'envoyer, le plaisir que vous m'annonciez de le recevoir lui-même. La fatigue, le mauvais temps qu'il a eu durant son voyage, l'ont retenu malade dans sa maison; et moi, depuis deux mois enfermé dans la mienne, je suis hors d'état d'aller le remercier, et lui demander un peu en détail de vos nouvelles, comme je me l'étois proposé. Donnez-m'en donc vous-même, chère Marianne, en attendant que je puisse voir votre bon papa, si digne de l'éloge que vous en faites et de l'attachement que vous avez pour lui. Quant à moi, je ne suis qu'un ami peu démonstratif, quoique vrai; réputé négligent, parce que ma situation me force à le paroître, et trop heureux de recevoir de vous, à titre de grâce, des sentiments que vous me devrez quand les miens vous seront mieux connus. En attendant, il vaut mieux que vous m'aimiez et que vous me grondiez, que si vous paroissiez contente sans l'être. Tant que vous exercerez sur moi l'autorité de l'amitié, je croirai qu'au fond vous rendez justice à la mienne, et que c'est pour me laisser moins voir ma misère que vous vous en prenez à ma volonté. Voilà du moins le seul sens que devroient avoir vos reproches; si je pouvois vous écrire et vous complaire autant que je le désire, et que vous fussiez équitable, le papa lui-même ne vous seroit pas plus cher que moi.

J'apprends avec grand plaisir qu'il est beaucoup mieux.

## LETTRE DXXIX.

### A M. D'IVERNOIS.

Motiers, le 17 décembre 1764.

Il est bon, monsieur, que vous sachiez que, depuis votre départ d'ici, je n'ai reçu aucune de vos lettres, ni nouvelles d'aucune espèce par le canal de personne, quoique vous m'eussiez promis de m'annoncer votre heureuse arrivée à Genève, et de m'écrire même auparavant. Vous pouvez concevoir mon inquiétude. Je sais bien que c'est l'ordinaire qu'on m'accable de lettres inutiles, et que tout se taise dans les moments essentiels; je m'étois flatté cependant qu'il y auroit dans celui-ci quelque exception en ma faveur : je me suis trompé. Il faut prendre patience, et se résoudre à attendre qu'il vous plaise de me donner des nouvelles de votre santé, que je souhaite être bonne de tout mon cœur.

Mes respects à madame, je vous supplie.

## LETTRE DXXX.

### A M. PANCKOUCKE.

Motiers, le 21 décembre 1764.

Je suis sensible aux bontés de M. de Buffon, à proportion du respect et de l'estime que j'ai pour lui ; sentiments que j'ai toujours hautement professés, et dont vous avez été témoin vous-même. Il y a des amis dont la bienveillance mutuelle n'a pas besoin d'une correspondance expresse pour se nourrir, et j'ai osé me placer avec lui dans cette classe-là. Si c'est une illusion de ma part, elle est bien pardonnable à la cause qui la produit. Je ne le mets point dans une distribution d'exemplaires, sachant bien qu'il me mettroit dans celle des siens;

et que, comme il n'y a point de proportion dans ces choses-là, je n'aime point donner un œuf pour avoir un bœuf.

Le quidam qui s'irrite si fort que j'aie mis une devise à mon livre doit s'irriter bien plus que je l'aie entourée d'une couronne civique; et bien plus encore que j'aie, dans ce même livre, justifié la devise et mérité la couronne.

## LETTRE DXXXI.

### A M. DE MONTMOLLIN,

En lui envoyant les LETTRES ÉCRITES DE LA MONTAGNE.

Le 23 décembre 1764.

Plaignez-moi, monsieur, d'aimer tant la paix, et d'avoir toujours la guerre. Je n'ai pu refuser à mes anciens compatriotes de prendre leur défense comme ils avoient pris la mienne. C'est ce que je ne pouvois faire sans repousser les outrages dont, par la plus noire ingratitude, les ministres de Genève ont eu la bassesse de m'accabler dans mes malheurs, et qu'ils ont osé porter jusque dans la chaire sacrée. Puisqu'ils aiment si fort la guerre, ils l'auront; et, après mille agressions de leur part, voici mon premier acte d'hostilité, dans lequel toutefois je défends une de leurs plus grandes prérogatives, qu'ils se laissent lâchement enlever; car, pour insulter à leur aise au malheureux, ils rampent volontiers sous la tyrannie. La querelle, au reste, est tout-à-fait personnelle entre eux et moi; ou, si j'y fais entrer la religion protestante pour quelque chose, c'est comme son défenseur contre ceux qui veulent la renverser. Voyez mes raisons, monsieur, et soyez persuadé que, plus on me mettra dans la nécessité d'expliquer mes sentiments, plus il en résultera d'honneur pour votre conduite envers moi, et pour la justice que vous m'avez rendue.

Recevez, monsieur, je vous prie, mes salutations et mon respect.

## LETTRE DXXXII.

### A M. D'IVERNOIS.

Motiers, le 29 décembre 1764.

J'ai reçu, monsieur, toutes les lettres que vous m'avez fait l'amitié de m'écrire, jusqu'à celle du 25 inclusivement. J'ai aussi reçu les estampes que vous avez eu la bonté de m'envoyer; mais le messager de Genève n'étant point encore de retour, je n'ai pas reçu, par conséquent, les deux paquets que vous lui avez remis, et je n'ai pas non plus entendu parler encore du paquet que vous m'avez envoyé par le voiturier. Je prierai M. le trésorier de s'en faire informer à Neuchâtel, puisqu'il y doit être de retour depuis plusieurs jours.

Les vacherins que vous m'envoyez seront distribués en votre nom dans votre famille. La caisse de vin de Lavaux, que vous m'annoncez, ne sera reçue qu'en payant le prix, sans quoi elle restera chez M. d'Ivernois. Je croyois que vous feriez quelque attention à ce dont nous étions convenus ici : puisque vous n'y voulez pas avoir égard, ce sera désormais mon affaire; et je vous avoue que je commence à craindre que le train que vous avez pris ne produise entre nous une rupture qui m'affligeroit beaucoup. Ce qu'il y a de parfaitement sûr, c'est que personne au monde ne sera bien reçu à vouloir me faire des présents par force; les vôtres, monsieur, sont si fréquents, et j'ose dire si obstinés, que de la part de tout autre homme, en qui je reconnoîtrois moins de franchise, je croirois qu'il cache quelque vue secrète qui ne se découvriroit qu'en temps et lieu.

Mon cher monsieur, vivons bons amis, je vous en supplie. Les soins que vous vous donnez pour mes petites commissions me sont très-précieux. Si vous voulez que je croie qu'ils ne vous sont pas importuns, faites-moi des comptes si exacts, qu'il n'y soit pas même oublié le papier pour les paquets, ou la ficelle des emballages; à cette condition j'accepte vos soins obligeants, et toute mon affection ne vous est pas moins acquise que ma reconnoissance vous est due. Mais, de grâce, ne rendez pas là-dessus une troisième explication nécessaire, car elle seroit la dernière bien sûrement.

Je suis et serai même plusieurs années hors d'état de m'occuper des objets relatifs à l'imprimé qu'une personne vous a remis pour me le prêter; ainsi, s'il faut s'en servir promptement, je serai contraint de le renvoyer sans en faire usage. Mon intention étoit de rassembler des matériaux pour le temps éloigné de mes loisirs, si jamais il vient, de quoi je doute : ainsi ne m'envoyez rien là-dessus qui ne puisse rester entrer mes mains, sans autre condition que de l'y retrouver quand on voudra.

Vous trouverez ci-jointe la copie de la lettre de remerciement que M. C.....r m'a écrite. Comment se peut-il qu'avec un cœur si aimant et si tendre je ne trouve partout que haine et que malveillants? je ne puis là-dessus me vaincre : l'idée d'un seul ennemi, quoique injuste, me fait sécher de douleur. Génevois, Génevois, il faut que mon amitié pour vous me coûte à la fin la vie.

Obligez-moi, mon cher monsieur, en m'envoyant la note de l'argent que vous avez déboursé pour toutes mes commissions, ou d'en tirer sur moi le montant par lettre de change, ou de me marquer par qui je dois vous le faire tenir. N'omettez pas ce qu'a fourni M. Deluc. Je vous embrasse de tout mon cœur.

## LETTRE DXXXIII.

### A M. DU PEYROU.

31 décembre 1764.

Votre lettre m'a touché jusqu'aux larmes. Je vois que je ne me suis pas trompé, et que vous avez une ame honnête. Vous serez un homme précieux à mon cœur. Lisez l'imprimé ci-joint[1]. Voilà, monsieur, à quels ennemis j'ai affaire; voilà les armes dont ils m'attaquent. Renvoyez-moi cette pièce quand vous l'aurez lue; elle entrera dans les monuments de l'histoire de ma vie. Oh! quand un jour le voile sera déchiré, que la postérité m'aimera! qu'elle bénira ma mémoire! Vous, aimez-moi maintenant, et croyez que je n'en suis pas indigne. Je vous embrasse.

[1] * Le libelle intitulé *Sentiment des citoyens*.

## LETTRE DXXXIV.

A M. D'IVERNOIS.

Motiers, le 31 décembre 1764.

Je reçois, mon cher monsieur, votre lettre du 28 et les feuilles de la réponse ; vous recevrez aussi bientôt la musique que vous demandez. J'ai reçu par ce même courrier un imprimé intitulé *Sentiment des citoyens*. J'ai d'abord reconnu le style pastoral de M. Vernes, défenseur de la foi, de la vérité, de la vertu, et de la charité chrétienne. Les citoyens ne pouvoient choisir un plus digne organe pour déclarer au public leurs sentimens. Il est très à souhaiter que cette pièce se répande en Europe ; elle achèvera ce que le décret a commencé.

Tout ce qu'on me marque de M. le premier syndic est d'un magistrat bien sage. Si les autres l'étoient autant, tout seroit bientôt pacifié, et les choses rentreroient dans l'état douteux où peut-être il seroit à désirer qu'elles fussent encore. Mais fiez-vous aux sottises que l'animosité leur fera faire : ils vont désormais travailler pour vous.

Les deux exemplaires que demande M*** sont sans doute pour travailler dessus : mais n'importe ; je les lui enverrois avec grand plaisir si j'en avois l'occasion, surtout s'il vouloit prendre le ton de M. Vernes. Si par hasard c'étoit en effet par goût pour l'ouvrage, M*** seroit un théologien bien étonnant : mais laissez-les faire. La colère les transporte : comme ils vont prêter le flanc ! Oh ! monsieur, si tous ces gens-là, moins brutaux, moins rogues, s'étoient avisés de me prendre par des caresses, j'étois perdu; je sens que jamais je n'aurois pu résister; mais, par le côté qu'ils m'ont pris, je suis à l'épreuve. Ils feront tant qu'ils me rendront illustre et grand, au lieu que j'étois fait pour n'être jamais qu'un petit garçon. Je vous embrasse de tout mon cœur.

FIN DU TROISIÈME VOLUME DE LA CORRESPONDANCE.

# TABLE ANALYTIQUE

## DES LETTRES CONTENUES DANS CE VOLUME.

Lettre CCCXLV, à M. Moultou. — Affluence de lettres anonymes. Il le détourne du projet de lui faire visite. Remarque critique. . . . . . . . . . . . . . . . . . . . . . . . . . . . . Page 3

Lettre CCCXLVI, à M. Théodore Rousseau. — Il excuse son silence. Il le remercie de ses démarches. . . . . . . 6

Lettre CCCXLVII, à M. Pictet. — Remerciements. Expose sa conduite. . . . , . . . . . . . . . . . . . . . . . . . 8

Lettre CCCXLVIII, à madame Latour. — Reproches : détails sur ses sentiments. . . . . . . . . . . . . . . . . . . 11

Lettre CCCXLIX, à la même. — Il s'impatiente de son exigence. . . . . . . . . . . . . . . . . . . . . . . . . . . . 13

Lettre CCCL, à madame la comtesse de Boufflers. — Sur le projet d'aller en Angleterre : sur milord Maréchal. — M. Duclos. 16

Lettre CCCLI, à M. Moultou. — Nouveaux avis sur sa défense. Conduite singulière de M. Vernet. . . . . . . . . . 18

Lettre CCCLII, au même. — Sur M. Deluc . . . . . . . . . 22

Lettre CCCLIII, à M. de Malesherbes. — Il lui demande copie des quatre lettres qu'il lui a écrites . . . . . . . . . . 23

Lettre CCCLIV, à M. Mouchon. — Remerciements des preuves de son amitié. . . . . . . . . . . . . . . . . . . . . . . . 24

Lettre CCCLV, à madame la comtesse de Boufflers. — Explication sur sa conduite. Dialogue de Voltaire. . . . . . . . . 26

Lettre CCCLVI, au roi de Prusse. — Il refuse ses dons . . . . 36

Diverses versions de cette lettre. . . . . . . . . . . . . . . . 37

Lettre CCCLVII, à milord Maréchal. — Envoi de la lettre à Frédéric. Motifs pour lesquels il refuse ses offres. . . . . . . 37

Lettre CCCLVIII, à M. de Malesherbes. — Projet de botanique. Idée sur un herbier. . . . . . . . . . . . . . . . . . 39

Lettre CCCLIX, à milord Maréchal. — Projets. — D'Alembert ne feroit qu'un arlequin du fils de Catherine............ 42
Lettre CCCLX, à M. Moultou. — Reproches sur son silence. Sur M. de Montmollin........................... 45
Lettre CCCLXI, au même. — Sur la conduite probable de Genève................................. 48
Lettre CCCLXII, à madame Latour. — Il reprend son commerce de lettres avec elle........................ 50
Lettre CCCLXIII, à M. Moultou. — Sur la conduite des Génevois. Conseils pour bien écrire................... 52
Lettre CCCLXIV, à M. de Montmollin. — Nouvelles explications sur sa conduite et sa doctrine................ 55
Lettre CCCLXV, à M***. — Il le prie de lire Émile dont il a parlé sans l'avoir lu............................. 59
Lettre CCCLXVI, à M. Loiseau de Mauléon. — Il lui recommande madame de Valdahon..................... 61
Lettre CCCLXVII, à mademoiselle d'Ivernois. — Envoi d'un lacet.............................. 62
Lettre CCCLXVIII, à madame la comtesse de Boufflers. — Il veut bien être *conseillé*, mais non *gouverné* par ses amis. 63
Lettre CCCLXIX, à M....., curé d'Ambérier. — Il le remercie des soins qu'il a eus de Thérèse................ 65
Lettre CCCLXX, à madame Latour. — Plaisanteries. Questions sur sa toilette............................. 67
Lettre CCCLXXI, à M. Moultou. — Conseils............ 69
Lettre CCCLXXII, à M. D. L. C. — Réflexions critiques.... 71
Lettre CCCLXXIII, à madame Latour. — Détails sur sa santé. 76
Lettre CCCLXXIV, à M. Dumoulin. — Compliments de condoléance................................. 77
Lettre CCCLXXV, à mademoiselle Duchesne. — Détails sur des réclamations à l'occasion de Thérèse............... 79
Lettre CCCLXXVI, à M. le maréchal de Luxembourg. — Description intéressante du pays et des mœurs des habitants. 82
Lettre CCCLXXVII, à madame Latour. — Il la remercie de son portrait............................... 101
Lettre CCCLXXVIII, à M. le maréchal de Luxembourg. — Description du Val-de-Travers..................... 104

# TABLE ANLYTIQUE.

Lettre CCCLXXIX, à M. Moultou. — Inquiétudes sur ses lettres. Projet d'écrire ses mémoires. On mutile l'Émile...... 121

Lettre CCCLXXX, à M. Petit-Pierre. — Explication sur le christianisme, qui n'est que la *religion naturelle mieux expliquée*........................................ 125

Lettre CCCLXXXI, à M. Moultou. — Il ne fera pas de démarches humiliantes................................ 127

Lettre CCCLXXXII, à M. David Hume. — Regrets sur ce qu'il n'a pas choisi l'Angleterre........................ 129

Lettre CCCLXXXIII, à madame Latour. — Renseignements qu'elle lui a demandés........................... 131

Lettre CCCLXXXIV, à M. Moultou. — Humeur qu'on lui donne par des conseils déplacés. Sur sa réponse à l'archevêque de Paris................................. 134

Lettre CCCLXXXV, à M. Deluc. — Il ne peut faire d'excuses au consistoire, parce qu'il n'en doit pas............... 136

Lettre CCCLXXXVI, à M. Beau-Château. — But qu'il s'est proposé en écrivant.............................. 139

Lettre CCCLXXXVII, à M***. — Refus de faire des réparations................................... 141

Lettre CCCLLXXXVIII, à M. Marcel. — Persiflage piquant sur l'importance de la danse...................... 144

Lettre CCCLXXXIX, à M. de ***. — Sur le mandement de l'archevêque de Paris, et sa réponse................ 150

Lettre CCCXC, à M. Kirchberger. — Conseils sages et touchants sur son mariage........................... 152

Lettre CCCXCI, à M. Roguin. — Il refuse de lui offrir son portrait.......................................... 154

Lettre CCCXCII, à milord Maréchal. — Position de Frédéric. Ce qui lui reste à faire.......................... 158

Lettre CCCXCIII, à M. Moultou. — Envoi d'exemplaires de sa réponse à l'archevêque. Sur Voltaire et ses avances... 159

Letttre CCCXCIV, à M. Burnand. — Sur la Profession de foi du vicaire savoyard............................ 162

Lettre CCCXCV, à madame de ***. — Sur une union mal assortie. Éloge de milord Maréchal. Motif pour lequel Jean-Jacques a répondu à l'archevêque de Paris.......... 163

Lettre CCCXCVI, à M. Burnand.—Il le persifle........ 167
Lettre CCCXCVII, à M. de Montmollin.—Envoi de la lettre à M. de Beaumont.......................... 168
Lettre CCCXCVIII, à M. Moultou.—Sur la lettre à M. de Beaumont. Il veut renoncer au droit de bourgeoisie.. 168
Lettre CCCXCIX, à M. l'abbé de La Porte. Sur l'édition de ses œuvres............................... 171
Lettre CD, à M. J. Burnand.—Il lui fait des excuses... 173
Lettre CDI, à madame Latour.—Inquiétudes sur son silence................................... 174
Lettre CDII, à M. Watelet.—Compliments et souhaits. 177
Lettre CDIII, à M. Moultou.—Sur la lettre à M. de Beaumont. 177
Lettre CDIV, à M. le maréchal de Luxembourg.—Il le consulte sur les menaces qu'on lui fait............ 179
Lettre CDV, à M. Moultou.—Regrets sur le départ de milord Maréchal............................. 181
Lettre CDVI, à M. Favre.—Il abdique à perpétuité son droit de bourgeoisie et de cité................. 182
Lettre CDVII, à madame Latour.—Il se plaint de ses soupçons et de ses reproches. Explications sur sa conduite dans leur commerce épistolaire et sur une commission qu'elle lui avoit donnée..................... 183
Lettre CDVIII, à M. Marc Chappuis.—Sur son abdication du droit de bourgeoisie....................... 188
Lettre CDIX, au même.—Exposé des motifs qui l'ont fait renoncer au droit de bourgeoisie. Il lui reproche la dureté avec laquelle il le blâme................. 189
Lettre CDX, à M. Moultou.—Il lui parle d'une commission et de personnages qui avoient besoin de rapprochements pour être compris : des recherches les ont procurés. Il est question de Gibbon et de madame Necker.................................. 193
Lettre CDXI, à M. A. A.—Éclaircissements sur quelques passages de sa lettre à l'archevêque de Paris... 196
Lettre CDXII, à M. Théodore Rousseau.—Motifs qui

l'ont fait abdiquer le titre du citoyen. Sa famille l'en a blâmé. . . . . . . . . . . . . . . . . . . . . . . . . . . . . 198

Lettre CDXIII, à madame Latour.—Il se fait des reproches pour son inexactitude envers elle. . . . . . . . . . 200

Lettre CDXIV, à M. Moultou.—Inquiétude sur son silence et sur une copie de sa renonciation au droit de bourgeoisie, répandue à Genève . . . . . . . . . . . . . . . 203

Lettre CDXV, au même.—Refus de se justifier vis-à-vis des Génevois. Défense précise de prendre son parti. . 204

Lettre CDXVI, à M. Deluc.—Il blâme toute démarche en sa faveur. . . . . . . . . . . . . . . . . . . . . . . . . . . . 206

Lettre CDXVII, à M. de Gauffecourt.—Regrets qu'il éprouve de ne pouvoir aller l'embrasser à Genève. . . 211

Lettre CDXVIII, à M. Ustery.—Éclaircissements sur le huitième chapitre du dernier livre du Contrat social. 214

Lettre CDXIX, à son cousin, M. F. H. Rousseau.—Prières de ne pas donner suite aux représentations faites à son sujet. Il seroit désespéré de donner lieu au moindre trouble. . . . . . . . . . . . . . . . . . . . . . 218

Lettre CDXX, à M. Duclos.—Circonstances qui l'ont forcé d'abdiquer le droit de bourgeoisie. . . . . . . . 220

Lettre CDXXI, au même.—Il est dégoûté de la vie et veut s'en délivrer. Il lui recommande Thérèse. . . . . . . 225

Lettre CDXXII, à M. Martinet.—Sur le même sujet. Il veut *partir pour la patrie des ames justes.* Il le rend dépositaire de son testament.. . . . . . . . . . . . . . . . . . 227

Lettre CDXXIII, à M. Moultou.—Humeur contre un ouvrage de M. Vernes. Critique du livre de l'*Esprit.* Il souffre et croit pouvoir disposer de son sort. . . . . 228

Lettre CDXXIV, à madame Latour.—Il lui fait part des douleurs qu'il éprouve. . . . . . . . . . . . . . . . . . 230

Lettre CDXXV, à M. d'Ivernois.—Remerciements sur l'intérêt qu'il prend à son affaire. Opinion qu'il en a. 232

Lettre CDXXVI, à M. le curé d'Ambérier.—Il lui recommande Thérèse. . . . . . . . . . . . . . . . . . . . . . . . 233

Lettre CDXXVII, à M***.—Il veut désarmer sa sévérité contre son fils. . . . . . . . . . . . . . . . . . . . . . . . 236

LETTRE CDXXVIII, à M. G\*\*\*. — Il repousse ses avances. 238
LETTRE CDXXIX, à M. le prince L. E. de Wirtemberg.— Il consent à entrer en discussion avec lui. . . . . . . . 239
LETTRE CDXXX, à madame Latour. — Il s'excuse de son inexactitude. . . . . . . . . . . . . . . . . . . . . . . . 240
LETTRE CDXXXI, à la même. — Sur le portrait qu'elle lui a envoyé. . . . . . . . . . . . . . . . . . . . . . . . . . 242
LETTRE CDXXXII, à M. le prince de Wirtemberg. — Marche qu'il compte tenir dans sa correspondance. Il ne promet pas de l'exactitude. . . . . . . . . . . . . . . 243
LETTRE CDXXXIII, à M. Regnault. — Refus d'argent. Jamais il n'accepte de présents. . . . . . . . . . . . . . 245
LETTRE CDXXXIV, à madame Latour. — Sur son portrait qu'il lui renvoie. . . . . . . . . . . . . . . . . . . . . 246
LETTRE CDXXXV, à madame Deluze-Warney. — Remerciements pour des cadeaux de fruits : mais il la prie de ne plus lui en envoyer. . . . . . . . . . . . . . . . . 247
LETTRE CDXXXVI, à M. le prince de Wirtemberg. — Observations sur ses devoirs comme prince. Règle à suivre dans l'éducation. Conseils instructifs sur ce sujet. 248
LETTRE CDXXXVII, à M. l'abbé de \*\*\*. — Conseils remarquables donnés à quelqu'un qui demandoit à Rousseau ce qu'il falloit faire pour vivre en gentilhomme. . . . 265
LETTRE CDXXXVIII, à madame de B\*\*\*. — Escamotage de Voltaire. Doutes religieux . . . . . . . . . . . . . 267
LETTRE CDXXXIX, à M\*\*\*. — Conseils à un auteur qui le consultoit. La religion de Rousseau, fondée moins sur la conviction que sur la persuasion. . . . . . . . . . . 269
LETTRE CDXL, à M. de Conzié. — Sur un ouvrage contre Rousseau. Sentiments touchants. . . . . . . . . . . . 272
LETTRE CDXLI, à M. — Il ne veut point faire de nouveaux amis, et il lui donne une leçon un peu sévère. . . . . 274
LETTRE CDXLII, à M. le prince de Wirtemberg. — Il le félicite du projet qu'il a d'élever son enfant. . . . . . 276
LETTRE CDXLIII, à M. le curé d'Ambérier. — Il le remercie. . . . . . . . . . . . . . . . . . . . . . . . . . . 279

## TABLE ANALYTIQUE.

Lettre CDXLIV, à M. d'Ivernois. — Plaisanteries sur une querelle de ménage.......... 281
Lettre CDXLV, à madame Latour. — Sur l'exigence de cette dame et sa propre exactitude.......... 282
Lettre CDXLVI, à madame la comtesse de Boufflers. — Détails sur leurs rapports mutuels.......... 285
Lettre CDXLVII, à M. l'abbé de***. — Rousseau le plaisante. Distinction entre la sagesse et la vertu. (Voyez lettre n° CDXXXVII.).......... 288
Lettre CDXLVIII, à M. le prince de Wirtemberg. — Suite des observations sur l'éducation.......... 291
Lettre CDXLIX, à madame la marquise de Verdelin. — Sur la mort de son mari. Explication.......... 295
Lettre CDL, à mademoiselle Julie Bondeli. — Éclaircissements sur un ouvrage qu'on lui attribuoit.......... 297
Lettre CDLI, à M. d'Escherny. — Il lui parle de sa manière de juger : reçoit avec froideur ses avances.......... 299
Lettre CDLII, à madame Latour. — Il se plaint à son tour du silence qu'elle observe avec lui.......... 300
Lettre CDLIII, à M. Panckoucke. — Il approuve son projet de se fixer à Paris ; accepte les livres de son imprimerie, à condition qu'il ne s'obligera point à les lire.......... 301
Lettre CDLIV, à M. Pictet. — Sentiments touchants sur la patrie. En quoi elle consiste.......... 302
Lettre CDLV, à M. l'abbé de***. — Définitions de l'amour de l'ordre, de l'amour de soi-même, *seul motif qui fasse agir les hommes.* Ils different trop d'opinions pour continuer leur correspondance.......... 304
Lettre CDLVI, à madame Latour. — Il se plaint encore de son silence.......... 310
Lettre CDLVII, à M. le prince de Wirtemberg. — Il explique la nature de ses rapports avec Voltaire.......... 311
Lettre CDLVIII, à madame de Luze. — Il justifie sa négligence dans son commerce épistolaire.......... 313
Lettre CDLIX, à milord Maréchal. — Expression des regrets amers que lui cause leur séparation. Il voudroit écrire les mémoires de la famille de milord.......... 314

Lettre CDLX, à madame Roguin. — Préceptes à suivre dans la première éducation de son enfant. . . . . . . . 317

Lettre CDLXI, à milord Maréchal.—Ce seroit le seul dont il accepteroit les dons, mais il l'engage à en faire à ceux qui en ont besoin. Il a du *pain pour le moment.* Expression de sa reconnoissance.. . , . . . . . . . . . . . . 320

Lettre CDLXII, au même. — Il l'engage à accepter l'asile que lui offre Frédéric. Nouveaux regrets sur leur séparation. . . . . . . . . . . . . . . . . . . . . . . . . 322

Lettre CDLXIII, à M. A..... — Il est sensible à l'amitié qu'il lui témoigne. . . . . . . . . . . . . . . . . . . 324

Lettre CDLXIV, à M. le prince de Wirtemberg.—Notions remarquables sur la gloire, sur l'indépendance. Progrès du prince pour y arriver. . . . . . . . . . . . . 326

Lettre CDLXV, à M. le maréchal de Luxembourg. — Inquiétudes sur la santé du maréchal. . . . . . . . . . . 329

Lettre CDLXVI, à M. d'Ivernois.—Il veut être libre dans ses courses. Commission pour M. Deluc. . . . . . . . 330

Lettre CDLXVII, à madame Latour. — Il lui donne quelques détails sur ses ouvrages, sur le projet d'une édition générale. . . . . . . . . . . . . . . . . . . . . . 331

Lettre CDLXVIII, à M. Guy.—Il le prie d'envoyer à madame Latour un exemplaire de l'édition de ses ouvrages qu'il vient de faire imprimer. . . . . . . . . . . . . 333

Lettre CDLXIX, à mademoiselle D. M. — Réflexions sur les connoissances qu'elle a acquises, l'usage qu'elle en veut faire, et la conduite qu'elle devroit tenir; les inconvénients de la célébrité pour une femme. . . . . . 333

Lettre CDLXX, à madame de Verdelin. — Sur son inclination et ses projets. . . . . . . . . . . . . . . . . . 342

Lettre CDLXXI, à mademoiselle Galley.—Peinture charmante du bonheur qui l'attend dans le mariage. . . . 345

Lettre CDLXXII, à M. de Sauttersheim. — Il se plaint d'avoir été trompé par lui. . . . . . . . . . . . . . . 347

Lettre CDLXXIII, à M. de P.—La lettre à l'archevêque d'Auch n'est pas de lui. Raisons pour lesquelles il ne peut écrire pour la défense des protestants. . . . . . 348

Lettre CDLXXIV, à M. Panckoucke. — Critique de l'Élève de la nature. Éclaircissement sur une édition de ses œuvres.................. 351

Lettre CDLXXV, à M. le prince de Wirtemberg. — Il le remercie des *Entretiens de Phocion* que le prince lui envoie. 353

Lettre CDLXXVI, à M***. — Il lui démontre que la lettre qu'on lui attribue n'est pas de lui. Regrets sur la mort de M. de Luxembourg. Cette lettre est adressée à M. Duchesne.................... 355

Lettre CDLXXVII, à M. Deleyre. — Ses maux l'empêchent de discuter avec lui sur l'histoire. Moyen d'entretenir leur correspondance.................. 358

Lettre CDLXXVIII, à madame de Luxembourg. — Éloge du maréchal; regrets de sa perte............ 361

Lettre CDLXXIX, à la même. — Nouvelle expression de ses regrets..................... 362

Lettre CDLXXX, à M. de Sauttersheim. — Reproches sur son inconduite................... 363

Lettre CDLXXXI, à M. Chamfort. — Il le remercie de l'ouvrage qu'il lui a envoyé................ 366

Lettre CDLXXXII, à M. d'Ivernois. — Il est surpris de la persévérance des citoyens à faire des représentations. 367

Lettre CDLXXXIII, à M. H. D. P. — Nouveaux motifs qui l'empêchent de prendre la plume en faveur des protestants...................... 368

Lettre CDLXXXIV, à madame de Créqui. — Sur la religion *qui consiste moins dans ce qu'on croit que dans ce qu'on fait*..................... 371

Lettre CDLXXXV, à M. Séguier de Saint-Brisson. — Il le blâme de causer du chagrin à sa mère. *Un fils a toujours tort*. S'il ne va pas se jeter aux genoux de la sienne, il ne veut plus entendre parler de lui........... 373

Lettre CDLXXXVI, à M. d'Ivernois. — Il lui donne son itinéraire afin qu'ils se rejoignent dans leurs courses.. 377

Lettre CDLXXXVII, au même. — Il lui donne diverses commissions.................... 378

Lettre CDLXXXVIII, à milord Maréchal. — Il le remercie

de son souvenir, lui rend compte d'un petit voyage qu'il vient de faire, et attend les matériaux pour faire l'histoire de sa famille............................ 380

Lettre CDLXXXIX, à madame la comtesse de Boufflers. — Éloge du maréchal de Luxembourg. Sur l'éducation qu'elle donne à son fils. Situation de son ame........ 382

Lettre CDXC, à M. le prince de Wirtemberg. — Intérêt qu'il prend à l'éducation de la fille du prince......... 386

Lettre CDXCI, à madame Latour. — Il ne peut répondre de son exactitude à lui écrire....................... 388

Lettre CDXCII, à M. du Peyrou. — Arrangements pour une course dans les montagnes..................... 388

Lettre CDXCIII, au même. — Sa santé le force à changer quelques dispositions du voyage..................... 390

Lettre CDXCIV, à M. d'Ivernois. — Il passera l'hiver à Motiers. Visite du duc de Randan................... 391

Lettre CDXCV, à M. du Peyrou. — Projets pour un petit voyage............................................ 392

Lettre CDXCVI, à M. Daniel Roguin. — Regrets sur la mort de son parent. Manière de mourir en paix....... 393

Lettre CDXCVII, à M. Chamfort. — Remerciements pour l'ouvrage qu'il lui a envoyé. Réflexions sur la vertu... 394

Lettre CDXCVIII, à M. du Peyrou. — Eclaircissements sur les asphodèles.................................... 397

Lettre CDXCIX, à M. Marteau. — Remerciements et conseils............................................... 399

Lettre D, à M. Laliaud. — Sur les gravures de son portrait............................................... 400

Lettre DI, à M. le prince de Wirtemberg. — Sur deux épitaphes que le prince lui avoit adressées, et dont les vers étoient très-mauvais............................ 401

Lettre DII, à M. de Latour. — Il accepte le second portrait qu'il a fait de lui............................. 402

Lettre DIII, à M. Le Nieps. — Il lui envoie la lettre précédente pour qu'il la remette à M. de Latour........... 403

Lettre DIV, à M. Moultou. — Conseils et réflexions.... 405

Lettre DV, à M. Deleyre.—Il s'excuse de ses torts envers lui. . . . . . . . . . . . . . . . . . . . . . . . . . . . . . . . 406
Lettre DVI, à M. Foulquier.—Sur un mémoire pour le mariage des protestants. . . . . . . . . . . . . . . . . . 408
Lettre DVII, à M. le comte Charles de Zinzendorf.—Sur M. de Sauttersheim. Éloge du prince de Wirtemberg. 410
Lettre DVIII, à madame Latour.—Commission pour son portrait peint par Latour. . . . . . . . . . . . . . . . . . 411
Lettre DIX, à M. P***.—Il ne veut pas plus qu'on se soumette à ses idées qu'il ne veut se soumettre à celles d'autrui. . . . . . . . . . . . . . . . . . . . . . . . . . . 413
Lettre DX, à madame de Luze.—Il ne peut aller la voir avant le printemps. . . . . . . . . . . . . . . . . . . . . . 414
Lettre DXI, à milord Maréchal.—Inquiet de son silence, il lui renouvelle l'expression de sa gratitude. . . . . . 415
Lettre DXII, à M. Théodore Rousseau.—Obstacles qui le forcent d'être inexact. . . . . . . . . . . . . . . . . . . 416
Lettre DXIII, à mademoiselle D. M.—Explication sur un *quiproquo*. Sur la sensibilité. . . . . . . . . . . . . . . . 417
Lettre DXIV, à M. D***.—Sur le *Dictionnaire philosophique*. Éloge de Buffon. . . . . . . . . . . . . . . . . . . 422
Lettre DXV, à M. l'abbé de ***.—Il le persifle. Réflexions sur sa foi, sa confession. . . . . . . . . . . . . . . . . . . 425
Lettre DXVI, à M. Hirzel.—Remerciements pour le *Socrate rustique*. . . . . . . . . . . . . . . . . . . . . . . . 428
Lettre DXVII, à M. de Malesherbes.—Il le félicite sur sa retraite. . . . . . . . . . . . . . . . . . . . . . . . . . . . 429
Lettre DXVIII, à M. le P. de Wirtemberg.—Sur ses vers qui ne valent rien; sur leurs petits élèves : il lui demande un plan pour la Corse. . . . . . . . . . . . . 431
Lettre DXIX, à M. d'Ivernois.—Il espère le voir bientôt. Comptes à régler entre eux. . . . . . . . . . . . . . . . . 433
Lettre DXX, à M. du Peyrou.—Il le consulte pour une édition générale de ses écrits. . . . . . . . . . . . . . . . 434
Lettre DXXI, à M. Duclos.—Sur le recueil incomplet de Duchesne : la prohibition des *Lettres de la montagne* l'empêche de lui en envoyer un exemplaire. . . . . . . . . 436

Lettre DXXII, à milord Maréchal. — Il a le cœur plein de lui. Détails sur les Corses. . . . . . . . . . . . . . . . . 439
Lettre DXXIII, à M. du Peyrou. — Il lui donnera sur sa doctrine toutes les explications qu'il lui demandera. . . 441
Lettre DXXIV, à M. Laliaud. — A la première occasion il lui enverra son profil. . . . . . . . . . . . . . . . . . . 443
Lettre DXXV, à M. Abauzit. — Envoi des *Lettres de la montagne*. Plaintes sur la nécessité où l'ont mis les Génevois. 444
Lettre DXXVI, à M. Montperoux. — Sur les *Lettres de la montagne*. . . . . . . . . . . . . . . . . . . . . . . . . 445
Lettre DXXVII, à M. du Peyrou. — Projet pour l'édition de ses œuvres. . . . . . . . . . . . . . . . . . . . . . 446
Lettre DXXVIII, à madame Latour. — Il a reçu le portrait peint par Latour. . . . . . . . . . . . . . . . . . . 449
Lettre DXXIX, à M. d'Ivernois. — Il n'a reçu aucune de ses lettres. . . . . . . . . . . . . . . . . . . . . . . 450
Lettre DXXX, à M. Panckoucke. — Éloge de Buffon. . . 451
Lettre DXXXI, à M. de Montmollin. — Il n'a pu refuser de défendre ses compatriotes. . . . . . . . . . . . . . 452
Lettre DXXXII, à M. d'Ivernois. — Débats au sujet de diverses commissions. . . . . . . . . . . . . . . . . . 453
Lettre DXXXIII, à M. du Peyrou. — Il lui envoie un libelle contre lui. . . . . . . . . . . . . . . . . . . . . . . . . 456
Lettre DXXXIV, à M. d'Ivernois. — Il croit M. Vernes auteur du libelle. . . . . . . . . . . . . . . . . . . . . . 457

FIN DE LA TABLE.

www.ingramcontent.com/pod-product-compliance
Lightning Source LLC
Chambersburg PA
CBHW060515230426
43665CB00013B/1525